WERNER MEISSNER

Ökonometrische Modelle

Volkswirtschaftliche Schriften

Herausgegeben von Dr. J. Broermann, Berlin

Heft 153

Ökonometrische Modelle

Rekursivität und Interdependenz aus der Sicht der Kybernetik

Von

Dr. Werner Meißner
Professor an der Universität Frankfurt/M.

DUNCKER & HUMBLOT / BERLIN

Auf Empfehlung der Technischen Hochschule Darmstadt
gedruckt mit Unterstützung der Deutschen Forschungsgemeinschaft

Gedruckt 1971 bei Berliner Buchdruckerei Union GmbH., Berlin 61
Printed in Germany

ISBN 3 428 02375 7

Vorwort

Methodologische Untersuchungen in der Wirtschaftstheorie zielen in erster Linie auf mikroökonomische Problemstellungen. Der Abschied von den Mikrotheorien in der bürgerlichen Ökonomik vollzog sich unter dem Einfluß der mangelhaften Leistungsfähigkeit der mikroökonomisch abgesicherten Gleichgewichtstheorie bei der Erklärung von Phänomenen einer kapitalistisch organisierten Volkswirtschaft mit sich wandelnder Produktionsweise. Methodologische Analysen haben diesen Abschied begleitet und ihn auf andere Art begründet.

Makrotheorien, deren Gewichtigkeit in der Wirtschaftswissenschaft und in der wirtschaftspolitischen Verwendung die veränderten Bedingungen eines nunmehr „regulierten" Kapitalismus widerspiegelt, blieben von methodologischer Kritik weitgehend verschont. Das gilt besonders für die Ökonometrie. Ihre Verbindung mit Mathematik und Wirtschaftsstatistik gab Anlaß zu Leistungsansprüchen, die zwar von den Ökonometrikern selbst relativ vorsichtig eingeschätzt wurden, jedoch von außen hoffnungsvoll an sie herangetragen wurden. Dieser Optimismus ist heute nicht mehr ungeteilt. Von den Angriffen gegen die Makroökonomik, wie sie von einer sozialökonomisch orientierten Politischen Ökonomie vorgetragen werden, ist auch die Ökonometrie betroffen.

Der Gegenstand dieser Arbeit ist weniger umfassend. Die einzig nennenswerte methodische Diskussion in der Ökonometrie, die Frage nach Rekursivität und Interdependenz bei der Modellbildung, wird wieder aufgenommen und einer kybernetischen Analyse unterzogen. Die Frage nach der Leistungsfähigkeit der Ökonometrie bleibt im Hintergrund, die Argumentation ist hier vornehmlich technisch, im Mittelpunkt bleibt das Problem, wie sich Prinzipien der Modellbildung auf das Programm der Ökonometrie auswirken.

Professor Dr. Gerhard Kade bin ich zu Dank verpflichtet, auch für seine Unterstützung bei der Anfertigung dieser Arbeit. Für Diskussionen danke ich den Professoren Ragnar Bentzel, Eberhard Dülfer, Hans-Jürgen Krupp, Ejnar Lyttkens und Reinhard Selten. Dr. Anders Ågren und Dr. Lennart Bodin vom Statistischen Institut Uppsala haben mich anhand ihrer Untersuchungen in die Fixpunkt-Methode zur Schätzung ökonometrischer Modelle eingeführt. Anders Ågren hat bei der Simulationsstudie (Kapitel 5) mitgewirkt, insbesondere bei den Rechenarbeiten. Mein herzlicher Dank gilt Prof. Herman Wold für die zahlreichen Gespräche über Probleme der ökonometrischen Modellbildung, an deren Diskussion in der ökonometrischen Literatur er maßgeblich beteiligt war. Besonders die formalen informationstheoretischen Untersuchungen (Kapitel 4) gründen sich auf seine Anregung und seine Hinweise.

Die Deutsche Forschungsgemeinschaft hat diese Arbeit mit einem Stipendium gefördert. Meinen Studienaufenthalt in Schweden hat die DFG unterstützt. Dafür möchte ich hier meinen Dank aussprechen.

Darmstadt, September 1969

Werner Meißner

Inhaltsverzeichnis

Einleitung

Gleichgewicht und Kybernetik

„Die Aufrechterhaltung der wissenschaftlichen Problemlösungstätigkeit hängt davon ab, daß es gelingt, Problemsituationen zu strukturieren, und das macht wieder die Existenz eines, wenn auch noch so unbefriedigenden, theoretischen Bezugsrahmens erforderlich, so daß bei Vorhandensein nur einer Theorie diese quasi automatisch die Funktion dieses Bezugsrahmens übernimmt" schreibt Hans Albert in seinem Traktat über kritische Vernunft[1]. Die Strukturierung von Problemsituationen, welche die Wirtschaftswissenschaft angehen, vollzog sich im Rahmen einer Vorstellung, die in Anlehnung an das Vorgehen der Naturwissenschaften, insbesondere der klassischen Mechanik geboren wurde, und die sich bis in die Esoterik einer „reinen Ökonomie" verfeinerte.

Zu karg ist dieser Scherenschnitt, Farben beleben das Bild der wirtschaftswissenschaftlichen Entwicklung und differenzieren es; sie fehlen hier. Mögen sich überdies auch die Konturen etwas verändert haben, wir können ziemlich sicher sein, in allen Phasen auf ein wichtiges Strukturierungsmittel ökonomischer Problemlösung und Modellbildung zu treffen: Auf die Gleichgewichtsidee. Sie hat eine große Tradition in der Nationalökonomie und begleitet ihre Entwicklung bis auf den heutigen Tag. Allerdings schwankt ihre Prägungskraft in der Geschichte, und aufs Ganze gesehen kann man wohl von einem tendenziellen Fall ihrer Bedeutung sprechen[2].

Dabei konnte die Gleichgewichtsökonomik die beiden wesentlichen Angriffe, die gegen sie geführt werden, relativ gut überstehen. Sowohl das Phänomen der Marktmacht als auch die Kluft zwischen theoretischer Optimalität und faktischer Kalamität der Volkswirtschaft zur Zeit der Weltwirtschaftskrise stellten Probleme, die ihren Bezugsrahmen zu sprengen drohten. Da mußte der Mantel schon etwas erweitert

---

[1] *Albert*, H.: Traktat über kritische Vernunft, Tübingen 1968, S. 52.

[2] Vgl. dazu *Meißner*, H.: Die Entwicklung der Gleichgewichtstheorie als Ausdruck des Zerfallsprozesses der bürgerlichen politischen Ökonomie, in: Probleme der politischen Ökonomie, Deutsche Akademie der Wissenschaften, Jahrbuch des Instituts für Wirtschaftswissenschaften, Band 5, Berlin 1961, S. 199—251. — *Bljumin*, I. G.: Die Krise der modernen bürgerlichen politischen Ökonomie, Berlin 1962.

werden, ehe man diese Problematik damit abdecken konnte. Und kein Zweifel: Keynes war ein hervorragender Schneider. Die Theorie der unvollkommenen Märkte andererseits verfuhr eher so, daß die einzuholenden Phänomene voher etwas beschnitten wurden; ein Vorgehen, das sich bei dem delikatesten Fall, dem Oligopol, nur mit einiger Mühe durchhalten ließ.

Man kann heute sagen, daß die Gleichgewichtsökonomie im wesentlichen ungebrochen aus diesen Anfechtungen hervorging. Immerhin blieb sie so bedeutend, daß sie sich als lohnendes Ziel für einen Angriff darbot, der aus einer ganz anderen Richtung kam und über dessen Durchschlagskraft man bis heute nur begründete Vermutungen anstellen kann: Methodologische Überlegungen legten Unzulänglichkeiten der Gleichgewichtstheorie frei, die weitaus schwieriger zu reparieren sind und die eher darauf verweisen, nach anderen konkurrierenden Bezugsrahmen zur Problemlösung im ökonomischen Bereich Ausschau zu halten[3].

In den verschiedensten Wissenschaftsbereichen hat sich in den letzten Jahren eine Betrachtungsweise von Problemstellungen empfohlen, die sich unterschiedlich bewährt hat und hinsichtlich ihrer Leistungsfähigkeit noch heute weitgehend kontrovers beurteilt wird: Wir meinen die Kybernetik[4].

Kann die kybernetische Betrachtungsweise ein solches — wenn schon nicht substitutives, so doch supplementäres — Strukturierungsmittel sein, wie es eben gefordert wurde? Unsere Themenstellung zeigt sich in diesem Punkte optimistisch. Impliziert die Kybernetik mit ihrer konstitutiven Verwendung von Rückkopplungs- und Stabilitätsgesichtspunkten nicht eine neue Gleichgewichtslehre? Anders: Gibt sie sich nicht dort, wo sie sich auf gesellschaftliche, also auch auf ökonomische Tatbestände richtet, wo sie sich also gegen mechanizistisches Denken wendet, als eine Mechanik gesellschaftlicher Beziehungen? Und schließlich noch eine Überlegung, die zu unserer letzten Frage in diesem Zusammenhang führt. Mit der fortschreitenden technischen Verfügbarmachung von Gesellschafts- und Naturprozessen wechseln auch die Vorstellungen, die den Gesellschaftsmodellen zugrunde liegen. Waren

---

3 Die hier angesprochene kritische Arbeit ist im deutschen Sprachbereich vor allem von Hans Albert geleistet worden. Zur kritischen Untersuchung der neoklassischen Mikroökonomie unter diesem Gesichtspunkt siehe vor allem *Kade*, G.: Die Grundannahmen der Preistheorie, Eine Kritik an den Ausgangssätzen der mikroökonomischen Modellbildung, Berlin und Frankfurt 1962.

4 Wir versagen uns hier und auch später in dieser Arbeit eine detailliertere oder eine geschlossene Darstellung der Kybernetik. Wir glauben bereits eine weitgehende Kenntnis der Grundgedanken der Kybernetik und ihrer wichtigsten Prinzipien, die wir im Laufe unserer Untersuchung verwenden werden, voraussetzen zu können.

die gesellschaftlichen Vorgänge früher interpretiert worden als eingebettet in einen unabdingbar hinzunehmenden „kosmischen" Prozeß[5], so werden diese Phänomene heute eher durch Modelle analysiert, deren empirische Größen beobachtbar sind, auf deren Grundlage sich gesellschaftliche Erscheinungen als steuerbare technische Verfahren ausnehmen. Somit: Wird der Harmoniegedanke, der etwa für die Genesis und die Lebenskraft des Gleichgewichtskonzepts in der Ökonomie verantwortlich war, nicht suspendiert zugunsten einer sozialtechnischen Perspektive, welche wiederum auf Gleichgewichts- und Stabilitätslagen aus ist; auf eine Sozialtechnik also, die zusammen mit Selbstregulierung und lernbedingten Anpassungsprozessen gesamtgesellschaftliche Organisation leistet?

Das sind wichtige Fragen, denen man nicht ausweichen kann, wenn man die Kybernetik als ein „Strukturierungsmittel" für ökonomische Problemlösungen in Betracht zieht. Der operationale Aspekt dieser kybernetischen Konzeption verweist direkt auf die politische Dimension ihrer Verwendung, eine Tatsache, von der die „reine" Gleichgewichtsökonomie — allerdings nur scheinbar — unberührt blieb. Es wäre verlockend, diesen Dingen nachzugehen. Wir versagen uns das hier[6]; steuern wir auf unser Thema zu.

Der kybernetische Gesichtspunkt erscheint uns als geeignet zur Behandlung wirtschaftstheoretischer Fragestellungen[7]. Die Problematik, die wir gewählt haben, ist nicht neu. Rekursivität vs. Interdependenz ist ein Thema, dem in der ökonometrischen Literatur der letzten 25 Jahre reichlich Aufmerksamkeit und Argumentation gewidmet wurde. Das enthebt uns der Notwendigkeit, das Problem hier nochmals darzulegen oder etwa gar die Diskussion in extenso nachzuzeichnen. Andererseits scheint es dadurch geboten, mit einigen Worten die Wahl einer Thematik zu begründen, die — so scheint es — gewissermaßen ausdiskutiert ist.

Was uns an dieser Fragestellung interessiert hat, ist die Rolle des Gleichgewichtskonzepts in dem Prozeß der Abwendung der öko-

---

[5] Siehe dazu vor allem *Topitsch*, E.: Vom Ursprung und Ende der Metaphysik, Wien 1958.

[6] Vgl. dazu *Kade*, G. und *Meißner*, W.: Wissenschaft und Politik im kybernetischen System, erscheint demnächst in: Maier, H. (Hrsg.), Wissenschaft und Politik.

[7] Diese Zuversicht wird gestützt durch die Ergebnisse der Forschungsgruppe „Wirtschaftskybernetik" an der Technischen Hochschule Darmstadt, welche unter der gleichen Perspektive gewonnen wurden. Zwei Arbeiten sind davon veröffentlicht worden. *Kade*, G., *Ipsen*, D. und *Hujer*, R.: Modellanalyse ökonomischer Systeme. Regelung, Steuerung oder Automatismus? Jahrbücher für Nationalökonomie und Statistik, Band 182, 1968, S. 2—35. — *Kade*, G., *Hujer*, R. und *Ipsen*, D.: Kybernetik und Wirtschaftsplanung, Zeitschrift für die gesamte Staatswissenschaft, Band 125, 1969, S. 17—55.

nometrischen Modellbildung vom rekursiven zum interdependenten Typ und die Reflexion dieser Praxis in der theoretischen Kontroverse. Die Analyse dieses Einflusses ökonomisch-theoretischer Gedankengänge von zweifellos großer Tradition und hoher Herkunft aber bezweifelbarer Leistungskraft auf die Ökonometrie, die sich bei ihrer Begründung als Forschungsansatz mit empirischem Bezug verstand, führt damit unversehens zu der Frage nach der Leistungsfähigkeit der Ökonometrie überhaupt. Ja, wenn man nicht dabei stehen bleiben will, ist diese Frage wiederum verknüpft mit der Vermutung, daß, sollten sich Anhaltspunkte für ernste Zweifel an der Realisierungsmöglichkeit des ökonometrischen Forschungsprogramms unter diesen Umständen ergeben, die Ökonometrie — bewußt oder unbewußt — Systemschutzfunktion für die von ihr beschriebene Wirtschaftsorganisation übernimmt. Zu eng ist der reziproke Zusammenhang von Erklärungs- und Rechtfertigungsfunktion, als daß er hier übersehen werden könnte.

Damit ist ein ehrgeiziges Programm entworfen. Es ist ratsam, den Erwartungshorizont wieder etwas näher zu rücken. Das Problem Rekursivität vs. Interdependenz wird im Mittelpunkt unserer Untersuchung bleiben. Die daraus entspringende, grundlegendere Fragestellung wird von Fall zu Fall angesprochen, wenn der Untersuchungsgang in diese Richtung zeigt und sich zwanglos verlängern läßt.

Unser Thema hat in letzter Zeit auch wieder an Aktualität gewonnen. Die Behandlung großer ökonometrischer Systeme auf Elektronenrechnern hat dem rekursiven Modelltyp wieder erhöhte Bedeutung verschafft[8]. Es kann sich dabei auch um blockrekursive Systeme handeln[9]. Die Frage nach rekursiven oder interdependenten Modellen, die von Problemen der Schätztechnik ausging (Haavelmo, 1943), sich dann auf die Diskussion theoretischer Prinzipien der Modellkonstruktion und ihrer Relevanz für die Erfassung und Interpretation ökonomischer Realitäten verlagerte, ist damit durch die spezifischen methodologischen und technischen Schwierigkeiten von Simulationsverfahren belebt worden[10].

Es liegt nahe, sich zur Beleuchtung dieser Facette unserer Problemstellung der operationalen Aspekte der Kybernetik zu bedienen. Ein Aspekt, der auf die Handhabbarkeit und physische Realisierbarkeit,

---

[8] Vgl. etwa das Großsystem in *Krupp*, H. J.: Theorie der personellen Einkommensverteilung. Allgemeine Grundzüge und verteilungspolitische Simulationen, Berlin 1968.

[9] *Duesenberry*, J. S., *Fromm*, G., *Klein*, L. R., und *Kuh*, E. (eds.): The Brookings Quarterly Econometric Model of the United States, Chicago-Amsterdam 1965.

[10] Vgl. *Meißner*, W., Zur Methodologie der Simulation, Zeitschrift für die gesamte Staatswissenschaft, Band 126, 1970, S. 385—397.

d. h. aber auf Simulation von Modellen abzielt. Damit eröffnet sich in der Ökonometrie die gleiche Chance für die Manipulation und Schätzung ihrer Modelle wie für die ökonomische Theorie bei der Modellkonstruktion: Die Einschränkungen gewisser statistischer Schätztechniken für ökonometrische Modelle einerseits und analytischer Lösungsverfahren für ökonomische Modelle andererseits werden gegenstandslos. Die Bedeutung dieser neuen Simulations- und Lösungstechnik bedingt die Wiederbelebung der von uns gewählten Problematik und wird damit zum Gegenstand unserer Untersuchung[11].

Wir beginnen die Untersuchung interdependenter und rekursiver Modellstrukturen mit einer These über das Verhältnis des sog. „Methodenstreits" zum Forschungsprogramm der Ökonometrie (Kapitel 1), fragen nach der Bedeutung des Keynes-Systems für die ökonometrische Modellbildung (Kapitel 2) und untersuchen sodann die Struktur dynamischer Modelle in ihrer deterministischen und ihrer stochastischen Variante (Kapitel 3). Damit ist der Grund gelegt zu der eigentlichen kybernetischen Analyse. Zunächst versuchen wir, den Informationsgehalt der Hypothesen in ökonometrischen Modellen aufzuspüren und zu formalisieren, indem wir die Koeffizientenmatrizen und die darin ausgedrückte Struktur ökonometrischer Systeme zugrunde legen. Das daraus gewonnene formale Konzept gehen wir mit Mitteln der mathematischen Informationstheorie an. Das erweist sich als schwierig, so daß wir auf die stochastischen Eigenschaften ökonometrischer Modelle zurückgreifen, die einen guten Ansatzpunkt für informationstheoretische Untersuchungen rekursiver und interdependenter Modelle abgeben (Kapitel 4). Schließlich fragen wir, wann ökonometrische Systeme den Kriterien kybernetischer Modelle genügen und leiten damit über zu einer Simulationsstudie, die besonders auf die Rolle von Gleichgewichtsbedingungen in ökonometrischen Modellen abstellt. Nach dieser Betrachtung der Modelle selbst wenden wir uns der kybernetischen Analyse von Schätztechniken rekursiver und interdependenter Modelle zu (Kapitel 5).

---

[11] Die Bedeutung dieser Verfahren zur Beschreibung von Denk- und Erkennungsprozessen ist gleichfalls durch eine kybernetische Betrachtungsweise untersucht worden: *Stachowiak*, H.: Denken und Erkennen im kybernetischen Modell, Wien-New York 1965.

„Faßt man ... eine Analyse des operationalen Denkens als Vorstufe auf für die Konstruktion von technischen Simulationsmodellen der untersuchten natürlichen Funktionen und Funktionsgesamtheiten, so gewinnt weiterhin die Technologie der modernen Datenverarbeitungsanlagen Bedeutung. Denn erst die heute verfügbaren Informationswandler eröffnen den Weg zur Nachbildung nicht nur deduktiv-logischer, sondern auch induktiv-stochastischer Denkprozesse und der im eigentlichen Sinne kreativen Funktionen menschlichen Denkens" (S. III).

Kapitel 1

Die Rolle des Gleichgewichtskonzepts in der ökonomischen Modellbildung, der Methodenstreit und das Programm der Ökonometrie

Konstituierend für die theoretische Nationalökonomie war die Idee des wirtschaftlichen Gleichgewichts: „Richtungsweisend ist im Hinblick auf das spätere Denkschema der statischen Gleichgewichtsökonomik, daß das Konkurrenzmodell [der Klassik] als ein durch Abstraktion gewonnenes Erkenntnisobjekt galt, das durch Beschränkung auf die Elemente des rein ökonomischen den wissenschaftlichen Charakter der Nationalökonomie garantieren sollte, und zwar im Sinne des durch die klassischen Naturwissenschaften geprägten Wissenschaftsideals. Ja mehr noch, der Ablauf des Wirtschaftsprozesses enthielt selbst die Gesetzmäßigkeiten einer Tendenz zum Optimum (Gleichgewicht), die es eigentlich für die Nationalökonomie zu entdecken galt; der eigentliche Gegenstand der klassischen Volkswirtschaftslehre ist ja eben im Grunde dieser gesetzmäßig ablaufende Prozeß, und als Erkenntnisziel steht der Nachweis vor Augen, daß das Wirtschaftsgeschehen gerade *nur* dann den Optimalzustand anstrebt, wenn man es unbeeinträchtigt gewähren läßt, d. h., wenn die Marktstruktur der vollkommenen Konkurrenz erhalten bleibt[1]."

Die Gründe für die Rezeption der Gleichgewichtsidee in die Nationalökonomie sind sicher vielfältig. Einmal ist das Gleichgewichtskonzept ein wertvolles Hilfsmittel im heuristischen Prozeß. Gleichgewichtige Situationen sind wohldefiniert, so daß die Veränderung von einer Gleichgewichtssituation zu einer anderen sich als fest umrissene Auswirkung einer noch näher zu bestimmenden Ursache darbietet.

Vor allem aber ist der Gleichgewichtsgedanke aus der Philosophie des Naturrechts mit in die Nationalökonomie eingebracht worden[2], als sich diese aus der Sozialphilosophie jener Zeit emanzipierte. Hier liegt der Ansatzpunkt für jene übergreifende Harmonievorstellung der

---

1 *Kade,* G.: Die Grundannahmen der Preistheorie, a.a.O., S. 69—70.

2 „Was für den globalen Prozeß ... hinzukommt, ist die Vorstellung einer prästabilierten Harmonie, die einen determinierten Ablauf garantiert, und zwar einen Ablauf in Richtung auf ein Optimum, wie er der deistischen Metaphysik des rationalistischen Naturrechts entsprach." *Kade,* G.: a.a.O., S. 71—72.

klassischen Nationalökonomie, welche über dem Marktprozeß die alles ordnende „invisible hand" vermutete. Eine Ordnungsvorstellung, der durchaus nicht nur eine wichtige Rolle in den theoretischen Überlegungen zukam, sondern die darüber hinaus einen starken normativen Gehalt hatte: Die Aufgabenstellung des Staates ist durch die Lassallesche Kennzeichnung als Nachtwächterstaat (Landesschutz nach außen, Rechtssicherheit nach innen) nur ungenügend angegeben. Daneben obliegt ihm die Schaffung und die Sorge um die Aufrechterhaltung eines vollkommenen Wettbewerbsmarktes, welcher jenen Mechanismus erst ermöglicht, der die angestrebte Gleichgewichtslage zu realisieren vermag.

Zweifellos ist die klassische Nationalökonomie in Anlehnung und mit ständigem Bezug auf die wirtschaftliche Realität des beginnenden industriellen Zeitalters entstanden — dies gilt besonders für das Werk von A. Smith. Seine methodische Konzeption ist noch keineswegs geschlossen, stets versucht er seine theoretischen Einsichten an dem empirischen und historischen Material zu erhärten.

Die weitere Entwicklung mit ihren Bemühungen um theoretische Verfeinerung zeigte jedoch gleichzeitig mit der stärkeren Betonung der normativ-apologetischen Rolle des Gleichgewichtskonzepts eine Abkehr von der Realität. Das beginnt sich bereits bei dem zweiten großen Vertreter der klassischen Nationalökonomie, bei D. Ricardo, abzuzeichnen und hat dann bei J. St. Mill die klarste Ausprägung gefunden. Sein Bestreben, zu möglichst exakten allgemeingültigen Ergebnissen zu kommen, führte schließlich über die grundlegende Annahme der freien Konkurrenz zu einer rein hypothetisch-deduktiven Methode, die für Mill der Ausdruck einer wissenschaftlichen Nationalökonomie war.

Eine quasi-deistische Harmonievorstellung genügte zur Ableitung jenes konstitutiven Gleichgewichtskonzepts, das dann den Blickwinkel für die Erfassung der Wirtschaftswirklichkeit einstellte: Ausschlaggebend für die zentrale Stellung des vollkommenen Wettbewerbs in der klassischen Theorie war später somit weniger die Entsprechung dieses theoretischen Prinzips mit dem realen Wirtschaftsprozeß. Vielmehr war dafür eher die Notwendigkeit verantwortlich, die Gültigkeit der Gleichgewichtsidee durch entsprechende Grundannahmen über die Funktionsfähigkeit des Marktmechanismus zu sichern.

Das Gleichgewichtskonzept ist fest verbunden mit der Idee der Optimalität eines Wirtschaftszustandes. Einer Optimalität, wie sie aus einer übergreifenden Harmonievorstellung der zeitgenössischen Philosophie abgeleitet wurde. Der neoklassischen Schule blieb es vorbehalten, die Vorstellungen von Gleichgewicht und Optimalität mathematisch zu präzisieren.

Das philosophische Gedankengut des Naturrechts und des Determinismus sowie das Bestreben, einen Gleichgewichtsbegriff in Anlehnung an naturwissenschaftliche Vorstellungen für eine theoretische Volkswirtschaftslehre zu etablieren, kennzeichnen die klassische Nationalökonomie zu einem guten Teil.

Ungefähr 100 Jahre lang war es herrschende Lehre, aufgrund abstrakt-isolierender Verfahren allgemein gültige Wirtschaftsgesetze zu entwickeln. Gegen ein solches Verfahren hat sich zuerst die romantische Schule gewandt, die damit den Boden für eine Auseinandersetzung des deutschen Historismus mit der klassischen Nationalökonomie vorbereitete. Behielt die ältere historische Schule (Roscher, Hildebrand, Knies) noch grundsätzlich die Zielsetzung der Klassik bei und versuchte sie lediglich, die a-priori-Schlußfolgerungen der Klassik durch historisch-induktive Verfahren zur Aufstellung allgemeiner Gesetze zu ergänzen, so wird genau der Verzicht auf vorschnelle Generalisation und das Mißtrauen gegen einen unterstellten Autoharmonismus zum Kennzeichen der jüngeren historischen Schule, welche in Gustav Schmoller ihren hervorragendsten Vertreter fand.

Zwar wird auch hier die Gewinnung theoretischer Erkenntnisse keineswegs bestritten. Einer derartigen Erkenntnis müßten jedoch umfangreiche deskriptive Arbeiten vorausgehen. Zahlreiche Monographien aus jener Zeit zeugen von dieser Anschauung. Man kann heute wohl sagen, daß der Vorwurf der Theoriefeindlichkeit, der gegen die historische Schule erhoben wird, zumindest dann nicht zutrifft, wenn man von der Wissenschaftskonzeption des Historismus ausgeht. Theorienbildung wird als das letzte Ziel gesehen. Es trifft aber auch zu, daß dieses Ziel nie ganz verwirklicht werden konnte[3]. So ist Schmollers „Grundriß", die großartige Manifestation dieses Programms, praktisch nicht über die Vorstufe hinausgekommen, obwohl auch dieses Werk, das ja die wirtschaftlichen Erscheinungen zusammen mit allen übrigen gesellschaftlichen Phänomenen sehen wollte und deshalb eine außerordentlich breite Anlage mit stark soziologischem Einschlag zeigt, reich an theoretischen Gesichtspunkten ist.

Die Auseinandersetzung der historischen Schule mit den Versuchen zur Aufstellung allgemein-gültiger Gesetze aufgrund hypothetisch-deduktiver Verfahren ging jedoch nicht nur in die Vergangenheit. Sie wurde durch den Angriff C. Mengers zu einer seinerzeit sehr lebendigen aktuellen Angelegenheit, die wir als den „Methodenstreit" bezeichnen.

---

3 A. Wagner und H. Dietzel sprechen von einem „Wechsel mit etwas langer Verfallzeit". Zitiert nach *Menger*, C.: Die Irrtümer des Historismus in der deutschen Nationalökonomie, Neudruck 1966, Aalen, S. 38.

Wenn hier die beiden Positionen in diesem Streit charakterisiert werden, so ist die scharfe Kennzeichnung der vertretenen Ansichten durch die Beschränkung auf einen „reinen“ Standpunkt mehr pointierend, als es nach der Lage der Dinge gerechtfertigt ist.

Lassen wir die beiden Gegner selbst zu Worte kommen:

Schmoller: „Ich wollte die Volkswirtschaftslehre von falschen Abstraktionen durch exakte historische, statistische, volkswirtschaftliche Forschung befreien, aber doch stets zugleich generalisierender Staats- und Wirtschaftstheoretiker so weit bleibei, als wir nach meiner Meinung heute schon dazu festen Grund unter den Füßen haben. Wo solcher mir zu fehlen scheint, da habe ich auch im Grundriß lieber nur die Tatsache beschrieben und einige Entwicklungstendenzen angedeutet, als luftige Theorien aufgebaut, die mit der Wirklichkeit nicht in Fühlung stehen, bald wieder wie Kartenhäuser zusammenfallen[4].“

Menger: Die exakte Richtung in der theoretischen Wissenschaft ist auf die „Erforschung der ursprünglichsten, der elementarsten Faktoren der menschlichen Wirtschaft, die Feststellung des Maßes der bezüglichen Phänomene und die Erforschung der Gesetze gerichtet, nach welchen kompliziertere Erscheinungsformen der menschlichen Wirtschaft sich aus jenen einfachsten Elementen entwickeln“[5].

Mit seinen „Untersuchungen über die Methode der Sozialwissenschaften und der politischen Ökonomie insbesondere“ gab Menger 1883 den Anlaß zum Methodenstreit. Dazu trug vor allem die Charakterisierung der exakten Theorie bei, welche ausnahmslos gültige Gesetze zu liefern habe. Dies sind unbedingte Wahrheiten in dem Sinne, daß unter gleichen Bedingungen stets dieselben Ergebnisse eintreten. Solche typischen Erscheinungsformen lassen sich in der Wirtschaftswissenschaft nur durch den Rückzug auf wenige Hypothesen gewinnen. Diese Hypothesen erhält man durch ein isoliert-abstrahierendes Verfahren. Sie dienen dann als die Ausgangspunkte „nach welchen kompliziertere Erscheinungsformen der menschlichen Wirtschaft sich aus jenen einfachsten Elementen entwickeln“.

Als Beispiel mag die Fiktion des homo oeconomicus dienen, eine pure hedonistische Interpretation der Wirtschaftssubjekte, welche die

---

[4] *Schmoller,* G.: Grundriß der Allgemeinen Volkswirtschaftslehre, Zweiter Teil, München 1919, Vorrede, S. VI.

[5] *Menger,* C.: Untersuchungen über die Methode der Sozialwissenschaften und der politischen Ökonomie insbesondere, Leipzig 1883, zitiert nach: Artikel: Carl Menger, HdSW, Bd. 7, S. 302.

Ableitung eines Rationalprinzips gestattete, das rationales Verhalten mit der Maximierung von Nutzen und Gewinn identifizierte. Daraus ließ sich dann allerdings auch eine kompliziertere Erscheinungsform der menschlichen Wirtschaft entwickeln, nämlich (zusammen mit anderen Annahmen) das System des gesamtwirtschaftlichen Gleichgewichts.

Der historischen Schule wurde die Unfähigkeit zur Aufstellung derartig exakter Gesetze vorgeworfen. Die Auseinandersetzungen zwischen Schmoller und Menger führten in sachlicher Hinsicht nur zu einer recht zaghaften Annäherung der Standpunkte. Der Disput nahm dann teilweise die Form persönlicher Angriffe an und wurde daraufhin abgebrochen.

Man kann heute sagen, daß dieser erste Teil des Methodenstreits um die Konstruktion kognitiver Modelle einer allgemein verbindlichen Lösung gar nicht zugeführt werden konnte[6]. So ist Wold zuzustimmen, wenn er es als eine Sache der Konvention bezeichnet, ob ein Modell lediglich eine formaltheoretische Konstruktion oder aber eine Verbindung von empirischen und theoretischen Elementen ist[7]. Sicher ist aber auch, daß es bei der Auseinandersetzung im Methodenstreit um die Konstruktion empirisch-theoretischer (kognitiver) Modelle ging.

Die neuere Wissenschaftstheorie versorgt uns heute mit leistungsfähigeren Konzepten zur Behandlung von Problemen der Modellbildung. Sie hat insbesondere dazu beigetragen, die Diltheysche Einteilung der Wissenschaft in Natur- und Geisteswissenschaften überwinden zu helfen. Damit wurde auch jener methodische Autonomieanspruch der Geisteswissenschaft — zu der auch die Sozialwissenschaft gezählt wurde — fragwürdig, welcher die verstehende Methode als Königsweg zur Erkenntnisgewinnung empfahl[8].

Insofern kann man im nachhinein die Mengersche Position nur unterstützen, welche die Modellbildung auf der Grundlage eines axiomatisch-deduktiven Verfahrens forderte, wie es in der Naturwissenschaft sich bereits bewährt hatte. Naturwissenschaft und Geisteswissenschaft bieten sich dann beide als Teile einer empirisch bezogenen Realwissenschaft an, welche sich in erster Linie um die Formulierung empirisch-gehaltvoller Hypothesen zu bemühen hat. Die erforderlichen Deduk-

---

6 „Tatsächlich ging es jedoch im Methodenstreit gar nicht um das Verhältnis der Theorie zur Realität, sondern um die Theorie selbst. Das Ziel ist, an die Stelle der zerfallenen klassischen Lehre eine neue in sich geschlossene Theorie zu setzen". *Jonas,* F.: Das Selbstverständnis der ökonomischen Theorie, Berlin 1964, S. 125.

7 Vgl. *Wold,* H.: Ends and Means of Scientific Method, With Special Regard to the Social Sciences, Acta Universitatis Upsaliensis, 17, 1968, S. 96 - 140.

8 Siehe dazu das Kapitel VI, Sinn und Wirklichkeit, in: *Albert,* H.: Traktat ..., a.a.O., S. 131 ff.

tionsverfahren bezieht sie aus den empirisch-leeren, logisch-strengen Deduktionsmechanismen der Formalwissenschaften wie Logik und Mathematik.

Man kann also einerseits vom Standpunkt der neueren Methodologie der Betonung des theoretischen Bestandteils in der Modellbildung der „exakten“ Richtung zustimmen und damit den Anwendungsbereich des intuitiven Verstehens eher auf die Stufe der Hypothesenfindung denn auf die Etablierung eines konsequenten Begründungszusammenhanges begrenzen. Andererseits führte später die einseitige Überbetonung dieses Aspektes zur Bildung jener Modelle in der theoretischen Nationalökonomie, welche dann als alternativ-analytische Schemata (Åkerman) bezeichnet und selbst wiederum einer grundlegenden Kritik durch die Wissenschaftstheorie unterzogen wurden.

Wenn man von einem Sieg in dieser Auseinandersetzung um die Methode sprechen will, so kann er angesichts der weiteren Entwicklung in der nationalökonomischen Theorie nur der „exakten“ Richtung zugesprochen werden. Es war allerdings ein Pyrrhussieg[9].

Für die theoretische Geschlossenheit der neoklassischen Schule, die mit den Arbeiten von Jevons, Menger, Walras, Pareto, Wicksell und Cassel das Gesicht der Nationalökonomie bestimmte, war wiederum das Konzept des Gleichgewichts verantwortlich. Die Identifizierung von Gleichgewicht und Optimalität wurde jetzt hingegen nicht mehr aus einer übergreifenden Harmonievorstellung abgeleitet, sondern wurde in einem mathematischen Kalkül nun quasi objektiviert. Unter den Bedingungen der neoklassischen Gleichgewichtstheorie jedenfalls war nachweisbar, daß sich die mathematisch exakt definierbaren Gleichgewichtslagen dieser statischen Modelle gleichzeitig als optimal hinsichtlich der einzelwirtschaftlichen Zielsetzung von Gewinn- und Nutzenmaximierung interpretieren ließen.

Das verbindende Glied zwischen diesen einzelwirtschaftlichen Zielfunktionen war dann die Gleichsetzung von Angebot und Nachfrage, welche als Gleichgewichtsgleichung die simultane Anpassung aller einzelwirtschaftlichen Entscheidungen über den Gleichgewichtspreis bewirkte. Den mathematischen Kalkül zur Bestimmung der Extremallösungen lieferte die Differentialrechnung, die auf diese Art bestimmten Maxima und Minima wurden als die Optimallösungen dieses Gleich-

---

9 „Am Ende einer Entwicklung, die mit der Kritik an dem ‚haltlosen Eklektizismus‘ der historischen Schule begann und das Ziel hatte, den ökonomischen Kosmos exakt zur Darstellung zu bringen, steht die Einsicht, daß eine Theorie, die deduktiv arbeitet, niemals den ökonomischen Kosmos, sondern immer nur ihre eigenen Voraussetzungen exakt darstellt. Der formelle Fortschritt hat das ernüchternde Ergebnis gehabt, jede Täuschung über den wahren Charakter der Theorie beseitigt zu haben.“ *Jonas,* F.: a.a.O., S. 155.

gewichtssystems interpretiert. Damit waren die sog. mikroökonomischen Verhaltensgleichungen zu reinen Bestimmungsgleichungen für ein statisch-mechanisches Gleichgewicht geworden.

Das hinderte zunächst aber nicht daran, die logische Richtigkeit dieses Systems mit seiner empirischen Gültigkeit zu verwechseln, weil man nicht sah, daß man die Eleganz eines mathematischen Kalküls mit seiner empirischen Entleerung erkauft hatte. Es ist in diesem Zusammenhang von Interesse, daß sich ein starker Einfluß des verwendeten mathematischen Kalküls auf die Konstruktion der Grundannahmen des Modells zeigte (etwa stetige und stetig differenzierbare Funktionen). Es wird zu zeigen sein, daß sich diese Wechselwirkung zwischen Lösungsalgorithmus und Modellbildung in der theoretischen Nationalökonomie später in dem Verhältnis zwischen ökonometrischer Modellbildung und statistischer Schätztechnik wiederfinden läßt.

Als reine Entscheidungslogik und als Modellplatonismus wurde vor allem von H. Albert diese Modellbildung der „reinen Ökonomik" bezeichnet, die zugunsten ihrer formalen Eleganz auf die Berücksichtigung marktsoziologischer Elemente, ja im weiten Sinne aller empirischen Gegebenheiten verzichten mußte.

Genau dies aber, die Konfrontation der ökonomischen Modelle mit empirischen Daten, war das Programm der Econometric Society. In ihrer Satzung hieß es u. a.: "Its main object shall be to promote studies that aim at a unification of the theoretical-quantitative and the empirical-quantitative approach to economic problems ... Any activity which promises ultimately to further such unification of theoretical and factual studies in economics shall be within the sphere of interest of the Society[10]." Und Frisch sagt: "This mutual penetration of quantitative economic theory and statistical observation is the essence of econometrics[11]." Diese „quantitative Wirtschaftstheorie", von der hier die Rede ist, meint die mathematisch formulierte Wirtschaftstheorie. Schumpeter, der die mathematischen Ökonomen Cournot, Jevons, v. Thünen, Walras, Wicksell, Edgeworth und Pareto zu den Vätern der Ökonometrie zählt[12], stellt diese Wahl unter das große Wort von Jevons: "It is clear that Economics, if it is to be a Science at all, must be a mathematical one."

Auf dem Hintergrund dieses ehrgeizigen Programms der Ökonometrie nahm sich der Methodenstreit, bei dem es eher um die Theorie selbst als um ihr Verhältnis zur Realität ging (Jonas), relativ unwich-

---

10 Zitiert nach *Frisch*, R.: Editorial, Econometrica, Vol. 1, 1933, S. 1.

11 Ebenda, S. 2.

12 *Schumpeter*, J.: The Common Sense of Econometrics, Econometrica, Vol. 1, 1933, S. 8—9.

tig aus; so daß Schumpeter, der im übrigen mit großer Hochachtung von Schmoller spricht[13], sagen konnte: "No general discussion on principles of scientific method can teach us that. We have had enough of it[14]." Und weiter über diese Auseinandersetzungen: „Trotz einiger Beiträge zur Klärung der logischen Grundlagen ist die Geschichte dieser Literatur im wesentlichen eine Geschichte vergeudeter Energie, die man besser hätte nutzen können[15]."

Könnte man das ökonometrische Programm nicht auch als eine Reaktion auf die neoklassische oder, wie wir heute sagen würden, entscheidungslogische Ausprägung der Wirtschaftstheorie sehen, ähnlich wie der Ursprung der deutschen historischen Schule sich aus einer Kritik der klassischen Ökonomik entwickelte? In beiden Fällen nämlich ging es darum, den Realitätsbezug der ökonomischen Theoriebildung wieder herzustellen. Gide und Rist kennzeichnen die Lage so, nachdem sie auf die Kluft zwischen der klassischen wirtschaftswissenschaftlichen Theorie und der konkreten Wirklichkeit hingewiesen haben: „Man konnte versuchen, diese Kluft ... auf zweierlei Weise zu verschmälern. Entweder, indem man durch die Analyse eine neue Theorie aufbaute, die harmonischer und umfassender war — das ist der Weg, den gegen 1870 Menger, Jevons und Walras betraten —, oder radikaler, indem man jede abstrakte Theorie überhaupt verwarf und in der Darstellung der Wirklichkeit den einzigen Gegenstand der Wissenschaft sah: diesen Weg wählte man zuerst, und die historische Schule schlug ihn ein[16]."

Das Diktum, daß die historische Schule jede Theorie verwarf, trifft selbst auf die jüngere historische Schule nicht ganz zu[17], genau so wenig, wie man Menger etwa eine gänzliche Abkehr von der Empirie vorhalten könnte. So sagten die beiden Kontrahenten unter anderem: „Was wir erreicht haben, ist ebenso sehr Folge deduktiver wie induktiver Schlüsse, wer sich überhaupt über die zwei Arten des Schlußverfahrens, die man so nennt, ganz klar ist, wird nie behaupten, es gebe die Wirklichkeit erklärende Wissenschaften, die ausschließlich auf der einen Art ruhen. Nur zeitweise, nach dem jeweiligen Stande der Er-

---

13 *Schumpeter,* J.: Gustav v. Schmoller und die Probleme von heute, abgedruckt in: Dogmenhistorische und biographische Aufsätze, Tübingen 1964, S. 148—199.

14 *Schumpeter,* J.: The Common Sense ..., a.a.O., S. 11.

15 *Schumpeter,* J.: Geschichte der ökonomischen Analyse, Göttingen 1965, S. 994.

16 *Gide,* Ch. und *Rist,* Ch.: Geschichte der Volkswirtschaftlichen Lehrmeinungen, Jena 1923, S. 416—417.

17 So ist Stavenhagen der Meinung, die jüngere historische Schule wollte „die ökonomische Theorie empirisch unterbauen". *Stavenhagen,* G.: Geschichte der Wirtschaftstheorie, Göttingen 1964, S. 198. Hutchison stellt fest: „It is ... difficult to justify from the record the charge that Schmoller stood for a naive empiricism, which sought to exclude all theoretical analysis." *Hutchison,* T. W.: A Review of Economic Doctrines 1870—1929, Oxford 1953, S. 183.

kenntnis, kann das eine Verfahren etwas mehr in den Vordergrund der einzelnen Wissenschaft rücken[18]." Soweit Schmoller. Andererseits sagt Menger: „Daß die Geschichte und die Statistik wichtige Hilfswissenschaften der politischen Ökonomie und in diesem Sinne ein ‚Unterbau' der letzteren seien, habe ich, wie ich hoffe, in mehr als genügendem Maße bereits hervorgehoben ...[19]." Es ist aber auch nicht zu bezweifeln, daß sich beide Positionen trotz dieser grundsätzlichen Einsichten stark auf die Extreme verlagert hatten, so daß der Methodenstreit schließlich die Konfrontation von Theorie und Realität stark vernachlässigte.

Bei der älteren historischen Schule war das durchaus noch nicht der Fall. Genau wie sich die Ökonometrie auf die mathematischen Theorien der Neoklassiker (und später vor allem des Keynesianismus) stützte, hat die ältere historische Schule die klassischen Theoreme nicht verworfen, sondern lediglich ihre Ergänzung durch den geschichtlich-empirischen Bezug gefordert. Wir meinen, daß hier vor allem Karl Knies das Verdienst gebührt, das ökonometrische Forschungsziel (wenn auch nicht die Methode) vorformuliert zu haben:

„Dies gilt gerade auch in dem Sinne, daß unsere Wissenschaft nicht nur die Tatsachen aus dem wirklichen Leben zur Grundlage, zum Ausgangspunkte der Beobachtung und der Annahmen nötig hat, sondern daß auch jedes auf ihnen errichtete und von ihnen hergeleitete Raisonnement der Beweisführung an ihnen erhärtet werden muß, oder wenigstens so lange einer definitiv entscheidenden Beweiskraft entbehrt, als Letzteres nicht erfolgt ist." (S. 460)[20].

„Es gehört also zur Richtigkeit des nationalökonomischen Schlusses, daß man den logisch richtigen Schluß wiederum an der Erscheinung des empirischen Lebens prüft; insofern man einen Widerspruch findet, muß man nicht das Leben dem Gedanken, der richtig gedacht ist, unterwerfen, sondern den logisch richtigen Gedankengang durch die Rücksicht auf den Gedankengang, der in der Wirklichkeit liegt, verbessern." (S. 472—473)[20].

Wie soll diese Aufgabe angegangen werden?

„Nur statistische Untersuchungen, die ein zusammengehöriges Ganzes von Ursache und Wirkung so in Behandlung nehmen können, daß eine Vergleichung der an verschiedenen Orten oder zu verschiedener Zeit aufgetretenen Erscheinungen das Gleichmäßige und das Unterschied-

---

18 *Schmoller*, G.: Grundriß der allgemeinen Volkswirtschaftslehre, Erster Teil, München und Leipzig 1919, S. 110.

19 *Menger*, G.: Die Irrtümer ..., a.a.O., S. 35.

20 Die Zitate stammen aus: *Knies*, K.: Die politische Ökonomie vom geschichtlichen Standpunkte, Neudruck 1930, Leipzig.

liche, das Stetige und das Veränderliche feststellen läßt, werden die große, hier fragliche Leistung mit voller Sicherheit darbieten, während fragmentarische und partielle Nachweise auch des Statistikers möglicherweise sogar nur verwirren und täuschen. Die Nationalökonomie ist deshalb ganz unmittelbar an der Vermehrung und sozusagen Verallgemeinerung, wie an der einheitlichen und umsichtigen Leitung statistischer Arbeiten beteiligt." (S. 470)[21].

Ist hier der theoriebestätigende Charakter der Statistik angesprochen, so geht Knies an anderer Stelle noch weiter, wenn er den theoriebildenden Aspekt der Statistik etablieren will, welcher sich aus der „politischen Arithmetik" ableitet. Sie wird folgendermaßen beschrieben — trifft es nicht auch die Ökonometrie? „Es soll nichts mit der Wortphase geschildert und beschrieben, sondern alles mit der Zahlenangabe gemessen und berechnet, ein exaktes Facit gewonnen werden; alle Operationen zeigen den Charakter mathematischer Exaktheit. ... Diese Statistik stellt sich als ihre letzte Aufgabe, die Erkenntnis in den gesetzlichen Organismus der Erscheinungen in der menschlichen Gesellschaft zu gewinnen, welche nur auf dem von ihr eingeschlagenen Wege, mit den von ihr angewendeten Mitteln möglich ist[22]."

Sicher, es war nur ein Entwurf. Zur Realisierung fehlten noch die Voraussetzungen[23]. Diese Realisierung versuchte die jüngere historische Schule und schaffte es nicht. Der Entwurf wurde lediglich als ein Bekenntnis hin und wieder belebt und geriet im Methodenstreit schließlich aus der Sicht. Trotzdem führt auch von Schmoller über seinen Einfluß auf die amerikanische Volkswirtschaftslehre und die sich dort Anfang des 20. Jahrhunderts bildende Schule des Institutionalismus eine weitläufige Verbindung zum Ursprung der Ökonometrie.

Der Sieg im Methodenstreit lag auf der „exakten" Seite. Die Entwicklung zeigte eine Ausgestaltung und Verfeinerung der Modellbildung. Die Reaktion kam — historisch gesehen — von zwei Seiten: Von der Keynesschen Hinwendung zur Makrotheorie unter dem Eindruck der mangelnden Leistungsfähigkeit der neoklassischen Gleichgewichtstheorie einerseits, von dem Bemühen um Konfrontation von Modell und empirisch-statistischem Material im Rahmen der Ökonometrie andererseits.

---

21 Die Zitate stammen aus: *Knies*, K.: Die politische Ökonomie ..., a.a.O.

22 *Knies*, K.: Die Statistik als selbständige Wissenschaft, Kassel 1850, S. 173 bis 174.

23 „Aber ... die ganze Kniessche Schrift war und bleibt auch wieder nur Programm. Das Verfahren, das an Stelle der ‚reinen' Theorie und der ‚reinen' Geschichte den Stoff als Ganzes zu erfassen und zu verbinden erlaubt hätte, besaß weder der Polyhistor Roscher noch der Grübler Knies." *Salin*, E.: Politische Ökonomie, Geschichte der wirtschaftspolitischen Ideen von Platon bis zur Gegenwart, Tübingen und Zürich 1967, S. 134.

Beide Richtungen jedoch — die Keynes-Konzeption sowie später auch die Ökonometrie — konnten sich von dem grundlegenden Gedanken des wirtschaftlichen Gleichgewichts nicht freihalten. Keynes hatte lediglich die Identifizierung von Gleichgewicht und Optimalität aufgebrochen und gleichgewichtige Zustände auch bei Unterbeschäftigung zugelassen.

Die Ökonometrie hat nach ihrer anfänglichen Orientierung an den kausalrekursiven Systemen des Tinbergen-Typs später mit ihren interdependenten Modellen ebenfalls zum Gleichgewichtskonzept zurückgefunden. Es wird zu prüfen sein, was diese Entwicklungsrichtung in der Ökonometrie für den Erklärungsgehalt der statistisch geschätzten Modelle bedeutet.

Angesichts der Kritik der neoklassischen Theorie auf dem Boden der Wissenschaftstheorie erscheint der sog. Methodenstreit nur wie ein harmloses Vorspiel. Denn damals ging es im wesentlichen um die unterschiedliche Akzentuierung des analytischen oder des empirischen Elements[24]. Man war sich grundsätzlich darüber einig, daß beide Elemente zur Deckung gebracht werden mußten. Wie das zu geschehen hatte, darüber nachzudenken erschien weniger dringlich. Und wirklich war diese Konfrontation deshalb noch nicht zum Problem geworden, weil beide Seiten zunächst noch zu sehr mit der Ausgestaltung und Auffüllung ihrer Elemente beschäftigt waren.

Die Problematik dieser unterstellten Problemlosigkeit wurde erst gesehen, nachdem die Frage um das wissenschaftliche Verfahren, die Frage nach der Modellbildungstechnik also, in den weiteren Zusammenhang mit der Wissenschaftstheorie gestellt wurde. Nun nämlich wurde klar, daß diese Konfrontation bestimmte Voraussetzungen an ein kognitives Modell stellte, welche sie erst möglich machen. Der Nachweis, daß die neoklassische Modellbildung diesen Voraussetzungen nicht genügte, wiegt viel schwerer als alle Argumente der historischen Schule gegen die „exakte" Richtung. Die Untersuchungen über den Zusammenhang von Konsistenz, logischem Spielraum, Realitätsbezug und Informationsgehalt ließen klar werden, daß die neoklassische Theoriebildung zur Konfrontation mit dem empirischen Element gar nicht fähig

---

[24] Hutchison bemerkt treffend: „The Methodenstreit which Menger's Studies of 1883 introduced, did not give rise to much positive methodological analysis, the problems of which lie rather in how empirical, analytical, and ‚practical' propositions combine and apply to one another. For such analysis it may well be vitally significant to distinguish in respect of individual propositions between their analytical or empirical significance. But this is quite different from trying to classify whole sciences, or parts of them, into seperate watertight compartments." *Hutchison,* T. W.: a.a.O., S. 150.

war. Diese Modelle waren so konstruiert, daß sie mit jeder denkbar möglichen Realitätslage vereinbar waren, daß sie also totalen Spielraum (Carnap) hatten. Überdies hatte man mit der ceteris-paribus-Bedingung eine Alibiklausel zur Hand, mit welcher sich jedes etwa noch informative Modell gegen die Realität immunisieren und damit vollständig tautologisieren ließ.

War das neoklassische Modell somit als reines Gedankenexperiment entlarvt, so lag es nicht an dem fehlenden Realitätsbezug dieser Modelle. Der Bezug auf den Realitätsbereich „Wirtschaft" wurde durch die semantische Dimension erreicht. Was jedoch fehlte, war die Möglichkeit einer echten Konfrontation des analytischen Elementes mit den empirischen Phänomenen dieses Realitätsbereiches.

Das Kriterium für diesen Konfrontationsprozeß wurde relativ spät von Popper (1935) aufgestellt: Es verlangt von den Hypothesen eines empirisch-gehaltvollen Modells, daß sie grundsätzlich an der Realität scheitern können[25].

Wir haben gesehen, daß sich das Gleichgewichtskonzept als mitverantwortlich für die Abschließung der nationalökonomischen Modellbildung gegen die Empirie erwiesen hat. Es wurde schon angedeutet, daß sich die Reaktionen auf die Neoklassik — Keynes und Ökonometrie — dem Gleichgewichtskonzept ebenfalls nicht unzugänglich zeigten.

Man kann sicher sagen, daß es sich bei den Auseinandersetzungen um die ökonometrische Modellbildung in rekursiver oder interdependenter Form, wie sie sich vor allem in den Positionen der Cowles-Commission einerseits und den Arbeiten von Wold andererseits widerspiegelt, nicht um eine Neuauflage des ‚Methodenstreits' handelt (a). Trotzdem gibt es Parallelen (b).

a) Die Ökonometrie kann als Lösungsvorschlag für den Methodenstreit verstanden werden. Die Frage nach der Priorität von exakter Modellbildung oder empirischer Datensammlung und Konfrontation ist im Forschungsprogramm der Ökonometrie dadurch entschieden, daß beiden Arbeitsgebieten konstitutive Bedeutung zuerkannt wurde. Wir meinen, daß die Betonung des Gleichgewichtskonzepts für eine zu starke Gewichtung der exakten Modellbildung verantwortlich war. Insofern führt ein direkter Weg von der historischen Schule über den amerikanischen Institutionalismus zum ökonometrischen Untersuchungsprogramm.

b) Ist also in der Ökonometrie die Notwendigkeit der Konfrontation von Modell und Empirie anerkannt, so konzentriert sich die Dis-

[25] *Popper*, K.: Logik der Forschung, Wien 1935, Neudruck Tübingen 1967.

kussion nun auf die Frage, wie diese Konfrontation zu vollziehen sei. Zunächst sind hier die Verfahren der statistischen Schätzung angesprochen, doch mündet man schließlich in der Problematik adäquater Modellbildung. An dieser Stelle tritt das Gleichgewichtskonzept wieder auf, und hier liegt die wichtigste Parallele zwischen der ökonomischen Diskussion und dem „Methodenstreit“. Es ist zu fragen, ob derartige ökonometrische Gleichgewichtsmodelle überhaupt für einen Konfrontationsprozeß geeignet sind. Welche Rolle spielen also die Beschränkungen in den Koeffizientenmatrizen (Identifikation, Kausalität) für die Formulierung empirisch-gehaltvoller Hypothesen in den Gleichungen eines ökonometrischen Systems?

Kapitel 2

Das System von Keynes und seine Bedeutung für die ökonomische Modellbildung

Die Abwendung vom mikroökonomischen Ansatz, die sich in der Analyse von Keynes zeigt, ist eine der wesentlichen Voraussetzungen für die Befassung der Ökonometrie mit gesamtwirtschaftlichen Problemstellungen. Sicher hatte die Ökonometrie vorher schon ein reiches Arbeitsfeld, aber es war hauptsächlich die Behandlung singulärer und meist mikroökonomischer Fragen: Nachfrageuntersuchungen sind hier das repräsentative Beispiel. Sobald man sich jedoch dynamischen Problemen zuwandte, etwa dem Konjunkturverlauf oder dem Wachstum, mußte man mit Konzepten der Makrotheorie arbeiten.

„Dies ist durchaus verständlich. Einerseits kann eine Gesamtgrößentheorie, die wahrhaft unzählige Reihen von Variablen auf ein halbes Dutzend oder noch weniger reduziert, offensichtlich viel besser als ein walrasianisches System die Komplikationen aushalten, die schon beim einfachsten dynamischen Schema unvermeidbar sind[1].“ Zum anderen war unter ökonometrischem Gesichtspunkt eine Verwendung von Makrogrößen bei der Modellbildung auch deshalb angezeigt, weil die statistischen Datenreihen sich auf derartige volkswirtschaftliche Gesamtgrößen bezogen. Ganz klar sagt jedoch Schumpeter hierzu: „Es darf aber keinesfalls übersehen werden, daß dieses Streben nach einer Makrodynamik als solches völlig unabhängig von jedem Wunsch nach einer engeren Verbindung zwischen ökonomischer Theorie und statistischen Zahlen zustande kam[2].“

Keynes hatte zu dieser Entwicklung wesentlich beigetragen. Die Ökonometrie hat von dieser Art wirtschaftstheoretischer Betrachtung profitiert und hat diese selbst wiederum befruchtet. Hier liegt die wichtigste Nahtstelle zwischen dem System von Keynes und der Ökonometrie[3].

---

[1] *Schumpeter*, J.: Geschichte der ökonomischen Analyse, a.a.O., S. 1410.

[2] *Schumpeter*, J.: ebenda, S. 1412.

[3] Vgl. dazu *Tinbergen*, J.: The Significance of Keynes' Theories from the Econometric Point of View, in: Harris, S. E. (Hrsg.), The New Economics, London 1952, S. 219 ff.

Die bahnbrechenden ökonometrischen Arbeiten zur Makrodynamik stammen von Tinbergen[4]. Seine Gleichungssysteme sind vom rekursiven Typ; sie sind mit Hilfe der Kleinstquadratmethode geschätzt. Dies ist einer der Kritikpunkte in der Rezension dieses Werkes durch Keynes, in welcher er nicht nur elegant formuliert, sondern auch scharf zustößt[5]. "Must we push our preliminary analysis to the point at which we are confident that the different factors are substantially independent of one another? This is not discussed. Yet I think it is important ... In practice Prof. Tinbergen seems to be entirely indifferent whether or not his basic factors are independent of one another[6]."

Tinbergen hat seine Annahme der Rekursivität in einer Erwiderung verteidigt[7]. Diese persönliche Auseinandersetzung ist ein Schlüssel zur Interpretation der weiteren Entwicklung in der Ökonometrie. Keynes' skeptische Einschätzung des ökonometrischen Ansatzes als „black magic“[8] scheint sich zunächst auf sein mangelndes Vertrauen in die Leistungsfähigkeit ökonometrisch-statistischer Verfahren zu beziehen. Er nannte es kurz „statistische Alchimie“[8]. Sein Vater war hinsichtlich des Verhältnisses von Statistik und Wirtschaftswissenschaft optimistischer gewesen: "The functions of statistics in economic theory are, first, to suggest empirical laws, which may or may not be capable of subsequent deductive explanation; and, secondly, to supplement deductive reasoning by checking its results, and submitting them to the test of experience[9]."

Tiefer aber liegt der Unterschied, der in der Auffassung von ökonomischer Modellbildung bestand. Bei aller Reverenz, die Tinbergen dem Beitrag Keynes' zur Ökonometrie zollt, an diesem Punkte spricht er sich für eine Modifizierung der einfachen Keynesschen Gleichgewichtsmodelle aus[10]. Auch die Beiträge, die Tinbergen später zur Theorie der

---

[4] *Tinbergen*, J.: Statistical Testing of Business-Cycle Theories: I, A Method and Its Application to Investment Activity; II, Business Cycles in the United States of America 1919—32, Genf 1939.

[5] *Keynes*, J. M.: Professor Tinbergen's Method, The Economic Journal 1939, S. 558—568. Man schmecke nur einmal den Schlußsatz ab: „It is a strange reflection that this book looks likely, as far as 1939 is concerned, to be the principal activity and raison d'être of the League of Nations.“

[6] Ebenda, S. 561—562.

[7] *Tinbergen*, J.: On a Method of Statistical Business-Cycle Research. A Reply, Economic Journal, 1940, S. 141—154.

[8] *Keynes*, J. M.: Comment, Economic Journal, 1940, S. 156.

[9] *Keynes*, J. N.: The Scope and Method of Political Economy, 1891, 4. Aufl., New York 1955, S. 343—344. Schumpeter hat dieses Buch hoch geschätzt. Siehe Schumpeter, J., John Maynard Keynes, in: Dogmenhistorische und biographische Aufsätze, Tübingen 1954, S. 305.

[10] *Tinbergen*, J.: The Significance ..., a.a.O., S. 231.

quantitativen Wirtschaftspolitik geleistet hat[11], bedingten ein Abgehen von der kreislauftheoretischen Variante geschlossener ökonomischer Gleichgewichtsmodelle hin zu seinen „fixed target policy models“[12]. Dagegen meint ein anderer führender Ökonometriker, Lawrence Klein, zu Beginn eines Buches, das als bahnbrechend für die Entwicklung des interdependenten Modelltyps in der Ökonometrie gelten kann: "This book is written in the spirit of Tinbergen's investigations and is intended as an improvement and extension of his results. As a consequence of the exclusive theoretical discussions since 1936, when Keynes published his General Theory, it has become possible to formulate more sharply the structure of the economic system and thereby to gain added simplicity and accuracy not available to Tinbergen at the time of his work[13]." Das war die Richtung, in die sich die Ökonometrie später bewegte. Der Gleichgewichtsgedanke trug die Interdependenz in die ökonometrische Modellwerkstatt zurück. Denn auch Keynes war Gleichgewichtstheoretiker geblieben; er hatte lediglich die apologetische Identifizierung von Gleichgewicht und Optimalität des Wirtschaftszustandes aufgebrochen. Das Gleichgewichtskonzept selbst aber war weiter in den Identitäten seines Systems vorhanden. Wir wollen hier nicht auf die umfangreiche Diskussion um die Interpretation und Gültigkeit etwa der Keynesschen Gleichsetzung von Sparen und Investieren eingehen[14]. Es sei jedoch auf eine scharfsinnige Analyse hingewiesen, die wir G. Nyblén verdanken[15].

Nyblén interpretiert die Identitäten im Keynes-System auf zweierlei Weise:

a) Gleichgewicht als Bedingung: Diese Interpretation führt zur Akzentuierung des Produktionsaspektes in dem zugrundeliegenden Wirtschaftssystem. Das bedeutet letztlich die Umformulierung des nachfrageorientierten Keynes-Systems über Modelle vom Leontief-Typ zu deterministisch-normativen Programmierungsmodellen.

b) Gleichgewicht durch Anpassung: Eine solche Interpretation stützt sich auf den ausgleichenden Marktmechanismus und impliziert eine

---

[11] *Tinbergen*, J.: On the Theory of Economic Policy, 4. Aufl., Amsterdam 1966; ders., Economic Policy. Principles and Design, 3. Aufl., Amsterdam 1966; *ders.*, Centralization and Decentralization of Economic Policy, Amsterdam 1954.

[12] Für eine kritische Auseinandersetzung mit solchen wirtschaftspolitisch verwendbaren Konsistenzmodellen siehe vor allem: *Kade*, G., *Hujer*, R. und *Ipsen*, D.: Kybernetik und Wirtschaftsplanung, a.a.O.

[13] *Klein*, L. R.: Economic Fluctuations in the United States 1921—1941, New York 1956, S. 1.

[14] Vgl. dazu etwa: *Hazlitt*, H.: Das Fiasko der Keynesschen Wirtschaftslehre, Frankfurt 1960, insbesondere S. 91 ff.

[15] *Nyblén*, G.: The Problem of Summation in Economic Science, Lund 1951. Die hier gebotene Kürze bewirkt, daß diese Skizze der Originalität und Tiefe der Gedankenführung in diesem bemerkenswerten Buch nicht gerecht werden kann.

Wiederbelebung der Walras-Hypothesen. Derart angelegte Systeme sind zwar deskriptiv, haben aber gleichzeitig die Tendenz zu empirischer Entleerung.

"The balance-identity-interpretation of Keynesian analysis views the Keynesian system as being the nucleus of a program of action for the government, disregarding other decision units. This line of research has already admirably developed in certain social accounting studies and in the programming analyses; and vast possibilities are still unexplored. The equilibrium-condition-interpretations of Keynesian analysis view the Keynesian system as a description of the course of events in a multi-unit-of-decision society. The exhaustive fulfilment of this role is probably much more difficult than the creation of a program of action for one dominating decision unit. The equilibrium-condition-interpretation seems, if elaborated, destined to lead into the blind alley of Walrasian constructions."[16]

Diese Transformation des Keynesschen System „von Quesnay nach Walras" hat ihre besondere Bedeutung für die Ökonometrie. Denn der Einfluß der Keynes-Konzeption auf die ökonometrische Modellbildung steht unter den Auspizien einer Interpretation der Identitäten als Gleichgewichtsbedingungen. Damit aber ist die Sackgasse Walrasianischer Gleichgewichtskonstruktionen angesteuert. Die „reine Ökonomie" als Grundlage ökonometrischer Erklärungsversuche — welch eine Vorstellung! Diese Vorstellung aber ist für uns Warnschild und Wünschelrute bei der Analyse der ökonometrischen Modellbildung.

Der unbestritten große Einfluß der Keynesschen Wirtschaftslehre auf die Ökonometrie lenkt jedoch die Aufmerksamkeit nicht nur auf den Erklärungswert dieser Forschungsrichtung. Für sie gilt zumindest auch als wichtiger Hinweis, was Sweezy kritisch zu Keynes anmerkt:

"The focus of economic theory is this system's [advanced capitalism] tendencies to equilibrium ... and its short run fluctuations. No genuine trends — in Marxian terminology no 'laws of motion' — are conceded to exist, still less subjected to analysis. Keynes remained strictly within this tradition, the only difference being that he made no effort to dress up capitalist equilibria as ideal or desirable states and Keynes' followerk have also remained within it[17]."

Diese „systembestätigende" Rolle der Ökonometrie werden wir später bei der Untersuchung konkreter Modelle wieder ansprechen. An dieser Stelle kann man feststellen, daß mit dem starken Einfluß des Keynes-Systems auch das Gleichgewichtskonzept wieder in die Ökonometrie eingebracht wurde. Damit war die Ablösung des rekursiven Modelltyps

---

[16] *Nyblén*, G.: a.a.O., S. 124.

[17] *Sweezy*, P. M.: The First Quarter Century (1963), in: Lekachman, R., (Hrsg.), Keynes' General Theory, Reports of Three Decades, New York 1964, S. 311.

verbunden, der den ersten gesamtwirtschaftlich-ökonometrischen Untersuchungen zugrunde gelegen hatte: Die Gleichgewichtsvorstellung bringt die Interdependenz in das ökonometrische Modell. Dazu einige formale Erläuterungen.

Gleichgewichtsbedingung, Rekursivität und Interdependenz in ökonometrischen Modellen

Man kann an Beispielen zeigen, wie sich eine Gleichgewichtsbedingung auf die ökonomische Modellstruktur auswirkt. Sie ist Kennzeichen interdependenter Modelle.

Nehmen wir das Modell I von Klein[18] mit dem wir uns später noch genauer beschäftigen wollen.

(1) $$C = \alpha_0 + a_1 W + \alpha_2 \pi + u_1$$

(2) $$I = \beta_0 + \beta_1 \pi + \beta_3 K_{-1} + u_2$$

(3) $$W = \gamma_0 + \gamma_1 Y + u_3$$

(4) $$C + I = Y$$

(5) $$\pi + W = Y$$

(6) $$\Delta K = I$$

Die Frage ist hier, ob Gleichung (4) eine Definition oder eine Gleichgewichtsbedingung darstellt. Betrachtet man die Abhängigkeitsverhältnisse in dem Modell unter diesem Gesichtspunkt, so findet man für die Variablen in Gleichung (4):

C = bestimmt durch W und π,
I = bestimmt durch π und K,
Y = bestimmt durch C und I.

Es geht also offensichtlich darum, einen interdependenten Gleichgewichtspfad zu finden, welcher diesen Abhängigkeiten zu jedem Zeitpunkt genügt. Relation (4) ist eine Gleichgewichtsbedingung, welche für die interdependente Modellstruktur verantwortlich ist.

---

[18] *Klein*, L. R.: Economic Fluctuations, ..., a.a.O., S. 66. Wir übernehmen die gleiche Notation und verweisen dazu auf die entsprechende Erklärung der Symbole bei Klein.

Reduzieren wir diese Problemstellung auf zwei Dimensionen, so daß sie sich grafisch verdeutlichen läßt. Es sind also nur zwei endogene Variablen zugelassen. So in dem Modell

(7)	$C = f(Y)$	C = Konsum
(8)	$I = \bar{I}$	Y = Gesamteinkommen
(9)	$Y = I + C$	I = Investition
	(Gleichgewichtsbedingung)	

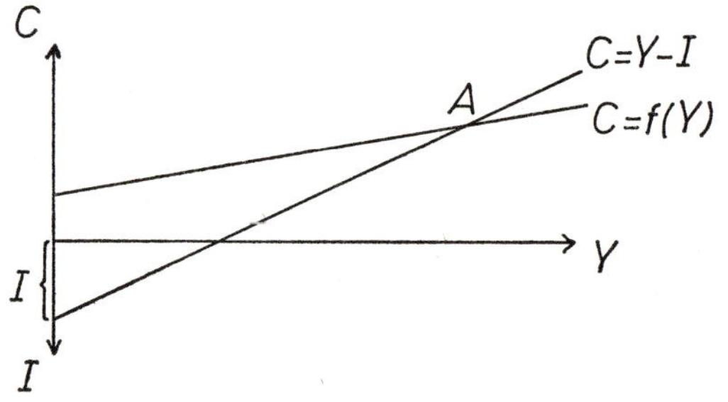

In diesem statischen Modell konzentriert sich alles auf den Gleichgewichtspunkt *A*, welcher durch die Gleichungen (7) und (9) beschrieben ist. Der Zeitfaktor spielt keine Rolle. Ein Gleichgewichtspfad, wie er im Modell I von Klein gesucht wird, entstände durch eine einfache Aneinanderreihung identischer Gleichgewichtspunkte: Das System ist stationär. Dieser Gleichgewichtspunkt stellt die „Lösung“ dar.

Versuchen wir, diese interdependente Modellstruktur aufzubrechen. Dazu bieten sich zwei Möglichkeiten: Einmal eine Interpretation dieses einfachen Modells aus dem Gesichtswinkel der „Stockholmer Schule“, zum anderen eine direkte Umformulierung der Gleichgewichtsbedingung.

Vorgehen in Anlehnung an die „Stockholmer Schule“

Die Konsumgleichung wird als ex-ante-Relation gedeutet, die Größe C bezeichnet den geplanten Konsum. Die dritte Gleichung gilt dann ex post immer, d. h., sie ist eine echte Definition.

(10)	$C_{\text{geplant}} = f(Y)$		(ex ante)
(11)	$I = \bar{I}$		
(12)	$Y = I + C$		(ex post)

Nun ist (12) eine Definition. Es ist aber nicht sicher, daß C_{geplant} aus (10) und C aus (12) gleich sind. Das wäre nur im Gleichgewichtspunkt der Fall, welcher allerdings durch das Modell nicht präjudiziert wird. Das Modell ist rekursiv.

Vorgehen durch Umformulierung der Gleichgewichtsbedingung

(13) $Y = I + C$ wird umgewandelt in

(13a) $Y = I + C + B$

B ist der Außenhandelssaldo.

Nun gibt es zwei Möglichkeiten:

(a) Die Variable B ist endogen, sie wird im Modell erklärt

(14) $B = E - M$ E = Export

(15) $E = f(Y)$ M = Import

(16) $M = f(Y)$

Damit ist (13a) eine eindeutige Gleichgewichtsbedingung, das Modell bleibt interdependent.

(b) Wir führen irgend eine exogene Größe X ein, welche mit der Variablen Y funktional verbunden ist.

(17) $Y = f(X)$

Nun wird (13a) zu einer Gleichung, welche B bestimmt. Es ist nicht mehr eine Gleichgewichtsbedingung, sondern eine Definition. Das Modell ist rekursiv.

Diese kleinen Beispiele mögen zur Illustration der Feststellung genügen, daß die Ablösung von Gleichgewichtsbedingungen in interdependenten Systemen zu einer rekursiven Modellstruktur führen kann. Wichtiger ist aber der umgekehrte Fall: Auch Gleichgewichtsbedingungen sind für eine Umwandlung rekursiver in interdependente Modelle verantwortlich.

Kapitel 3

Dynamische Modelle: Grundlage der Ökonometrie

"The equilibrium theorists, in their enthusiasm for existence theorems, have too frequently ignored the equally important problem of whether a possible equilibrium will in fact be approached by an economy starting from an arbitrary disequilibrium position. The process theorists on the other hand have been too prone to overlook the possibility that the process which they analyze may eventually result in equilibrium[1]." Diese Bemerkung zeigt gleichzeitig die Verbindung und den grundlegenden Unterschied zwischen statischen und dynamischen Modellen an. Die Verbindung liegt im Gleichgewichtskonzept, der Unterschied in der Rolle, die dieses Konzept in beiden Modelltypen spielt. In statischen Modellen ist es Ausgangspunkt und Ziel der Untersuchung, ja es ist Vorbedingung für eine (mathematisch-)analytische Verfahrensweise überhaupt. In dynamischen Modellen kann sich zwar auch schließlich eine Gleichgewichtslage einstellen, dies ist aber eher ein Ergebnis der Analyse als eine von vornherein auferlegte Bedingung. Die statische Gleichgewichtsbetrachtung führt dann zur dynamischen Analyse, wenn man nach der Stabilität von Gleichgewichtslagen fragt. In Samuelsons „correspondence principle" ist dieser Zusammenhang streng formuliert[2].

Andere dynamische Modelle, welche mehr an der Entwicklung selbst als an dem Zielpunkt (Gleichgewicht) interessiert sind, d. h. welche das „Verhalten" des Systems untersuchen wollen, unterliegen nicht den einschränkenden Bedingungen eines Verfahrens, das im Extremfall das gewünschte Ergebnis durch die getroffenen Annahmen präjudiziert. Ein derartiges dynamisches System ist häufig daran zu erkennen, daß es sich bei den Systemgleichungen lediglich um Verhaltensgleichungen handelt. „Gemischte" Systeme, das sind solche, welche den Gleichgewichtsgedanken schon im Ansatz mitformulieren, zeigen dagegen eine Ergänzung der Verhaltensgleichungen durch Gleichungen, in welchen

---

[1] *Smithies*, A.: Process Analysis and Equilibrium Analysis, Econometrica, 10, 1942, S. 26.

[2] „Thus ultimately the stability of static equilibrium can only be analyzed with reference to dynamic considerations", *Baumol*, W.: Economic Dynamics, 2. Aufl., New York 1959, S. 108.

Variablen ohne Koeffizienten (oder mit Koeffizienten 1) auftreten. Hierbei handelt es sich dann um Identitäten oder aber um Gleichgewichtsbedingungen. Dieser Unterschied wird aus den Formulierungen der Gleichung nicht ersichtlich. Deshalb fällt es häufig schwer, genau zu erkennen, ob es sich um die unproblematischen Identitäten oder aber um Gleichgewichtsgleichungen handelt, die den dynamischen Charakter des Systems im Extremfall so stark einschränken, daß das Ergebnis der Analyse lediglich eine Bestimmung der Voraussetzung für die Stabilität eines Gleichgewichts ist.

Wir wollen zunächst die Dynamisierung von statischen Modellen durch Einführung des Zeitfaktors charakterisieren, sodann auf die Bedeutung der Gleichgewichtsbedingungen für die Kausalstruktur (Rekursivität und Interdependenz) und das Verhalten des dynamischen Modells eingehen und schließlich den Übergang zu dynamischen ökonomischen Modellen vollziehen. Diese sollen ihrem Verwendungszweck nach so konstruiert werden, daß eine Konfrontation mit dem realen „Verhalten" einer Volkswirtschaft möglich wird. Es bleibt zu fragen, ob das durch eine einfache „Randomsierung" beliebiger dynamischer Modelle erfolgen kann, oder ob an die Modelle selbst schon bestimmte Anforderungen gestellt werden müssen.

3.1 Die explizite Berücksichtigung des Zeitfaktors

"Economic dynamics is the study of economic phenomena in relation to preceeding and succeeding events[3]." Der Zeitfaktor kann auf zweierlei Weise in ein Modell eingeführt werden:

1. Berücksichtigung einer neuen exogenen Variablen: Zeit als Trendfaktor,
2. Berücksichtigung von Verzögerungen (lags) bei den Variablen des Systems.

Wir werden uns auf die zweite Art der Dynamisierung beschränken. Die Einführung von Zeittrends ist relativ problemlos, da sich die unterstellte Trendbewegung direkt in das Systemverhalten übersetzen läßt.

Das trifft nicht auf die Dynamisierung durch Einführung einer Lag-Struktur zu. Das Systemverhalten in der Zeit ist nun nicht mehr ohne weiteres absehbar, sondern es bedarf schon einer genaueren Untersuchung von Koeffizientenmatrix und Lag-Struktur und deren Zusammenspiel, um jetzt Aussagen über die Entwicklung eines Systems machen zu können. Das soll im letzten Kapitel geschehen.

Wichtig ist hier, daß durch die Berücksichtigung einer Lag-Struktur bei endogenen Variablen eines Systems die Möglichkeit eines nicht-

[3] *Baumol*, W.: ebenda, S. 2.

stationären Zeitverhaltens entsteht, ohne daß sich die Randbedingungen ändern. Randbedingungen werden angegeben durch die exogenen Variablen und (in ökonometrischen Modellen) durch Auftreten von Schocks.

Wir haben es also bei der späteren Untersuchung mit Systemen vom folgenden Typ zu tun:

(1) $y_t = By_t + B^*y_{t-1} + Gx_t \, (+ \, u_t)$

y_t = Vektor der endogenen Variablen
y_{t-1} = Vektor der verzögert-endogenen Variablen
x_t = Vektor der exogenen Variablen
u_t = Vektor der Zufallsvariablen
B, B^*, G = Koeffizientenmatrizen

Läßt man die exogenen Variablen (nach einer anfänglichen Veränderung) unbewegt, so gibt das Modell die Verhaltensweise eines „dynamical and causal (nonhistorical) system" an, welches Samuelson dem „dynamical and historical system" gegenüberstellt[4]. In den historisch-dynamischen Systemen ist der Verhaltenspfad der endogenen Größen z. T. von nicht-ökonomischen Faktoren beeinflußt. Wir werden später so formulieren, daß der Einfluß der Entwicklung der exogenen Variablen auf die dynamische Verhaltensweise des Systems unerheblich wird. Dafür kann man zwei Gründe nennen:

1. Ein formaler Grund: Um das Verhalten der endogenen Variablen direkt zu untersuchen, kann man in einem Eliminierungsprozeß zu Endgleichungen (final equations) gelangen, in denen nur endogene Variable mit verschiedenen Zeitindizes auftreten. Dieser Eliminierungsprozeß geht so vor sich, daß alle Strukturgleichungen, die eine Variable gemeinsam haben, zu einer Gleichung zusammengeführt werden, so daß diese gemeinsame Variable dann wegfällt. Die Primär-Ursachen (Tinbergen) werden so auf ihre Sekundär-Ursachen zurückgeführt. Schließlich behält man ein System von (autoregressiven) Differenzengleichungen, in welchen lediglich endogene Variable auftreten, da die exogenen konstant gehalten werden.

2. Der Anteil der exogenen Faktoren in einem ökonomischen Modell stellt gewissermaßen nur den Grad der Unwissenheit des Modellbilders dar. Faktoren, über die man nichts Näheres aussagen kann, werden zu exogenen Variablen gemacht, die innerhalb des Systems nicht erklärt werden müssen. Der Ehrgeiz des Modellbilders und die zunehmende Möglichkeit zur Erklärung der Faktoren aufgrund bes-

---

[4] *Samuelson,* P. A.: Foundations of Economic Analysis, Cambridge, Mass. 1963, S. 315.

serer Einsicht in den Wirtschaftsprozeß führt nun zu einer steigenden „Endogenisierung" des dynamischen Modells, d. h. zu einer Verminderung der exogenen Faktoren.

„Endogenisierung" aber bewirkt zunehmende Dynamisierung der Modelle durch die Hereinnahme von verzögerten endogenen Variablen. Warum? Diese Notwendigkeit ergibt sich zumindest bei ökonometrischen Modellen, die uns hier in erster Linie angehen, weil eine bestimmte Anzahl vorherbestimmter Variablen im Modell sein muß, damit die Identifikation gesichert bleibt. Werden also exogene Variable in endogene umgewandelt, so müssen die aus der Menge der vorherbestimmten Variablen verschwindenden exogenen Variablen durch verzögerte endogene Variablen ersetzt werden.

Diese Erscheinung wird uns sogleich bei der Erörterung der Kausalstruktur dynamischer Modelle näher beschäftigen.

Schließlich betrachten wir hier nur dynamische Modelle, die in die Form von Differenzengleichungen gefaßt sind. Die Rechtfertigung dafür liegt in der Tatsache, daß alle ökonometrischen Modelle diese Form annehmen müssen, da die empirisch-statistischen Daten diskontinuierlich anfallen. Überdies ist die diskontinuierliche Formulierung der dynamischen Gleichungen ihrer Behandlung mit Elektronenrechnern adäquat. Simulation und einige (später näher spezifizierte) Schätzverfahren sind gleicherweise iterativ.

3.2 Die Kausalstruktur dynamischer Modelle

"By its separation ... into a number of successive reactions, indicating at each stage clearly what is cause and effect, economic dynamics gives a picture which is more readily understandable than that of economic statics[5]."

Das Konzept der Kausalität ist umstritten und wird auf die vielfältigste Weise definiert. Hier geht es um eine Definition, die sich im Zusammenhang mit der anvisierten Aufgabe, nämlich der Konfrontation stochastischer Gleichungen oder Modelle mit empirisch-statistischem Material, als zweckmäßig und operabel erweist. Wir schließen uns daher im folgenden H. Wold an, der Kausalität als eine Beziehung zwischen Stimulus-Variablen und Response-Variablen versteht[6].

---

[5] *Tinbergen*, J. and *Polack*, J. J.: The Dynamics of Business Cycles, Chicago 1950, S. 104.

[6] Vgl. insb.: *Wold*, H.: On the Definition and Meaning of Causal Concepts, in: Wold, H. (Hrsg.): Model Building in the Human Sciences, Monaco 1966, S. 265—295.

Die Beziehung zwischen der verursachten Variablen y und der auslösenden Variablen x in deterministischen Situationen

$$y = f(x) \tag{2}$$

wird dann für stochastische Situationen erweitert zu

$$y = f(x) + u\ . \tag{3}$$

Die klassische schließende Statistik baut auf einem derartigen Kausalmodell auf, das eine stochastische Beziehung in einer experimentellen Situation widerspiegelt. Nehmen wir die lineare Form des Modells

$$y = \alpha + \beta x + \varepsilon\ . \tag{4}$$

α, β und ε sind dabei die theoretischen Werte.

Diese Spezifikation der Situation in Form einer Regressionsgleichung muß nun noch so ergänzt werden, daß ein bestimmtes statistisches Schätzverfahren — hier: Kleinstquadratmethode und Maximum-Likelihood-Verfahren — angewendet werden kann. R. A. Fisher hat über die stochastischen Eigenschaften der Zufallsvariablen ε folgende Annahme getroffen: ε ist normal-verteilt mit $(0, \sigma_\varepsilon)$ für jedes x. Die ε_i sind unabhängig.

Das bedeutet

i) $E(\varepsilon) = 0$,

ii) $\sigma(\varepsilon)$ unabhängig von x,

iii) ε ist normalverteilt,

iv) $\varepsilon_i\ \varepsilon_j$ sind unkorreliert.

Weiter folgt aus der Tatsache, daß x eine nichtstochastische Variable ist

v) $r(\varepsilon, x) = 0$.

Unter diesen Spezifikationsbedingungen konnte Fisher seine Ergebnisse ableiten:

i) Die Maximum-Likelihood-Schätzung ist konsistent.

ii) Die Maximum-Likelihood-Schätzung ist effizient.

iii) Die Maximum-Likelihood-Schätzung entspricht der Kleinstquadrate-Schätzung.

Beim Übergang von den experimentellen Situationen, mit denen sich Fisher befaßte, zu nichtexperimentellen Anwendungsgebieten für statistische Modelle (wie in der Ökonometrie) erweist sich eine derart feine Spezifikation als zu anspruchsvoll, da man in solchen Fällen nicht eine so weitgehende Kenntnis über ε voraussetzen kann.

Insofern ist die Prediktor-Spezifikation von H. Wold allgemeiner und verlangt lediglich

(5) $$E(y \mid x) = \alpha + \beta x \ .$$

Diese Spezifikation impliziert folgende Annahmen

$$E(\varepsilon) = 0,$$

$$r(\varepsilon, x) = 0 \ .$$

Wird auf ein derartig spezifiziertes statistisches Linearmodell die Kleinstquadratschätzung angewandt, so läßt sich — unter der Annahme, daß die ersten und zweiten Momente in der Stichprobe gegen die ersten und zweiten Momente in der Grundgesamtheit gehen — zeigen, daß dieses Schätzverfahren auch in nichtexperimentellen Situationen konsistente Ergebnisse liefert. Damit wird der allgemeinere Charakter der Prediktor-Spezifikation gegenüber der vorher genannten Spezifikation deutlich.

An dieser Neuspezifikation ist in unserem Zusammenhang wichtig, daß sie sich auf nichtexperimentelle Situationen ausdehnen läßt. Ist die Variable x nicht mehr kontrollierbar, ist die statistisch zu schätzende Kausalbeziehung also nicht mehr in dem zu untersuchenden Realitätsausschnitt impliziert, so muß die nichtexperimentelle Situation durch eine Kausalhypothese ergänzt werden, durch welche ein quasi fiktives Experiment über den nichtexperimentellen Daten konstruiert wird.

Die Variable x ist nun genauso wie die Variable y eine Zufallsvariable. Zwei Regressionen sind möglich: Einmal die Regression von x auf y, zum anderen die Regression von y auf x. Am Anfang der statistischen Regressionsanalyse stand ein derartiges nichtexperimentelles Modell (Galton 1886, Pearson 1900), welches später von Yule (1927) auf den Fall mehrerer Variablen ausgedehnt wurde[7].

Nun handelt es sich bei diesen ersten Arbeiten zur Regressionsanalyse eher um beschreibende als um erklärende Untersuchungen (etwa K. Pearsons Untersuchung über den Zusammenhang von Schädelbreite und -länge). Fishers Arbeiten hingegen werden eindeutig mit dem Ziel unternommen, Erklärungen über Kausalzusammenhänge zu finden (etwa Düngemitteleinsatz und Bodenertrag). Die Tatsache, daß er sich auf experimentelle Situationen beschränkte, machte seine Untersuchungen im Hinblick auf die zugrundeliegende Kausalbeziehung unproblematisch.

---

[7] Zur genaueren Darlegung siehe: *Meißner*, W.: Die Problematik der Regressionsanalyse. Nach einer Vorlesung von Herman Wold, Allgemeines Statistisches Archiv, 52, 1968, S. 337—352.

An dieser Stelle seien einige grundlegende Bemerkungen zur Modellbildung in der Statistik angebracht. Ein statistisches Modell wird fünf Operationen unterworfen:

(1) Operative Spezifikation der Hypothesen: Beabsichtigte Verwendung des Modells,

(2) Analytische Spezifikation der Hypothesen,

(3) Schätzung der Parameter,

(4) Test der Hypothesen,

(5) Operative Spezifikation der Resultate: Verwendung der Ergebnisse.

Es ist das bleibende Verdienst von R. A. Fisher, die Probleme in (2), (3) und (4) (Analytische Spezifikation, Parameterschätzung, Hypothesentest) klar formuliert und dem Zugriff der schließenden Statistik eröffnet zu haben. Allerdings: Fishers statistische Konzepte waren für Experimentalsituationen entworfen[8]. Hier konnte kein Zweifel über die beabsichtigte Verwendung (1) des Modells entstehen, desgleichen war auch die Interpretation und die Verwendung der Resultate (5) unproblematisch. Die Überlegungen beim Entwurf eines statistischen Modells begannen demnach bei Punkt (2): Bei der analytischen Spezifikation. Erst viel später hat Wold die sehr weitgehenden Annahmen Fishers hinsichtlich der analytischen Spezifikation eines statistischen Modells gelockert (Prediktor-Spezifikation) und so den Übergang zu nichtexperimentellen Situationen erleichtert.

Die unreflektierte Übernahme statistischer Modelle aus dem experimentellen Sektor zur Behandlung von nichtexperimentellen Situationen hat in der Tat in einem der wichtigsten Anwendungsgebiete eine anhaltende Verwirrung gestiftet: In der Ökonometrie. Hier waren es zwei Probleme, welche beide in Verbindung mit Punkt (3) auftauchten und ohne Rückgriff auf die Frage nach der operativen Spezifikation der Hypothesen nicht zu lösen sind.

1. *Die Wahl der Regression:* Dieses Problem hat die ökonometrische Nachfrageanalyse über 20 Jahre beschäftigt. Obwohl die Fragestellung selbst viel älter ist[9], wurde sie in diesem Zeitraum Gegenstand der Diskussion. Man beschränkte sich bei Aufstellung des statisti-

---

[8] Der Zusammenhang zwischen experimentellen und nichtexperimentellen Situationen sowie zwischen beschreibender und erklärender Funktion statistischer Verfahren ist sehr anschaulich dargestellt in der „Flaggentafel" von H. Wold. Vgl. *Meißner*, W.: Die Problematik ..., a.a.O., S. 338.

[9] Das Problem wurde zum ersten Male angesprochen bei E. P. *Mackeprang*, Pristeorier, Kopenhagen 1906: Spørges der om, hvilken af de to ligninger man skal betragte som efterspørgsels kurven, maa svaret naermest blive — begge. (S. 97). Es blieb aber auch noch in der großen Nachfragestudie von Schultz unentschieden, *Schultz*, H.: The Theorie and Measurement of Demand, Chicago 1938.

schen Regressionsmodells auf die analytische Spezifikation. Dies ergab zwei mögliche Regressionslinien: Die Regression vom Preis auf die Nachfragemenge sowie die Regression von der Menge auf den Preis. In dieser nichtexperimentellen Situation werden aber für die Wahl des geeigneten statistischen Modells, d. h. für die Wahl der Regression, Überlegungen zur operativen Spezifikation der Hypothesen (1) notwendig. Entscheidet man sich für die Kausalhypothese, daß der Preis die Nachfrage beeinflußt, so ist diese Beziehung nicht umkehrbar und die sich anschließenden Schritte „Analytische Spezifikation, Schätzung und Test“ ergeben sich dann ohne Schwierigkeiten. Für die Preisbestimmung müßte man dann eine neue Verhaltensgleichung formulieren: Das ursprünglich unirelationale Modell ist damit multirelational geworden.

2. In solchen multirelationen Modellen tauchte später ein ähnliches Problem um die Adäquanz statistischer Modelle auf: Die Diskussion um die *Konstruktion simultaner Gleichungssysteme* wurde durch die bahnbrechenden Arbeiten Tinbergens Ende der dreißiger Jahre vorbereitet und 1943 durch einen Aufsatz von Haavelmo ausgelöst. Auch hier wurde das Problem zuerst im Bereich der Parameter-Schätzung (3) gesehen: Haavelmo zeigte, daß die Schätzung bestimmter simultaner Systeme mit der Kleinstquadratmethode zu Verzerrungen führte. Auch bei diesem Problem, das später in der Diskussion als „Interdependente vs. rekursive Systeme“ artikuliert wurde, gibt es gewichtige Gründe für die Annahme, daß es am besten zu lösen ist, wenn man sich Klarheit über die operative Spezifikation des anzuwendenden statistischen Modells verschafft, um sodann die adäquate analytische Spezifikation zu wählen und zur statistischen Schätzung überzugehen.

Die Frage nach der operativen Spezifikation der Resultate, d. h. nach der kausalen Interpretation der geschätzten Parameter in interdependenten Modellen soll dabei zunächst unberücksichtigt bleiben. Wir wollen uns vielmehr im folgenden mit der Kausalstruktur der zu schätzenden Hypothesen (1) befassen: “The primary thing is the specification of the causal hypothesis; and this is a question for subject-matter-theory, not for statistics[10].”

Streng genommen ist in *statischen* Systemen die Frage nach der Kausalität irrelevant. Wir wollen daher von „impliziter“ Kausalität in statischen Systemen sprechen. So tritt in verschiedenen Modellen, die wir jetzt skizzieren werden, eine Wirkungsrichtung zutage, die aber vom Zeitfaktor unabhängig ist. Sie zeigt sich erst (und wird dann von Bedeutung), wenn in der statistischen Schätzung (3) diese Kausalrich-

---

[10] *Wold,* H.: Causality and Econometrics, Econometrica, 22, 1954, S. 170.

tung vorausgesetzt wird bzw. wenn diese Schätzung quasi iterativ verläuft. Der Zeitfaktor, der im Modell selbst nicht auftritt, wird dann durch diesen Iterationsprozeß bei der Schätzung nachträglich in die Modellstruktur eingeführt.

Wir unterscheiden zwischen offenen und geschlossenen statischen Systemen:

1. Offenes System

Alle Variablen einer Gleichung außer einer sind Inputvariablen, welche jeweils eine Outputvariable beeinflussen. Die Regressionsgleichung für die verursachte endogene Variable zeigt auf der rechten Seite nur exogene Variablen und Zufallsabweichungen. Man kann dies als ein Vektorregressionssystem (*VR*) bezeichnen[11].

$$y_t = Gx_t + u_t \tag{6}$$

Die exogenen Variablen mit ihren Koeffizienten dienen als Prediktoren der endogenen Variablen

$$E\,(y_{it} \mid x_{qt}) = [Gx_t]_i \tag{7}$$

x_{qt} (und später y_{pt}) = Variablen, die auf der rechten Seite der Prediktor-Beziehung i erscheinen,

$i = 1, \ldots, n$. Anzahl der Gleichungen und der endogenen Variablen.

Die Kausalstruktur dieser Modelle ist offensichtlich:

exogene Variablen $\Rightarrow$ endogene Variablen.

Die reduzierte Form eines ökonometrischen Modells ist ein *VR*-System.

2. Offenes System mit „offenen" Beziehungen zwischen den endogenen Variablen

Das Modell hat hinsichtlich der Wirkungsrichtung der endogenen Variablen eine „iterative" Struktur.

Kausalkettensystem (CC):

$$y_t = By_t + Gx_t + u_t \; . \tag{8}$$

---

11 Die Darstellung der *VR*-, *CC*- und *ID*-Systeme folgt *Wold*, H.: Forecasting and Scientific Method, in: Wold, H. (Hrsg.): Forecasting on a Scientific Basis, Lissabon 1966, S. 49 ff. Wir behandeln im Gegensatz zu Wold hier nur statische Modelle. Die vorherbestimmten Variablen x_t können bei uns demnach nur exogene Variablen sein.

Die Koeffizientenmatrix B ist hier subdiagonal:

$$b_{ik} = 0 \quad \text{für } k \geqq i \, .$$

Die Lösung der Strukturform des Modells nach y_t ergibt die reduzierte Form

(9) $$y_t = (I - B)^{-1}\, Gx_t + (I - B)^{-1} u_t \, .$$

Sowohl die strukturelle als auch die reduzierte Form ergibt Prediktoren für die endogenen Variablen:

(10) $$E\,(y_{it} \mid y_{pt}, x_{qt}) = [By_t + Gx_t]_i$$

und

(11) $$E\,(y_{it} \mid x_{qt}) = [(I - B)^{-1}\, Gx_t]_i \, .$$

Die Kausalstruktur dieses Modells zeigt die Form einer Kette:

exogene Variablen ⇒ endogene Variablen ⇒
endogene Variablen ⇒ ...

3. Offenes System mit „geschlossenen" Beziehungen zwischen den endogenen Variablen

Die Koeffizientenmatrix B ist nun allgemeiner. Sie verlangt lediglich, daß dieselbe endogene Variable in einer Gleichung nicht auf beiden Seiten auftreten darf.

Interdependentes System (*ID*):

(12) $$y_t = By_t + Gx_t + u_t \, ,$$

$$\text{wobei } b_{ii} = 0 \, .$$

Die reduzierte Form lautet

(13) $$y_t = (I - B)^{-1}\, Gx_t + u_t^* \, ,$$

$$\text{wobei } u_t^* = (I - B)^{-1}\, u_t \, .$$

Die reduzierte Form ergibt Prediktoren für die endogenen Variablen

$$E\,(y_{it} \mid x_{qt}) = [(I-B)^{-1}\, Gx_t]_i$$

Für die strukturelle Form hingegen gilt die Prediktor-Spezifikation nicht:

(14) $$E\,(y_{it} \mid y_{pt}, x_{qt}) \neq [By_t + Gx_t]_i \, .$$

Die Kausalstruktur in der Strukturform dieses Systems ist interdependent

$$\underbrace{\text{exogene Variablen} \Rightarrow \text{endogene Variablen} \leftrightarrows \text{endogene Variablen}}_{t}$$

4. Geschlossenes System

Hier treten keine Inputvariablen auf. Es werden lediglich die Beziehungen zwischen endogenen Variablen zum gleichen Zeitpunkt erfaßt.

$$y_t = By_t + u_t \tag{15}$$

Die Koeffizientenmatrix B unterliegt hier keinerlei Beschränkungen mehr. Eine Prediktor-Spezifikation für die strukturelle Form ist nicht gültig. Die reduzierte Form kann nicht gebildet werden. Die Möglichkeit einer statistischen Schätzung entfällt. Die Struktur ist nun vollkommen interdependent.

$$\underbrace{\text{endogene Variablen} \leftrightarrows \text{endogene Variablen}}_{t}$$

Wird in einem derartigen System eine der Variablen „vorherbestimmt" (numéraire), so ist unter bestimmten, wohldefinierten Bedingungen eine mathematisch-analytische Lösung des Systems möglich. Diese Lösung gibt die Bedingung für das Gleichgewicht dieses statischen Systems an.

Nicht nur das Walras-System ist repräsentativ für ein derartiges geschlossenes Modell. Auch das folgende makroökonomische Modell vom Keynes-Typ, welches keine exogenen Variablen enthält:

$$\begin{aligned} C_t &= \alpha_1 + \beta_1 Y_t + u_{1t} \\ I_t &= \alpha_2 + \beta_2 Y_t + u_{2t} \\ Y_t &= C_t + I_t \end{aligned} \tag{16}$$

Alle drei Variablen sind endogen. Da keine Verzögerungen in diesen endogenen Variablen und somit keine vorherbestimmten Variablen auftreten, läßt sich keine reduzierte Form bilden. Vollkommene Interdependenz und eine durch die Gleichgewichtsbedingungen bewirkte vollständige Determiniertheit kennzeichnen ein derart geschlossenes statisches System. Hier ist kein Raum für eine „implizite" Kausalstruktur.

Eine Dynamisierung kann nun — wie gezeigt wurde — mit zweierlei Zielsetzungen erfolgen, welche sich allerdings nicht gegenseitig auszuschließen brauchen. Einmal kann die Dynamisierung dem Studium der Anpassung an einen Gleichgewichtszustand dienen: Das ist das Anliegen der Stabilitätsanalyse, welche sich ebenfalls unter der Anleitung von Gleichgewichtsbedingungen vollzieht. Welchen Wert haben solche theoretisch-ökonomischen Sequenzen für die ökonometrische Modellbildung? — Wenig. Andererseits kann die Frage nach der dynamischen Entwicklung selbst im Vordergrund stehen. Dann kann sich zwar auch ein Gleichgewichtszustand einspielen, der aber das Ergebnis der Analyse ist und nicht das von vornherein anvisierte und vorformulierte Ziel. Hier gilt die Feststellung Lundbergs: "The equilibrium conditions, according to which a mutual adaption was supposed to have taken place, have been disruptet. As a result, the whole conception of a tendency, in the form of an adaption, toward a total equilibrium must be abandoned. The disruption of the general interdependence does not, however, mean indeterminateness. The given conditions may instead be comprehended as giving a successive determination of the variable factors[12]."

Gibt man allerdings die restriktiven Bedingungen der statischen Gleichgewichtsanalyse auf, so verliert man damit auch gleichzeitig wertvolle Orientierungspunkte dafür, wie ein Realitätsausschnitt zweckmäßig abstrahierend vereinfacht werden kann, um einer theoretischen Analyse zugänglich zu werden[13]. Sicherlich gibt es gerade gegen diese Art der Vereinfachung gute Argumente, von denen wir bereits einige angeführt haben. Es bleibt die Frage, wie bei einer Dynamisierung, d. h. bei Aufgabe des statischen Gleichgewichtssystems, vereinfachende Bedingungen zu gewinnen sind, welche einerseits nicht derart restriktiv sind, daß sie den empirischen Gehalt der Modellkonstruktionen allzu sehr beeinträchtigen und andererseits eine theoretische Analyse des konstruierten Modells ermöglichen.

Die Stockholmer Schule fand die Antwort in dem Konzept der „Einheitsperiode“[14]. Die dynamischen Modelle, die zur Grundlage einer ökonometrischen Konfrontation mit dem empirisch-statistischen Material werden, nehmen die Periodisierung mit Rücksicht auf die Art der

---

12 *Lundberg,* E.: Studies in the Theory of Economic Expansion, Oxford 1955, S. 45.

13 Ähnliches gilt für das Deduktionsverfahren. Diese Schwierigkeiten zeigten sich besonders deutlich beim Übergang von analytischen Modellen zu Prozeßmodellen. Vgl. *Meißner,* W.: Gleichgewichtsökonomik und mikroökonomische Entscheidungstheorie, Finanzarchiv, N. F., Bd. 26, 1967, S. 75.

14 Vgl. die kritische Behandlung dieser Konzeption bei *Hoppmann,* E.: Die Periodenanalyse als Theorie der volkswirtschaftlichen Dynamik, Berlin 1956, insbesondere S. 113 ff.

Datenerhebung vor, so daß man dort meist viertel-, halbjährliche oder jährliche Perioden antrifft. Diese beiden Möglichkeiten der Periodisierung dynamischer Systeme — im Konzept der Stockholmer Schule und in der ökonometrischen Praxis — unterscheiden sich aber hinsichtlich des Aspektes, der uns hier in erster Linie interessiert: Die explizite Kausalhypothese ist wesentlicher Bestandteil der dynamisierten Analyse der Stockholmer Schule. Legt man hingegen diesen Ansatz einer ökonometrischen Modellbildung zugrunde, so sind beide Modelltypen nur nach zweifacher Aggregation kompatibel: Einmal stellt die Analyse der Stockholmer Schule auf die Pläne der einzelnen Wirtschaftssubjekte ab; dieser Mikroansatz muß für die ökonometrische Modellbildung durch Aggregation über die Variablen angeglichen werden. Zum anderen ist die Einheitsperiode im allgemeinen wesentlich kürzer konzipiert als die Perioden ökonometrischer Modelle, die sich nach der Periodisierung der vorhandenen Daten zu richten haben. Eine Aggregation über die Zeit wird unvermeidlich. In beiden Fällen wird die Kausalhypothese gefährdet, da die Aggregation tendenziell eine Interdependenz zwischen den Variablen des Modells bewirkt. Darauf werden wir unten näher eingehen, weil das ein wichtiger Gesichtspunkt für die Behandlung von Rekursivität und Interdependenz ist. Bilden wir auch hier geschlossene und offene dynamische Systeme mit expliziter Kausalstruktur.

1. Offenes System

Anfangsbedingungen, exogene Variable und die Lag-Struktur der endogenen Variablen bestimmen den Verhaltenspfad des Systems:

$$y_t = By_t + B^* y_{t-1} + Gx_t + u_t \quad . \tag{17}$$

Für die Matrix B gelten hier je nach Systemtyp die gleichen Spezifikationen wie bei den statischen Systemen. Wichtig ist dabei, daß sich durch die Art der Lag-Struktur und ihre Veränderung ein Austausch der Elemente ($\neq 0$) zwischen den beiden Matrizen B und B^* ergeben kann, der günstigstenfalls zu einer B-Matrix führt, für welche gilt

$$b_{ik} = 0 \quad \text{für } k \geqq i \ .$$

Je nachdem, ob man nun eine zeitliche Entwicklung der exogenen Variablen gestattet oder nicht, ergibt sich als Kausalstruktur:

$$\text{a)}\ \left.\begin{array}{l}\text{Anfangsbedingungen}\\ \text{exogene Variablen}\\ \text{endogene Variablen}\end{array}\right\} \begin{array}{l}\rightarrow \text{endogene Variablen} \rightarrow\\ \rightarrow \text{endogene Variablen} \ldots\end{array}$$

$$\xrightarrow{\hspace{10cm}} t$$

oder

b) Anfangsbedingungen, exogene Variablen, endogene Variablen } → endogene Variablen → endogene Variablen …
(jeweils: exogene Variablen ↓ endogene Variablen)

———————————————————————→ t

Die Unterscheidung zwischen diesen beiden Typen dynamischer Entwicklung deckt sich grundsätzlich mit der Einteilung von Baumol in die Systeme der „Magnificent Dynamics" (b) und der „Process Analysis" (a)[15]. Auch Schneider unterscheidet zwischen „historischer" und „analytischer" Dynamik[16].

2. Geschlossene Systeme

Die reinste Form „analytischer" Dynamik liegt nun offenbar dann vor, wenn die exogenen Variablen keinerlei Einfluß mehr auf die dynamische Entwicklung ausüben, sondern lediglich in den Anfangsbedingungen erfaßt werden. Ein derartiges geschlossenes System würde charakterisiert werden durch

$$y_t = By_t + B^* y_{t-1} + u_t \tag{18}$$

oder durch

$$y_t = (I - B)^{-1} B^* y_{t-1} + (I - B)^{-1} u_t \,. \tag{19}$$

Im besonderen Falle, wenn alle $b_{ik} = 0$, d. h. wenn auf der rechten Gleichungsseite nur verzögerte endogene Variable auftreten, durch

$$y_t = B^* y_{t-1} + u_t \,. \tag{20}$$

Die Analogie zum offenen statischen System ist einsichtig, obwohl es sich hier um ein geschlossenes System handelt. Das bedeutet, daß sich die Analogie lediglich auf die Kausalstruktur beziehen kann:

Anfangsbedingungen, endogene Variablen } → endogene Variablen → endogene Variablen …

———————————————————————→ t

Hält man sich die Tatsache vor Augen, daß gesamtwirtschaftliche Modelle dazu tendieren, immer mehr exogene Variablen durch endogene Variablen zu ersetzen, so liegt in dieser analogen Kausalstruktur

[15] *Baumol,* W.: Economic Dynamics, a.a.O., S. 8.

[16] *Schneider,* E.: Einführung in die Wirtschaftstheorie, Bd. II, Tübingen 1949, S. 189.

ein erfreuliches Ergebnis. Als Beispiel für die zunehmende Endogenisierung gesamtwirtschaftlicher Modelle sei beispielsweise die Möglichkeit genannt, vormals staatlich kontrollierbare exogene Variablen nun selbst wiederum in Abhängigkeit von anderen Variablen zu sehen und somit als endogen zu behandeln. So richtet sich etwa die Steuerpolitik nach der Entwicklung des Sozialprodukts oder einiger seiner Komponenten (z. B. Investitionen). Die Zahl der vorherbestimmten Variablen kann nun aber nicht beliebig verringert werden. Dagegen spricht erstens die Notwendigkeit der Identifikation. Überdies müssen auch zur Schätzung bestimmte Voraussetzungen erfüllt sein. In einer zu schätzenden Gleichung werden alle endogenen Variablen bis auf die zu erklärende durch Linearkombinationen der vorherbestimmten Variablen ersetzt. Soll im Schätzverfahren bei der Matrixinversion mithin keine singuläre Matrix auftreten, so muß es zumindest soviel vorherbestimmte Variablen geben wie Parameter, die geschätzt werden sollen[17].

Reichen die verbliebenen exogenen Variablen dazu nicht aus, so bleiben nur zwei Möglichkeiten: Entweder kann man zusätzlich verzögerte exogene Variablen einführen oder aber man verwendet verzögert-endogene Variablen. Die erste Möglichkeit findet da ihre Grenze, wo die verminderte Anzahl der zu verwendenden exogenen Variablen eine Lag-Struktur verlangt, die mehrere Perioden zurückreicht, um durch mehrperiodische Verzögerungen der wenigen exogenen Variablen genügend vorherbestimmte Variablen zu erlangen. Hier liegt offensichtlich die Gefahr der Multikollinearität vor, da es sich bei den verbliebenen exogenen Variablen häufig um einfache Trends handelt (Bevölkerungswachstum). Es bleibt also nur die Möglichkeit, die Anzahl der vorherbestimmten Variablen dadurch zu vervollständigen, daß verzögerte endogene Variablen hinzugenommen werden. Dies wiederum führt zu einer zunehmenden Dynamisierung der Modelle; im Extremfall zu einem derart geschlossenen System, wie es gerade vorgestellt wurde.

Die Tatsache, daß hinsichtlich der Kausalstruktur eine weitgehende Übereinstimmung zwischen solchen geschlossenen Systemen und offenen Systemen mit exogenen Variablen vorliegt, scheint diese Dynamisierung unproblematisch zu machen. Das ist jedoch lediglich *ein* Aspekt. Er bezieht sich auf die deterministische Struktur der Modelle, welche sich in den Koeffizientenmatrizen widerspiegelt. Wir haben es aber mit stochastischen Beziehungen zu tun. Das fordert einige Überlegungen zur Konsistenz der Schätzergebnisse, d. h. zu der Frage, wie sich die vorherbestimmten Variablen zu dem stochastischen Teil der Gleichungen

[17] *Fisher,* F. M.: Dynamic Structure and Estimation in Economywide Econometric Models, in: The Econometric Approach in Development Planning, Amsterdam-Chicago 1965, S. 430.

verhalten. Dabei zeigt sich, daß die Auswahl der verschiedenen vorherbestimmten Variablen nicht nur nach dem Kausalitätskriterium erfolgen kann. Die Konsistenzüberlegungen schaffen einschränkende Nebenbedingungen, welche insbesondere die verzögerten endogenen Variablen betreffen[18].

Über die Zufallsvariablen trifft man gewöhnlich folgende Annahmen:

1. Die Kovarianz-Matrix $V(o)$ aller u_t ist diagonal.
2. Die Zufallsvariablen sind nicht autokorreliert.

   Die Kovarianzmatrix für u_t und $u_{t-\Theta}$ sei mit $V(\Theta)$ bezeichnet: $V(\Theta) = 0$ für $\Theta > 0$.

Zu 1.: Die Annahme einer diagonalen Koeffizientenmatrix $V(o)$ ergänzt die Voraussetzung, daß die Koeffizientenmatrix B triangulär ist. Gilt die Annahme „$V(o)$ ist diagonal" nicht, so werden die endogenen Variablen über die Matrix $V(o)$, d. h. über die Zufallsvariablen miteinander verknüpft, ohne daß diese Verknüpfung explizit in der Koeffizientenmatrix B zum Ausdruck kommt. Wir wollen der Frage hier nicht weiter nachgehen, da sie hauptsächlich für statische Systeme relevant ist.

Zu 2.: Die Annahme 2 wird dann notwendig, wenn endogene Werte $y_{t-\Theta}$ im Modell erscheinen. Man kann die strenge Annahme etwas modifizieren:

Die Matrix B^* ist subdiagonal, desgleichen die Matrix $V(\Theta)$ für $\Theta > 0$. In diesem Falle pflanzen sich die autokorrelativen Effekte der Zufallsvariablen gleichsam rekursiv fort, nämlich von Gleichung zu Gleichung nach ihrer Reihenfolge im Modell.

Die Tatsache, daß in dynamischen Systemen Autokorrelation zwischen den Zufallsvariablen auftritt, läßt sich schwerlich wegdiskutieren. Besonders wenn der Time-Lag ziemlich kurz ist, ist es sehr wahrscheinlich, daß eine Zufallsstörung gleichzeitig mehrere benachbarte Perioden beeinflußt.

Es gibt einen naheliegenden Grund, die Zeitperioden möglichst klein zu machen: Man kann dadurch eine Subdiagonalisierung der B-Matrix bewirken und damit scheinbar die Voraussetzung — rekursive Struktur — für eine konsistente Kleinstquadrat-Schätzung schaffen. Es wird aber jetzt offensichtlich, daß mit dieser Maßnahme die Quelle für die Inkonsistenz lediglich verlagert wird.

Der Ausweg aus dieser Schwierigkeit besteht darin, die Koeffizientenmatrix B^* gleich Null zu setzen. Das aber bedeutet die Umwand-

[18] Vgl. dazu *Fisher*, F. M.: a.a.O., S. 408 ff.

lung in ein statisches System. Aber auch die Annahme, daß B^* subdiagonal ist (gleichzeitig auch $V(\Theta)$) ist ziemlich kühn, da damit jeglicher Rückkopplungseffekt aus der dynamischen Modellstruktur ausgeschlossen wurde. Das ist für gesamtwirtschaftliche dynamische Modelle höchst gewagt.

Jetzt können wir die Kriterien für die Wahl von vorherbestimmten Variablen formulieren:

1. Kausalität. — Dies war der Gesichtspunkt, der uns bisher bei der Erörterung der Kausalitätsstruktur (des systematischen Teils) dynamischer Modelle beschäftigt hat. Für die statistische Schätzung stochastischer Beziehungen ist der Kausalitätsgrad der erklärenden Variablen deshalb wichtig, weil nur sie die Varianz der Schätzung reduzieren.
2. Konsistenz. — Das Kausalitätskriterium wird ergänzt durch Bedingungen, welche solche Variablen für ungeeignet erklären, die nicht unabhängig von den Zufallsvariablen sind. Tatsächlich können beide Kriterien entgegengesetzt wirken, so daß bei der Auswahl der Variablen ein Kompromiß geschlossen werden muß.

Man sieht nun, daß die beiden Modelle, die in ihrer Kausalstruktur gleich sind, nämlich das statisch-offene und das dynamisch-geschlossene Modell, dann voneinander sehr verschieden sein können, wenn man ihren stochastischen Charakter berücksichtigt. Normalerweise treffen die Bedingungen der stochastischen Unabhängigkeit von den Zufallsvariablen eher auf die exogenen und verzögerten exogenen Variablen (aber: Multikollinearität!) zu als auf die verzögerten endogenen Variablen[19]. Damit ist gleichzeitig angedeutet, daß die „Dynamisierung" stochastischer Modelle durch Einführung verzögerter endogener Variablen nicht problemlos ist. Das wird besonders dann relevant, wenn man versuchen will, eine interdependente Modellstruktur durch Dynamisierung, d. h. durch zeitliche Disaggregation, rekursiv zu gestalten. Dies ist in der Tat eine Möglichkeit, wenn man sich nur auf den systematischen Teil der Gleichungen bezieht — und wenn man davon absieht, daß das Datenmaterial zur Schätzung ökonometrischer Modelle ganz bestimmte Periodisierungen aufweist (jährlich, halb- oder vierteljährlich), welche den zeitlichen Aggregationsgrad der Modellgrößen bestimmen. Ähnliches gilt für die Aggregation über Wirtschaftseinheiten und Güter. Bentzel und Hansen[20] haben gezeigt, wie Modelle, die sich

---

[19] Fisher zeigt, daß in blockrekursiven Systemen die Gefahr der Inkonsistenz durch Verwendung verzögerter endogener Variablen unter ziemlich plausiblen Annahmen verringert werden kann; a.a.O., S. 414 ff.

[20] R. *Bentzel* und B. *Hansen:* On Recursiveness and Interdependency in Economic Models, The Review of Economic Studies, Vol. XXII, 1954/55, S. 153 bis 168.

auf die „Einheitsperiode“ der Stockholmer Schule stützen und damit zwangsläufig rekursiv sind, durch derartige notwendige Aggregationen eine interdependente Struktur erhalten.

3.3 Kausalerklärung durch Formulierung von Verhaltensgleichungen

Den Kern eines jeden ökonometrischen Modells bilden die Verhaltensgleichungen. Sie inkorporieren die Erkenntnisse und Hypothesen der ökonomischen Theorie. Sie werden zur Grundlage eines Modells, welches mit den empirischen Daten konfrontiert wird, und sie sollen letztlich verhindern, daß (nur aufgrund dieser statistischen Daten) „measurement without theory“ (Koopmans) getrieben wird. Jede einzelne Verhaltensgleichung bringt eine Kausalhypothese zum Ausdruck. Das gilt unabhängig von der Tatsache, daß sich die kausalen Wirkungsrichtungen in einem ganzen Gleichungssystem überschneiden und gegeneinander verlaufen können. Das wird sich am ehesten in einem statischen Modell zeigen. Insofern bringt eine Dynamisierung immer die Chance, eine solche interdependente Struktur zu durchbrechen und durch eine — im Extremfall rekursive — Kausalstruktur zu ersetzen[21].

Wirtschaft ist ein Entscheidungsbereich, und die Verhaltensgleichungen spiegeln diesen Aspekt genau wider, nämlich: “A certain type of economic decisions taken by a certain category of economic agents[22].”

Bei der Aufstellung eines ökonometrischen Modells konzentriert man sich daher in erster Linie auf die Wahl möglichst zutreffender Verhaltensgleichungen. Ein gutes Beispiel dafür ist das Verfahren, das bei der Konstruktion des z. Z. wohl größten ökonometrischen Modells gewählt wurde, des Brookings Quarterly Econometric Model of the United States. Die einzelnen „Verhaltensbereiche“[23] wurden dabei Spezialisten zugeteilt, die zur Aufstellung der betreffenden Verhaltensgleichungen über die besten Kenntnisse verfügen. Nicht nur bei der praktischen Arbeit, sondern auch in der theoretischen Literatur liegt der Akzent

---

[21] Vgl. die Argumentation von H. Wold, nach welcher rekursive Systeme die Endstufe in der Dynamisierung darstellen. *Wold*, H.: Construction Principles of Simultaneous Equation Models in Econometrics. Bulletin de l'Institut International de Statistique, 38, 1961, S. 111—138.

[22] *Koopmans*, T. C.: Statistical Inference in Dynamic Economic Models. Cowles Commission Monograph No. 10, New York 1950, S. 54.

[23] Investition, Lagerhaltung, Auftragserteilung, Bauwirtschaft, Konsum, Arbeitsproduktivität, Löhne und Preise, Arbeitskräfteangebot, Außenhandel, Landwirtschaft, Finanzsektor, Staatsausgaben und -einnahmen. Vgl. dazu: *Griliches*, Z.: The Brookings Model Volume: A Review Article, Center for Mathematical Studies in Business and Economics, Report 6810, Februar 1968, Chicago University.

eindeutig auf den Verhaltensgleichungen, d. h. auf den Bemühungen, möglichst gute erklärend-kausale Beziehungen über das Wirtschaftsgeschehen in den verschiedenen Entscheidungsbereichen in das Modell einzubringen.

3.4 Die Geschlossenheit dynamischer Modelle: Verbindung der Verhaltensgleichungen durch „Verhaltensgleichungen" des Marktes

Die einzelnen Gleichungen, welche das Verhalten bestimmter Wirtschaftseinheiten beschreiben sollen (Konsumenten, Investoren, Landwirte usw.), bilden noch kein vollständiges Modell. Es fehlt die Verbindung, welche all diese Entscheidungen zusammenführt. Das Modell muß geschlossen werden. Das geschieht in erster Linie durch Identitäten: "Balance identities and equilibrium conditions — which form the connecting links between the various behaviour equations, assumed to be derivable from assumptions on economic action of individual units or the government[24]." Zweifellos sind sie sehr wichtig in dieser Hinsicht und werden gerade dadurch für die Untersuchung der Frage nach dem Charakter und dem Wert ökonometrischer Modelle interessant[25]. Aber nicht die Form der Beziehungen — die der Identität — macht ihre verbindende Rolle aus. Vielmehr verkörpern sie in ökonometrischen Modellen, welche sich auf kapitalistische Wirtschaftssysteme beziehen, ganz bestimmte Mechanismen, welche die erwünschte Geschlossenheit des Modells bewirken. Geschlossenheit meint: Die einzelnen Entscheidungsbereiche, welche in den Verhaltensgleichungen des Modells abgebildet sind, müssen irgendwo zusammengeführt werden. Dazu genügt nicht jene Verbindung, welche durch die Verwendung der gleichen Variablen in den Verhaltensgleichungen entsteht. Zwar kann ein solches Vorgehen schon in interdependenten Strukturen oder Teilstrukturen resultieren. Es kommt aber vielmehr darauf an, die Verhaltensgleichungen und damit die Entscheidungsbereiche dort zusammenzuführen, wo sich Entscheidungen auswirken: Auf dem Markt.

Geschlossenheit bedeutet dann „Verhaltensgleichungen" für einen anonymen Mechanismus zu formulieren, für eine „invisible hand", die keiner der geläufigen wirtschaftlichen Entscheidungseinheiten zugeordnet werden kann. So jedenfalls nähme sich eine puristische Auffassung vom Markt aus. Entsprechend würde sich eine solche Auffassung in der

---

24 *Nyblén,* G.: a.a.O., S. 17.

25 „The examination of these types of relations may provide an answer to the question of the universal applicability of econometric equation systems, a question which cannot be solved through the concentrated and isolated study of behaviour relations". *Nyblén,* G.: a.a.O., S. 13.

Gestalt der „Verhaltensgleichungen" des Marktes wiederfinden, welche die eigentlichen Verhaltensgleichungen im ökonometrischen Modell ergänzen.

Die verschiedenen Möglichkeiten dieser Ergänzung werden an einem kleinen mikroökonomischen Modell gezeigt und kommentiert:

(a) Die häufigste Variante oder „Der vollkommene Markt"

Es handelt sich um ein Angebots-Nachfrage-Modell. In seiner einfachsten Version lautet die Verhaltensgleichung für Angebot und Nachfrage:

(21) $$A = f_1(p) \qquad N = f_2(p)$$

A = Angebot
N = Nachfrage
p = Preis
p^* = Gleichgewichtspreis

Hinzu tritt die Marktgleichung in Form einer Identität:

$$A = N \; .$$

Hinter dieser Identität steckt eine Preisbestimmungsgleichung, nämlich

$$f_1(p^*) = f_2(p^*) \; ,$$

die den Preis

$$p = p^*$$

bestimmt, bei welchem Angebot und Nachfrage gleich sind.

(b) Die Cobweb-Variante oder „Die unvollkommene Dynamik"

Das Modell berücksichtigt den Zeitfaktor und versucht, die Entwicklung der Variablen A, N und p zu erklären.

(22) $$A_t = f_1(p_{t-1}) \qquad N_t = f_2(p_t) \qquad A_t = N_t \qquad t = 1, 2, 3 \ldots$$

Die „Verhaltensgleichung" des Marktes ist hier wie im Modell (21) eine Beziehung, welche einen vollkommenen Marktmechanismus unterstellt. In jeder Periode ergibt sich somit ein Preis, welcher die Markträumung garantiert.

(c) Die Tinbergen-Variante oder „Das Mißtrauen in den Marktmechanismus"

Tinbergen[26] formulierte in seiner bahnbrechenden Arbeit die entsprechenden Gleichungen seines großen Modells etwas anders. Auch er geht aus von einem Marktmodell:

$$(23)\qquad \begin{aligned} u^S &= f_1(p, F^S) \\ u^D &= f_2(p, F^D) \end{aligned}$$

u^S = Angebot
u^D = Nachfrage
p = Preis
F^S = Faktoren, die Angebot beeinflussen
F^D = Faktoren, die Nachfrage beeinflussen

Die Gleichsetzung von u^S und u^D führt zu

$$p = f_3(F^S, F^D)\,.$$

F^S und F^D sind Faktoren neben dem Preis, die auf der Angebotsseite (etwa Stückkosten) oder Nachfrageseite (etwa Einkommen) wirken. Die dritte Gleichung in diesem Modell entspricht somit den letzten Gleichungen in Modell (21) und (22): Der Preis wird bestimmt, ohne daß die Marktmengen der Güter in diese Preisbestimmungsgleichung eingehen. Der Preis ist vielmehr die Ausgleichsvariable, die Angebots- und Nachfragemengen zur Deckung bringt.

Tinbergen zeigt sich in seiner empirischen Studie dieser Konzeption des Marktes gegenüber kritisch. "This Walrasian description of market equilibrium, however, is only valid for some special types of market, where supply is determined independently of quantities demanded and where there is — as a necessary counterpart — absolute adaptability of prices. In many modern marktes this is no longer the case[27]."

Er führt daher eine neuartige Beziehung ein, welche er „price fixation relation" nennt:

$$p = f_1'(F^s, u^s)\ .$$

In dieser Gleichung ist die Angebotsmenge enthalten. Damit ist der erste Schritt getan, der von dem unterstellten Marktautomatismus hinwegführt. Die „Verhaltensgleichung" des Marktes, welche die übrigen Verhaltensgleichungen ergänzt und das Modell schließt, tritt nicht mehr in Form einer Identität auf. Diese Abkehr von der Identitätsform wird dann vollständig im nächsten Modell vollzogen.

---

[26] Siehe *Tinbergen*, J.: Statistical Testing of Business Cycle Theories, II; Business Cycles in the United States, Genf 1939 und ders., Business Cycles in the United Kingdom 1870—1914, 2. Aufl., Amsterdam 1956. Wir beziehen uns auf das zweite Werk und verwenden diese Notation.

[27] *Tinbergen*, J.: Business Cycles in the United Kingdom, S. 48.

(d) Die dynamische Cournot-Variante oder „Invisible hand — wie macht man sie sichtbar"?

$$\begin{aligned} A_t &= f_1(p_{t-1}) \\ N_t &= f_2(p_t) \\ p_t &= p_{t-1} + \gamma (N_{t-1} - A_{t-1}) \text{ mit } \gamma > 0 \end{aligned} \tag{24}$$ [28].

Im Gegensatz zu den letzten Gleichungen in den Modellen (21) und (22) ist die dritte Gleichung hier eine Verhaltensgleichung. Sie erlaubt daher auch eine zwanglose kausale Interpretation, der sich die Identitäten nicht zugänglich zeigen. So könnte diese Gleichung etwa das Verhalten der Händler widerspiegeln, welche auf dem Markt durch Preisstellung und -anpassung die in den anderen Modellen postulierte Markträumung zu erreichen trachten[29]. Der anonyme Marktautomatismus wird somit ersetzt durch eine bestimmte Gruppe von Entscheidungseinheiten. Die Identität — oder genauer: die Gleichgewichtsbedingung —, welche bisher das Modell abschloß, wird ersetzt durch eine Verhaltensgleichung, die kausal interpretierbar ist. Das System (24) ist rekursiv und dynamisch.

Unter dem Gesichtspunkt Rekursivität vs. Interdependenz zeigt die Entwicklung von (21) nach (24) eine Umwandlung von interdependenter zu rekursiver Struktur. Damit verbunden ist eine zunehmende Dynamisierung des Marktmodells: Vom statischen (21) über ein komparativ-statisches (22) zu einem dynamischen Modell (24).

Der Zusammenhang zwischen interdependent und rekursiv einerseits und statisch und dynamisch andererseits ist hingegen nicht so eindeutig, wie es hier scheinen mag. Wir wiesen schon darauf hin, daß sich innerhalb der Verhaltensgleichungen selbst bereits durch die Verwendung gleicher Variablen Interdependenz einstellen kann. Ein solches Modell kann jedoch trotzdem dynamisch bleiben, wenn die „Verhaltensgleichung" des Marktes nicht eine statische, zeitlose Gleichgewichtspreisbildung über eine Identität impliziert, sondern wenn hier eine „echte" Verhaltensgleichung das Modell abschließt[30]. So wäre folgendes interdependent-dynamische Modell denkbar:

$$\begin{aligned} A_t &= f_1(p_t) \\ N_t &= f_2(p_t) \\ p_t &= p_{t-1} + \gamma (N_{t-1} - A_{t-1}). \end{aligned} \tag{25}$$

---

[28] Vgl. dazu: *Wold*, H.: Dynamic Systems of the Recursive Type — Economic and Statistical Aspects, Sankhya, Vol. 11, 1951, S. 205—216; ders.: Causal Inference from Observational Data, Journal of the Royal Statistical Society, Ser. A, Vol. 119, Part 1, 1956, S. 28—60.

[29] Vgl. *Wold*, H.: Dynamic Systems . . . , a.a.O., S. 210.

[30] Vgl. den Diskussionsbeitrag von L. *Klein:* Discussion on Professor Wold's Paper, Journal of the Royal Statistical Society, Ser. A, Vol. 119, Part 1, 1956, S. 54.

Entscheidend ist also hier nicht die Eigenschaft der Interdependenz oder Rekursivität, sondern die Form der Marktgleichung, welche ergänzend zu den eigentlichen Verhaltensgleichungen hinzutritt. Es ist aber häufig so, daß interdependente Systeme ihren interdependenten Charakter gerade durch die Schließung des Modells mit Hilfe von Identitäten erhalten. Rekursive Systeme hingegen können nur aus Verhaltensgleichungen (zusätzlich natürlich noch aus Definitionen) bestehen und sind damit von ihrer Konstruktion her dynamisch und kausal interpretierbar. Für die kausale Interpretierbarkeit spielt die Form der „Verhaltensgleichung" des Marktes die entscheidende Rolle. Es geht genauer um die Möglichkeit, die geschätzten Koeffizienten eines ökonometrischen Modells interpretieren zu können.

So ist es beispielsweise zweifelhaft, ob die Koeffizienten eines geschätzten ökonometrischen Modells vom Typ (21) als Elastizitäten anzusprechen sind, während das für die Koeffizienten eines Modells vom Typ (24) ohne weiteres gilt. Wold[31] hat in einer empirischen Studie diese beiden Modelltypen[32] einander gegenübergestellt. Seine numerischen Ergebnisse unterstützen dieses Argument eindrucksvoll: Die Koeffizienten des rekursiven Marktmodells ergeben ihrer Größenordnung nach sinnvolle Elastizitäten. Versucht man hingegen die Koeffizienten des anderen Modells (vom Typ (22)) als Elastizitäten zu interpretieren, so stimmen die hohen Koeffizientenwerte keineswegs mit anderen vergleichbaren Elastizitätswerten überein.

Damit wollen wir die Erörterungen über die Beziehung zwischen Dynamik, Gleichgewicht und Kausalstruktur in ökonometrischen Modellen abschließen. Wir haben diese Überlegungen angestellt gegen den Hintergrund der Frage: Interdependenz vs. Rekursivität bei der Modellbildung. Es sei gestattet, mit den Worten von H. Wold zu resümieren:

"The discussion started as a matter of statistical technique; maximum likelihood versus least squares. By and by it was recognized that the questions lie deeper, go down to the theoretical rationale of econometric models. In this second phase the discussion stressed that causal chains are completely dynamic, whereas interdependent systems make

---

[31] *Wold*, H.: A Case Study of Interdependent versus Causal Chain Systems, Revue de l'Institut International de Statistique, Bd. 26, 1958, S. 5—25. Zur Interpretation der Parameter siehe auch: *Strotz*, R. und *Wold*, H.: Recursive vs. nonrecursive systems. An attempt at synthesis, Econometrica, 28, 1960, S. 417—427 — *Basman*, R.: The causal interpretation of non-triangular systems of economic relations, Econometrica, 31, 1963, S. 439—448 — *Strotz*, R. und *Wold*, H.: The causal interpretability of structural parameters; A reply, Econometrica, 31, 1963, S. 449—450.

[32] Es handelt sich genauer um ein Marktmodell vom Typ (22). Wir haben aber gesagt, daß für die kausale Interpretation die Form der „Marktgleichung" ausschlaggebend ist. Sie ist in Modell (21) und (22) gleich.

a hybrid between static and dynamic approaches. Digging still deeper, the third line of argument has been concerned with the foundations of econometric models in the general theory of knowledge. At this basic level the questions revolve around the meaning of causal concepts and the use of causal relations as a constructive tool in explanatory analysis ... Pursuing the third line of argument ... I have come round to the view that the two approaches work at different aspiration levels. Interdependent systems aim at explanation in the sense of *prediction,* while causal chains go one step further and aim at explanation in the sense of stimulus-response-relationships[33]."

An diesen letzten Satz muß eine kybernetische Analyse des Problems Interdependenz vs. Rekursivität anknüpfen. Besonders bei der regelungstechnischen Darstellung, welche hier eher illustrative Funktion hat, sowie bei der systemtheoretischen Behandlung in Gestalt einer Simulationsstudie werden wir auf diese Aussage zurückkommen.

Zunächst wollen wir uns jedoch einer informationstheoretischen Analyse unseres Problems zuwenden.

---

[33] *Wold,* H.: A Case Study ..., a.a.O., S. 17—18.

Kapitel 4

Der Informationsgehalt der Hypothesen in ökonometrischen Systemen

Die Diskussion über dynamische und ökonometrische Modelle hat bereits einige Einsichten über Rekursivität und Interdependenz erbracht. In diesem Kapitel wollen wir mit einer kybernetischen Analyse dieses Problems beginnen. Dabei soll der informationstheoretische Aspekt im Mittelpunkt stehen. Unsere Aufgabe ist es also zunächst, bei der ökonometrischen Modellbildung einen Anknüpfungspunkt für eine Analyse mit den Mitteln der mathematischen Informationstheorie zu finden.

Einen solchen Ansatzpunkt gewinnt man durch eine Diskussion des Informationsgehaltes ökonometrischer Modelle unter wissenschaftstheoretischem Gesichtspunkt. Im zweiten Kapitel ist diese Diskussion vorbereitet worden. Dort wurde über die Rolle des Gleichgewichtskonzeptes in der ökonomischen Modellbildung gesprochen. Es zeigte sich, daß die Unfähigkeit vieler ökonomischer Modelle zur Konfrontation mit der Wirtschaftswirklichkeit in der Konstruktion ihrer Hypothesen begründet war. Das Forschungsprogramm der Ökonometrie machte gerade diese Konfrontation zu ihrem expliziten Untersuchungsgegenstand: Statistische Schätzung ökonometrischer Modelle aufgrund wirtschaftsstatistischer Daten.

4.1 Die Möglichkeit der Konfrontation ökonomischer Hypothesen mit der Realität: Informationszuwachs durch Beschränkungen

An ökonometrische Modelle, die statistisch geschätzt werden sollen, muß eine bestimmte Anforderung gestellt werden: Ihre Hypothesen, d. h. ihre Gleichungen müssen einen gewissen Informationsgehalt haben. Das Kriterium des Informationsgehaltes wird hier in seinem wissenschaftstheoretischen Sinne verwendet: Die Hypothesen dürfen keinen totalen Spielraum haben, sie müssen bestimmte Realitätslagen ausschließen. Zur Verdeutlichung sei das Modell des allgemeinen wirtschaftlichen Gleichgewichts der Lausanner Schule herangezogen. Stimmt die Anzahl der Gleichungen mit der Anzahl der Variablen überein, so gibt es im allgemeinen eine mathematisch-analytische Lösung für dieses System. Die Aussage, welche aus dieser Lösungsmöglichkeit abzuleiten ist, lautet: Ein allgemeines wirtschaftliches System ist mit einem Gleichgewichtszustand konsistent. In einem solchen Lösungsprozeß tritt nirgendwo der Versuch zu einer Konfrontation des Modells mit der Wirtschaftswirklichkeit auf. Er ist hier nicht vonnöten, mehr noch, er ist gar nicht möglich. In den einzelnen Gleichungen wird alles von allem anderen abhängig gemacht. Es werden demnach nicht (formal mögliche) Abhängigkeiten ausgeschlossen. In der Terminologie der Ökonometrie heißt das: Dieses Modell des allgemeinen wirtschaftlichen Gleichgewichtes ist nicht *identifizierbar*.

Das gilt auch für das zweite Beispiel, ein Makromodell mit nur drei Variablen:

$$\begin{aligned} C_t &= a_1 + b_1 Y_t \\ I_t &= a_2 + b_2 Y_t \\ Y_t &= C_t + I_t \end{aligned} \qquad (1)$$

Es handelt sich um ein geschlossenes System. Die Hypothesen dieser beiden Modelle postulieren eine vollkommene Interdependenz, ein theoretisch uneingeschränktes Aufeinandereinwirken aller vorhandenen Variablen. Die mangelnde Möglichkeit zur Identifikation beruht also auf der mangelnden Beschränkung der in den Gleichungen formulierten Hypothesen. Gerade durch Beschränkungen wird jedoch der Informationsgehalt der Hypothesen erhöht.

Eine strengere Art von Beschränkung erfahren die Hypothesen eines ökonometrischen Modells durch die Spezifizierung einer ganz bestimmten Kausalstruktur. Die Aussage: „Alles hängt von allem ab" kennzeichnet ein Modell mit vollkommenen Interdependenzbeziehungen, welche noch nicht einmal eine Identifikation gestatten. Die Annahme einer durchgängigen Kausalstruktur oder einer Kausalkette in einem Modell erlegt den Hypothesen (Gleichungen) des Modells noch stärkere Beschränkungen auf als die Anforderungen der Identifikation[1]. Über die zugrundegelegte *Kausalstruktur* eines Modells gelangen mithin Beschränkungen in die Hypothesen, welche ihren Informationsgehalt beeinflussen.

Wir wollen daher den Informationsgehalt ökonometrischer Hypothesen im wissenschaftstheoretischen Sinne abhängig machen von den Beschränkungen, denen die Gleichungen des Modells unterliegen. In diesen Gleichungen spiegeln sich die Einschränkungen der logisch denkbaren Möglichkeiten wider. Wird der gesamte Möglichkeitsspielraum

---

[1] In einem rekursiven Modell gibt es daher auch keine Identifikationsprobleme.

zugelassen, so ist als einzige Aussage nur noch die Feststellung der vollkommenen Interdependenz abzuleiten. Der Informationsgehalt der Einzelhypothesen und damit ihre Fähigkeit zur empirischen Konfrontation ist verschwunden. Somit fassen wir den Informationsgehalt I in Abhängigkeit von dem Identifikationsgrad (Id) und der Kausalstruktur (Ks) ökonometrischer Systeme:

(2) $$I = I\,(Id, Ks)\ .$$

Dies ist der erste Schritt auf das Ziel hin, die Problematik der ökonometrischen Modellbildung einer informationstheoretischen Analyse zugänglich zu machen. Nun gilt es, das Konzept $I = I\,(Id, Ks)$ zu formalisieren und nach einer Möglichkeit der Messung von I zu fragen.

Wir werden zunächst diese Formalisierung vornehmen. Bevor dann die Messung des Informationsgehaltes versucht wird, werden wir das Konzept $I = I\,(Id, Ks)$ im Zusammenhang mit ökonometrischen Schätztechniken weiter erläutern und von dorther die Nützlichkeit dieser Vorstellung unterstreichen.

4.2 Die Gestalt der Koeffizientenmatrizen B und G in dem System $\mathbf{y} = \mathbf{By} + \mathbf{Gx} + \mathbf{u}$ als Ausdruck der informativen Beschränkungen

Das Konzept $I = I\,(Id, Ks)$ läßt sich formalisieren, wenn man danach fragt, wie sich die informationserhöhenden Beschränkungen der Hypothesen in den Koeffizientenmatrizen eines ökonometrischen Systems widerspiegeln.

4.2.1 Die Gestalt der Matrix (B, G): Identifikation

Die Identifikationsbedingung legt der Modellstruktur einige Beschränkungen auf[2]. Christ hat diese Identifikationsbedingung in einer für uns zweckmäßigen Form aufgestellt: Um identifizierbar zu sein, muß eine Gleichung in einem Modell mit G linearen Gleichungen zumindest $G - 1$ derjenigen Variablen ausschließen, die in diesem Modell erscheinen[3].

---

[2] "This is the problem of whether the model is restrictive enough so that, given sufficiently large samples, the values of the parameters can be determined." — *Christ*, C. F.: Econometric Models and Methods, New York-London-Sydney 1966, S. 298.

[3] Christ nennt dies die order condition. Sie ist eine notwendige aber nicht hinreichende Bedingung für die Identifikation. In den meisten Fällen kann man aber so vorgehen, als ob diese order condition hinreichend zur Feststellung der Identifikation sei. Vgl. *Christ*, C. F.: a.a.O., S. 322.

Ausgeschlossene Variablen in ökonometrischen Gleichungen sind Variablen, welche mit einem Nullkoeffizienten versehen sind. Daraus gewinnen wir eine Möglichkeit zur Formalisierung eines Bestandteils unseres Informationskonzepts: Die Identifikation ökonometrischer Gleichungen zeigt sich in der Gestalt der Matrix (B, G), welche aus der Matrix B der endogenen Variablen und der Matrix G der vorherbestimmten Variablen entstanden ist[4]. Die Verteilung der Null-Elemente in der Matrix (B, G) gibt den Identifikationsgrad ökonometrischer Systeme an[5].

Unsere Feststellung, daß sich mit dem Identifikationsgrad eines Modells auch der Informationsgehalt seiner Hypothesen erhöhe, hat zu folgendem Einwand geführt[6]: Ein System, das höher identifiziert ist als ein zweites, braucht keinen größeren Informationsgehalt zu haben. Betrachten wir die folgenden beiden Modelle:

$$A \begin{cases} y_1 = L_1 (y_2, y_3, x_1, x_2, x_3, x_4) + \varepsilon_1 \\ y_2 = L_2 (y_1, y_3, x_3, x_4, x_5, x_6) + \varepsilon_2 \\ y_3 = L_3 (y_1, y_2, x_2, x_5, x_6, x_1) + \varepsilon_3 \end{cases}$$

und

$$B \begin{cases} y_1 = L_1 (y_2, y_3, x_1, x_2) + \varepsilon_1 \\ y_2 = L_2 (y_1, y_3, x_3, x_4) + \varepsilon_2 \\ y_3 = L_3 (y_1, y_2, x_5, x_6) + \varepsilon_3 \end{cases}$$

(wobei L_1, L_2 und L_3 in beiden Modellen verschieden sind, desgleichen ε_1, ε_2 und ε_3). Offensichtlich hat das Modell A einen geringeren Identifikationsgrad als Modell B. Enthält A nicht mehr Information als B? Zumindest, wenn die Variablen, die in B nicht auftreten, in den Zufallstermen ε_i enthalten sind?

Prüfen wir dies Argument: Zunächst scheint die oben angestellte Vermutung unserer Feststellung über den Zusammenhang von Identifizierungsgrad und Informationsgehalt zu widersprechen. Sind alle x-Va-

---

[4] Man beachte, daß wir nach der order condition für die Identifikation nach Christ keinen Unterschied zwischen endogenen und vorherbestimmten Variablen zu machen brauchen. Wir können uns somit auf die zusammengesetzte Matrix (B, G) beziehen.

[5] Die Identifikation durch ausgeschlossene Variablen ist nicht die einzige Möglichkeit. Grundsätzlich dient jede Art von informationserhöhender Beschränkung der Hypothesen (d. h. von a-priori-Information) der Identifikation. Der wichtigste Fall sind hier Beschränkungen, die sich auf die Verteilung der Zufallsvariablen beziehen. Auch Nichtlinearitäten im Modell können den Identifikationsgrad erhöhen. Die statistischen Schätzverfahren stützen sich jedoch in erster Linie auf die Identifikationsmöglichkeiten aufgrund von Null-Koeffizienten. Vgl. *Christ*, C. F.: a.a.O., S. 334 ff.

[6] Das Argument hat *Anders Ågren* vom Statistischen Institut Uppsala in einem Brief an den Verfasser formuliert.

riablen in dem Modell A statistisch *signifikant,* so ist es zweifellos besser[7], sie explizit als erklärende Variablen auf der rechten Seite der Gleichungen zu belassen, anstatt sie in die ε-Variablen einzubeziehen, wie es im Modell B geschehen ist. Das Informationskonzept (*Id, Ks*) zielt jedoch auf die a-priori-Information, welche in den Modellhypothesen steckt. Diese Information spiegelt sich in den Beschränkungen wider, welche für die Konstruktion der Gleichungen verantwortlich sind. Folgt man dieser Überlegung, so wird offensichtlich, daß eine Gleichung, welche die zu erklärende Variable mit nur *wenigen* erklärenden Variablen verbindet, informativer ist als eine, die a priori die Abhängigkeit der zu erklärenden Variablen von sehr vielen Faktoren behauptet. Das bedeutet, daß unser Informationskonzept auf die zugrunde liegende ökonomische Theorie abstellt, während das oben skizzierte Gegenargument sich auf das statistische Schätzen bezieht. Dieses „statistische" Argument wäre nur dann richtig, wenn die Modelle A und B sich auf die gleiche Situation bezögen, für welche die ökonomische Theorie nahelegt, daß x_1, x_2, x_3, x_4 für y_1 relevant *sind,* desgleichen x_3, x_4, x_5, x_6 für y_2 und x_1, x_2, x_5, x_6 für y_3. Damit ist klar, daß das Gegenargument erst dann ins Spiel kommt, wenn die Überlegungen der ökonomischen Theorie abgeschlossen sind. Sprechen wir jedoch über *Identifikation,* so haben wir uns daran zu erinnern, daß die damit verbundenen Fragen *vor* der statistischen Schätzung behandelt werden müssen.

Der scheinbare Widerspruch in den beiden obigen Aussagen über den Informationsgehalt von ökonometrischen Modellen beruht demnach auf einer Vermischung zweier relativ autonomer Phasen der ökonometrischen Forschung: Modellbildung und Schätzung. Dale Jorgenson hat ein anderes Beispiel für eine derartige unreflektierte Einstellung gezeigt[8]. Die Konstruktion „ökonomisch sinnvoller" Hypothesen, indem nacheinander verschiedene Regressionsgleichungen auf das vorliegende statistische Datenmaterial angewendet und danach die Gleichungen mit der höchsten Anpassungsgüte als ökonomische Hypothesen ausgewählt werden. „Data mining" nennt Jorgenson dieses Vorgehen. Er warnt davor und betont die Unabhängigkeit beider Phasen der Modellbildung und der Schätzung.

4.2.2 *Die Gestalt der B-Matrix: Kausalstruktur*

Hier können wir auf unsere Diskussion von Modellstrukturen im Kapitel 3 verweisen: Die Kausalstruktur eines ökonometrischen Modells

---

7 Weil damit der erklärbare Teil der Varianz der y-Variablen erhöht wird.
8 Vortrag im Statistischen Seminar, Uppsala, Mai 1968.

zeigt sich in der Gestalt der Matrix B der endogenen Variablen. Rekursive Systeme weisen eine subdiagonale Form der Matrix B auf.

4.2.3 Identitäten, Definitionen, Gleichgewichtsbedingungen: Formalisierung in den Koeffizientenmatrizen

Identitäten, Definitionen und Gleichgewichtsbedingungen bilden Gleichungen, in denen die Variablen mit dem Koeffizienten Eins versehen sind. Die Verteilung der Eins-Elemente in der Matrix (B, G) zeigt demnach derartige Gleichungen an. Formal besteht zwischen den genannten drei Gleichungstypen kein Unterschied. Inhaltlich jedoch haben etwa Identitäten und Gleichgewichtsbedingungen ganz verschiedene Bedeutung im ökonometrischen System. Darauf werden wir im Kapitel 5 in einer Simulationsstudie besonders abstellen. Da sich diese unterschiedliche Bedeutung eben *nicht* in der Formalisierung zeigt, blieb dieser Aspekt bei der Aufstellung des Informationskonzepts $I = I\ (Id, Ks)$ unberücksichtigt. Der Typ der hier angesprochenen Gleichungen wirkt sich jedoch mittelbar auf das Informationskonzept aus (Gleichgewichtsbedingungen über Ks).

4.3 Der Informationsgehalt I = I (Id, Ks) ökonometrischer Modelle und statistische Schätzverfahren

Der Informationsgehalt der Hypothesen ökonometrischer Modelle steht in direktem Zusammenhang mit der statistischen Schätzung der Modelle: Er ist eine unerläßliche Bedingung für die Schätzung. Dieser Zusammenhang läßt sich noch näher spezifizieren. Dazu haben wir in Figur 1 den Informationsgehalt I in ein zweidimensionales Koordinatensystem gebracht. Auf der Ordinate ist der Identifikationsgrad Id, auf der Abszisse die Kausalstruktur Ks abgetragen. Der Informationsgehalt ökonometrischer Hypothesen wächst mit der Entfernung vom Koordinatenursprung[9]. Dort im Nullpunkt ist das Walras-System eingezeichnet[10]. Ein System, das nicht identifizierbar ist und dessen Kausalstruktur vollkommene Interdependenz zeigt: I ist Null.

---

[9] Die Darstellung von $I = I\ (Ks, Id)$ im Koordinatensystem scheint eine kontinuierliche Meßbarkeit von I zu implizieren. Das ist aber nicht beabsichtigt.

[10] "His mathematical approach caused Walras to abandon the search for causal relationships and to establish purely functional relationships between the prices which formed the elements of his economic system." *Pribram*, K.: Prolegomena to Economic Reasoning, Quarterly Journal of Economics, 65, 1951, S. 24.

Informationsgehalt und Schätzung ökonometrischer Modelle

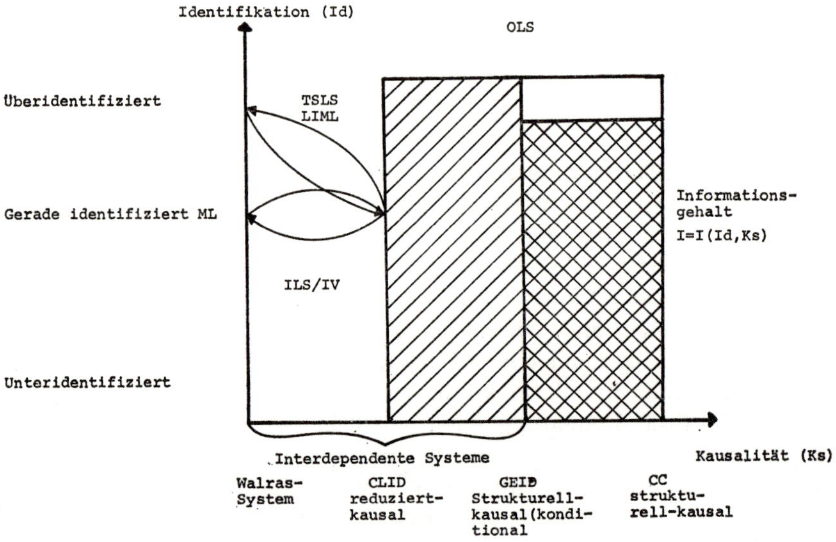

Schätzverfahren:

TSLS	= Zweistufiges Kleinstquadratverfahren	ILS	= Indirektes Kleinstquadratverfahren
LIML	= Limited information Maximum Likelihood	IV	= Methode der Instrumentvariablen
ML	= Maximum Likelihood	OLS	= Kleinstquadratverfahren

Zur Erläuterung der beiden Koordinaten: Die Bedeutung der Bezeichnungen auf der Ordinate ist offensichtlich, der Identifikationsgrad steigt an.

Die Stationen auf der Abszisse sind bezeichnet mit *CLID, GEID* und *CC*.

CLID = Classical Interdependent System
Dies ist die allgemeine Form eines interdependenten Systems. Eine Kausaldeutung der Beziehungen ist nur in der reduzierten Form des Systems möglich.

GEID = Generalized Interdependent System[11]
Hier handelt es sich um eine Neuspezifikation des allgemeinen interdependenten Systems, welche eine kausale Interpretation

[11] *Wold,* H.: A fix-point theorem with econometric background, Arkiv för Matematik, 1965, S. 209—239.

der Beziehungen in der Strukturform zuläßt. Allerdings sind hier einige Variablen (konditional) durch ihre Erwartungswerte vertreten. Dieses System ist daher auch direkt der Schätzung durch die Kleinstquadratmethode zugänglich, allerdings in einer iterativen Form, der sog. Fixpunkt-Methode (*FP*). Auf die Unterschiede in der Spezifikation der *CLID*- und der *GEID*-Systeme, sowie auf das *FP*-Verfahren gehen wir unten näher ein.

CC = Causal Chain System
Dies ist ein voll-rekursives System. Die Gleichungen sind in der Strukturform kausal interpretierbar.

Zur Spezifikation der CLID- und GEID-Systeme

Die Strukturform eines interdependenten Systems sei

(3) $$y_t = By_t + Gx_t + u_t^* \ .$$

Um B und G schätzen zu können, muß man Annahmen über die Zufallsvariablen treffen. Hier kann man zwischen zwei Spezifikationen unterscheiden.

CLID-System

Man nimmt an, x_t sei ein nichtstochastischer Vektor. Der stochastische Vektor u_t^* ist unkorreliert mit x_t und weist keine Autokorrelation auf.

GEID-System

Gleichung (3) wird umformuliert zu

(4) $$y_t = By_t^* + Gx_t + u_t$$

wobei

(5) $$y_t^* = By_t^* + Gx_t = (I - B)^{-1} Gx_t \ .$$

Dann ist

(6) $$u_t = (I - B)^{-1} u_t^* \ .$$

Man nimmt weiter an, daß u_{it} nicht autokorreliert ist und nicht mit jenen y_t^* und x_t korreliert, die gerade in der i-ten Beziehung auftreten. Auch hier wird x_t als ein nichtstochastischer Vektor unterstellt.

In der *GEID*-Spezifikation gilt demnach

(7) $$E(y_{it} \mid y_{it}^*, x_{it}) = (By^* + Gx_t)_i$$

wobei y^*_{it} und x_{it} jene Komponenten bezeichnen, welche in Gleichung i auftreten. $(By^*_t + Gx_t)_i$, der Ausdruck auf der rechten Seite der Gleichung i, ist demnach ein Prediktor für y_{it} [12]. Ist diese Voraussetzung erfüllt und kennt man $y^*_{t,}$ so ergibt die Kleinstquadratmethode konsistente Schätzwerte für B und G. Diese Schätzmethode läßt sich aber nicht direkt anwenden, da die Werte für y^*_t nicht beobachtbar sind. Vielmehr muß zur Schätzung der *GEID*-Systeme eine iterative Kleinstquadratmethode gewählt werden. Das Verfahren wird unten skizziert.

In das Diagramm sind die statistischen Schätzverfahren eingeordnet, um die Beziehungen zwischen den a-priori-Informationen (Beschränkungen) der Modellhypothesen und der Konfrontation der ökonometrischen Modelle mit den empirischen Daten zu veranschaulichen. Das Walras-System ist einer Schätzung nicht zugänglich. Das gilt für alle unter-identifizierten Systeme. Die Schätzmöglichkeit beginnt erst bei einem gerade identifizierten, interdependenten System mit der *ML*-Schätzmethode. Andere Schätzverfahren für gerade identifizierte und für überidentifizierte *CLID*-Systeme setzen eine Umformung der Modelle dergestalt voraus, daß ihre implizite Kausalstruktur sichtbar wird. Das ist so in ihrer reduzierten Form. Diese reduzierte Form ist der *OLS*-Methode zugänglich, da sie kausal interpretierbar ist. Sodann werden die Parameter der Strukturform bestimmt (*ILS, TSLS, IV*). Die *CC*-Systeme werden direkt in ihrer Strukturform mit einer „iterativen“ Kleinstquadratmethode geschätzt, da die Kausalbeziehungen dieser Modelle bereits in ihrer strukturellen Form offenliegen. Iterativ deshalb, weil hier Gleichung für Gleichung nacheinander geschätzt wird. Eine eigentlich iterative *OLS*-Schätzmethode stellt das *FP*-Verfahren zur Schätzung von *GEID*-Systemen dar, die ihrer Kausalstruktur nach zwischen den *CLID*- und den *CC*-Systemen angesiedelt sind. Sie vereinen somit Charakteristika beider Systeme: Einmal haben sie Interdependenz-Merkmale, zum anderen sind sie kausal interpretierbar und damit einem *OLS*-Schätzverfahren zugänglich.

Exkurs: Grundzüge des *FP*-Schätzverfahrens[13]

Das *FP*-Verfahren geht folgendermaßen vor: Man hat Beobachtungswerte y_t und x_t $(t = 1, \ldots, T)$.

Geschätzt werden soll das *GEID*-System: $y_t = By^*_t + Gx_t + u_t$.

Da die y^*_t -Werte nicht beobachtbar sind, müssen sie gleichfalls mitgeschätzt werden. Man will demnach y^*_t , B und G schätzen. B und y^*_t

---

[12] Zur Prediktor-Spezifikation vgl. Abschnitt 3.2. Siehe auch: *Wold*, H.: Zeitreihenprognose nach dem Kettenprinzip, Metrika, Bd. 6, 1963, S. 199—221.

[13] *Wold*, H.: A fix-point theorem ..., a.a.O.

sind produktmäßig verbunden, es handelt sich um ein nichtlineares iteratives Verfahren.

Der Iterationsprozeß wiederholt dann jeweils zwei aufeinanderfolgende Schritte:

(i) Im Schritt s hat man Werte für $y_t^{*\,(s)}$ erhalten. Dann erhält man aus Gleichung (4) mit Hilfe des *OLS*-Verfahrens Schätzwerte für die Matrizen $B^{(s)}$ und $G^{(s)}$.

(ii) Hat man $B^{(s)}$ und $G^{(s)}$, so ergibt sich $y_t^{*\,(s+1)}$ aus

$$y_t^{*\,(s+1)} = B^{(s)}\, y_t^{*(s)} + G^{(s)} x_t\,, \qquad t = 1, \ldots, T.$$

Dieser Iterationsprozeß wird fortgeführt, bis aufeinanderfolgende Werte von $B^{(s)}$ und $G^{(s)}$ nur noch um einen vorgegebenen (kleinen) Betrag voneinander abweichen. Die Anfangswerte $y_t^{*\,(0)}$ sind frei wählbar; die Wahl folgt jedoch Gesichtspunkten der Zweckmäßigkeit hinsichtlich der Konvergenz der Verfahrens.

Ende des Exkurses

Die Ausführungen haben gezeigt, daß ein enger Zusammenhang zwischen dem Informationsgehalt $I = I\,(Id, Ks)$ ökonometrischer Hypothesen und dem Schätzverfahren besteht. Damit wird unsere Ausgangsthese unterstützt: An ökonometrische Modelle müssen bestimmte Anforderungen gestellt werden, wenn sie mit der Realität konfrontiert werden sollen. Die Ökonometrie hat sich in ihrem Forschungsprogramm diese Konfrontation zur Aufgabe gemacht. Die Schätztechniken, welche die Konfrontation leisten, verlangen einen gewissen Informationsgehalt der Modelle, wobei hier Informationsgehalt im wissenschaftstheoretischen Sinne zu verstehen ist. Man kann dabei in der Ökonometrie die interessante Beobachtung machen, daß die vorhandenen Schätztechniken wiederum zu ganz bestimmten Modellstrukturen führen, die auf diese Schätztechniken zugeschnitten werden. Den Wirtschaftstheoretiker wird das nicht verwundern. Es gibt in der Wirtschaftstheorie, besonders in ihrer neoklassischen Ausprägung, genügend Beispiele dafür, wie der mathematische Lösungsalgorithmus die ökonomische Modellbildung beeinflußt und eingeschränkt hat[14].

Nach der Formalisierung des Informationskonzepts $I = I\,(Id, Ks)$ und nach der Erläuterung dieses Konzepts durch Gegenüberstellung mit den statistischen Schätzverfahren wollen wir nun fragen, ob die mathematische Informationstheorie eine Quantifizierung des Informationsgehaltes gestattet. Das war der Ausgangspunkt für die kybernetische Analyse rekursiver und interdependenter Modellbildung.

14 Vgl. dazu insb.: *Kade*, G.: Grundannahmen der Preistheorie, a.a.O.

4.4 Die Messung des Informationsgehaltes

Der Informationsgehalt ökonometrischer Hypothesen soll quantitativ erfaßt werden. Dazu kann man die Konzepte heranziehen, die Shannon (1948) in seiner statistischen Informationstheorie entwickelt hat[15]. Der erste Versuch geht von der Formalisierung des Informationsgehaltes der Modelle in den Koeffizientenmatrizen aus.

4.4.1 Der Informationsgehalt der Koeffizientenmatrizen

Es gibt einen interessanten Ansatz in der Wirtschaftswissenschaft, den Informationsgehalt von Matrizen zu messen. Theil[16] untersucht Input-Output-Matrizen im Hinblick auf die Frage, wie sich der Informationsgehalt bei Sektorenaggregation verändert (vermindert). Daraus lassen sich dann Kriterien für eine optimale Aggregation ableiten. Wir wollen diesen Ansatz skizzieren und dann auf seine Relevanz für unser Problem prüfen.

Grundlage für Theils Arbeit bildet das klassische Entropie-Konzept

$$H(x) = -\sum_{i=1}^{n} p_i \log p_i \tag{8}$$

für eine Wahrscheinlichkeitsverteilung $x_1, \ldots, x_n$ mit den entsprechenden Wahrscheinlichkeiten $p_1, \ldots p_n$ und $\Sigma\, p_i = 1$, $p_i \geqq 0$. Bei der Input-Output-Analyse haben wir es mit zwei Typen von Sektoren zu tun, nämlich mit den Liefer- und mit Empfangssektoren. Daher muß das zunächst auf eine eindimensionale Häufigkeit bezogene Entropie-Konzept für eine zweidimensionale Verteilung erweitert werden. Dazu seien folgende Notationen eingeführt:

$X_1, \ldots, X_n$ seien gesendete Signale,

$Y_1, \ldots, Y_m$ seien empfangene Signale.

Mit p_{ij} wird die Wahrscheinlichkeit bezeichnet, daß das Signal X_i gesendet und das Signal Y_j empfangen wurde. Dann ist

$p_{i.} = \sum_{j=1}^{m} p_{ij}$	Wahrscheinlichkeit, daß X_i gesendet und in mindestens einer Form j empfangen wurde.
$p_{.j} = \sum_{i=1}^{n} p_{ij}$	Wahrscheinlichkeit, daß Y_j empfangen und damit in mindestens einer Form i gesendet wurde.

---

15 Vgl. *Shannon*, C. E. und *Weaver*, W.: The Mathematical Theory of Communication, Urbana 1964.

16 *Theil*, H.: Economics and Information Theory, Amsterdam 1967, S. 331 ff.

Damit erhält man drei Entropie-Ausdrücke, von denen zwei sich auf eindimensionale Verteilungen beziehen und einer sich auf eine zweidimensionale Verteilung bezieht:

$$H(X) = -\sum_{i=1}^{n} p_{i.} \log p_{i.} \quad \text{(Entropie für Sendung)}$$

$$H(Y) = -\sum_{j=1}^{m} p_{.j} \log p_{.j} \quad \text{(Entropie für Empfang)}$$

$$H(X, Y) = -\sum_{j=1}^{m} \sum_{i=1}^{n} p_{ij} \log p_{ij} \quad \text{(Gemeinsame Entropie)}$$

Um die verschieden-dimensionalen Entropien zu verbinden, wird ein Konzept der *gegenseitigen* Information zwischen X_i und Y_j eingeführt:

$$h_{ij} = \log \frac{p_{ij}}{p_{i.}\, p_{.j}} \, .$$

Der Erwartungswert aller mn-Werte von h_{ij} mit den p_{ij} als Gewichten ist dann

$$I_{XY} = \sum_{i=1}^{n} \sum_{j=1}^{m} p_{ij} \log \frac{p_{ij}}{p_{i.}\, p_{.j}} \, . \tag{9}$$

I_{XY} ist gleich Null nur dann, wenn die Menge der gesendeten Signale unabhängig von der Menge der empfangenen Signale ist.

Theil geht mit diesem Konzept an seine Aufgabe: Die Messung des Informationsgehaltes von Input-Output-Matrizen.

Eine Volkswirtschaft bestehe aus m Sektoren, welche m Güter produzieren (liefern, senden) und verarbeiten (empfangen). Das Gesamtprodukt des i-ten Sektors ist dann

$$X_i = \sum_{j=1}^{m} x_{ij} + f_i \quad ,$$

wobei x_{ij} die Zwischenlieferungen und f_i die Endnachfrage ist.

Die Zwischenlieferungen werden nun als Bruchteile des Gesamtproduktes (Gesamtlieferung) eines jeden Sektors ausgedrückt. Diese technologischen Koeffizienten seien hier mit p_{ij} bezeichnet.

Um das Informationskonzept I_{XY} auf ein Input-Output-Problem anzuwenden, sei eine I-O-Matrix dargestellt:

Liefer-sektor i	Empfangssektor j			Summe $p_{i.}$
	1	2	2	
1	0,25	0,15	0,15	0,55
2	0,05	0,1	0,05	0,2
3	0,1	0,05	0,1	0,25
Summe $p_{.j}$	0,4	0,3	0,3	1 Summe p_{ij}

Der Informationsgehalt dieser zweidimensionalen Anordnung von intersektoralen Produktions- und Lieferbeziehungen ist

(10) $$I = \sum_{i=1}^{n} \sum_{j=1}^{n} p_{ij} \log \frac{p_{ij}}{p_{i.}\, p_{.j}} \; .$$

Dies wird als Informationsgehalt einer Input-Output-Matrix bezeichnet[17]. Der Informationsgehalt wäre genau dann gleich Null, wenn die einzelnen Elemente der technologischen I-O-Matrix aus den „Randsummen" $p_{i.}$ und $p_{.j}$ durch Multiplikation berechnet werden könnten:

$$p_{ij} = p_{i.}\, p_{.j} \qquad \rightarrow I = 0 \; .$$

Beispiele für eine technologische Matrix ohne Informationsgehalt sind:

(11)

0,25	0,25	0,5
0,25	0,25	0,5
0,5	0,5	1

(12)

0,2	0,2	0,4
0,3	0,3	0,6
0,5	0,5	1

Der Informationsgehalt wächst, wenn die Verflechtungsbeziehung mehr und mehr von einer derartigen Unabhängigkeitskonstellation abgeht. Das würde bedeuten, daß die Produktionsstruktur einer Volkswirtschaft mit ihren Eigenheiten die Verteilung der p_{ij} von einer relativen Gleichverteilung[18] ohne Informationsgehalt abbringt. Aus dem empirischen Datenmaterial heraus treten also Beschränkungen auf, die einer derartigen Gleichverteilung entgegenwirken. Es ist klar, daß der Informationsgehalt bei einer Zusammenlegung von Sektoren, d. h. bei einer Verminderung von m, höchstens gleichbleiben kann, wahrscheinlich aber sinken wird. Damit erweist sich das Informationskonzept als nützlicher Indikator für die bestmögliche Aggregation: Das ist diejenige,

[17] *Theil,* H.: a.a.O., S. 333.

[18] Relativ deswegen, weil die p_{ij} nicht gleichwertig zu sein brauchen (vgl. Beispiel 12).

bei der die Eigenheit der Produktionsstruktur, d. h. der Informationsgehalt der I-O-Matrix, am weitestgehenden erhalten bleibt.

Im weiteren Sinn ist dieses Informationskonzept demnach ein Maß für die Beschränkungen, die in einer I-O-Matrix eingefangen sind und einer Gleichverteilung der p_{ij}-Elemente entgegenstehen. Somit kann man die Frage nach der Relevanz dieses Informationskonzepts für die quantitative Behandlung des Informationsgehaltes von Koeffizientenmatrizen in ökonometrischen Systemen stellen. Diese Koeffizientenmatrizen sind ja gerade der Ausdruck für die Beschränkungen, die in ein ökonometrisches Modell eingegangen sind: Für die a-priori-Beschränkungen, die für den Informationsgehalt bei der Modellbildung verantwortlich sind.

Betrachten wir die Voraussetzungen, welche speziell bei Input-Output-Matrizen vorliegen und welche sie für eine informationstheoretische Behandlung geeignet machen. Gleichzeitig werden diese Voraussetzungen als Anforderungen an die Koeffizientenmatrizen ökonometrischer Modelle gewertet, wenn diese gleichfalls dem o. a. Informationsmaß zugänglich sein sollen.

(a) Die I-O-Matrix enthält nur nichtnegative Elemente. Die Summe dieser Elemente p_{ij} ist durch die Normierung bei der Umwandlung der I-O-Tabelle in die technologische I-O-Matrix gleich Eins. Diese Eigenschaft rührt aus dem Sektorkonzept her, welches höchstens eine Null-Beziehung zwischen den Sektoren anzeigen kann und keine Negativ-Beziehungen zuläßt.

Bei ökonometrischen Koeffizientenmatrizen sind diese Eigenheiten nicht von vornherein gegeben. Es treten hier auch negative Werte auf, die in ihrer Gesamtheit auch keinerlei Normierung unterworfen sind. Eine geeignete formale Transformation ursprünglicher Koeffizientenmatrizen wäre denkbar. Damit könnte man zwar einen formalen Ansatzpunkt für das Theilsche Informationsmaß gewinnen, würde das allerdings mit einer inhaltlichen Perversion der Koeffizientenmatrizen erkaufen, etwa wenn negative Koeffizienten in positive umgewandelt würden.

(b) In I-O-Matrizen sind die numerischen Werte der einzelnen Elemente bekannt. Diese sind ja nicht — wie bei ökonometrischen Koeffizientenmatrizen — Ergebnisse einer statistischen Schätzung, sondern gleichsam die Originalwerte aus einer einmaligen „Stichprobe". Bei ökonometrischen Modellen muß man zwei Phasen unterscheiden: Vor und nach der Schätzung. Vor der Schätzung kennt man lediglich die Verteilung der Null- und der Eins-Elemente in Koeffizientenmatrizen, welche den Identifikationsgrad und die Identitätsgleichungen kennzeichnet. Dies zusammen mit der in Matrix B indizierten Kausalstruktur eines ökonometrischen Modells sagt nach dem von uns entwickelten Konzept $I = I(Id, Ks)$ gerade etwas über den Informationsgehalt ökonometrischer Hypothesen. Es ist klar, daß dieses Konzept über den Informationsgehalt *vor* der Schätzung von dem dargestellten Theilschen Maß nichts zu erwarten hat.

Gegen eine Anwendung dieses Informationsmaßes auf ökonometrische Koeffizientenmatrizen *nach* der Schätzung sprechen die Bedenken unter (a) und (c).

(c) Die Messung des Informationsgehaltes in I-O-Matrizen bestimmt nicht eindeutig, an welcher Stelle innerhalb der Matrix die Abweichungen der p_{ij}-Elemente von der Struktur der relativen Unabhängigkeit auftreten. Gerade das ist aber in Koeffizientenmatrizen von großer Bedeutung. Es ist sehr wichtig, *wo* sich etwa die Null-Elemente befinden, um Identifikation zu gewährleisten oder um Interdependenz und Rekursivität des zugrundeliegenden Modells anzuzeigen.

Der Versuch, den Informationsgehalt von Input-Output-Matrizen informationstheoretisch zu erfassen, ist ein erster und interessanter Ansatz für die Verbindung von wirtschaftswissenschaftlicher Problematik und statistischer Informationstheorie. Aus dieser Verbindung resultieren praktisch relevante Entscheidungshilfen für die Aggregation von I-O-Matrizen. Die direkte Anwendung dieses Informationskonzeptes auf ökonometrische Koeffizientenmatrizen mit dem Ziel, den Informationsgehalt ökonometrischer Modellhypothesen zu gewinnen, ist nicht zweckmäßig.

Dieses Ergebnis bestimmt unsere weitere Untersuchungsstrategie: Der Ansatzpunkt für die Erforschung des Informationsgehaltes ökonometrischer Modelle, des Unterschiedes zwischen rekursiven und interdependenten Modellen unter Informationsgesichtspunkten und der Bedeutung der Identitätsgleichungen für diesen Unterschied kann nicht direkt bei den Koeffizientenmatrizen liegen. Wir suchen ihn im folgenden vielmehr an zwei Stellen, an denen sich die Auswirkungen dieser Matrizen mittelbar wiederfinden: Einmal bei den dynamischen Eigenschaften ökonometrischer Modelle. Sie werden in Kapitel 5 Gegenstand einer Simulationsstudie sein. Zum zweiten bei den stochastischen Eigenschaften ökonometrischer Modelle.

4.4.2 Informationstheoretische Aspekte der stochastischen Eigenschaften ökonometrischer Modelle

Das Entropiekonzept

Eine Zufallsvariable ξ soll eine endliche Anzahl von Werten $x_1, \ldots, x_m$ mit den entsprechenden Wahrscheinlichkeiten $p_1, \ldots, p_m$ annehmen.

Gesucht wird eine Funktion $H(\xi)$, welche einen numerischen Ausdruck des „Ungewißheitsgrades" der Verteilung von ξ liefert und welche gewissen Anforderungen genügt[19].

(13) $$H(\xi) = H(p_1, \ldots, p_m) = -\sum_{i=1}^{m} p_i \log p_i$$

$$\text{wobei alle } p_i \geqq 0, \quad \sum_{i=1}^{m} p_i = 1 .$$

Dieser Wert $H(\xi)$ wird als „Entropie" von ξ bezeichnet.

Die Konzepte von Entropie und Information und ihre unterschiedliche Behandlung

a) In dem klassischen Aufsatz von Shannon „The Mathematical Theory of Communication" aus dem Jahre 1948 [20] wird der Ausdruck

(13) $$H = -\sum_{i} p_i \log p_i$$

als Maß für „Information, Wahl und Ungewißheit" (S. 50) vorgestellt.

Tatsächlich kann die Verwendung der Bezeichnungen „Entropie" (Maß für die Unbestimmtheit) und „Information" für den gleichen Ausdruck Verwirrung stiften. Die Beziehung ist so zu sehen: Je größer die Unbestimmtheit einer Menge von möglichen Ergebnissen ist, desto größer ist die Information, die man durch Eintritt eines bestimmten Ergebnisses erhalten kann. Gewöhnlich bezieht man sich dabei nicht auf den Ausgang *eines* Ergebnisses, sondern man wählt den Mittelwert der Zufallsgrößen.

Hat etwa der Versuch ξ zwei mögliche Ergebnisse B_1 und B_2 mit den Wahrscheinlichkeiten 0,99 und 0,01, so ist die Information beim Eintritt von B_1 sehr klein, beim Eintritt von B_2 sehr hoch. Da dieser Fall B_2 aber selten eintritt, wird man eine derartig hohe Information auch nur selten erhalten: Die mittlere Information, die durch den Eintritt eines Ereignisses geliefert wird, ist geringer als in dem Falle, in welchem B_1 und B_2 gleich wahrscheinlich sind. Diese mittlere Größe der „Information"

$$H(\xi) = -p(B_1) \log p(B_1) - p(B_2) \log p(B_2)$$

interessiert meist nur.

---

[19] Zur Interpretation der Anforderungen sowie zur Beweisführung vgl. *Ash,* R.: Information Theory, New York 1965, S. 8—11; *Khinchin,* I. A.: The Entropy Concept in Probability Theory, in: Mathematical Foundations of Information Theory, New York 1957, S. 10—13; *Rényi,* A.: Wahrscheinlichkeitsrechnung, VEB Deutscher Verlag der Wissenschaften, Berlin 1966, S. 437—445.

[20] Abgedruckt in *Shannon-Weaver:* The Mathematical Theory of Communication. Urbana 1964. Die Seitenangaben beziehen sich auf diese Fundstelle.

Die Entropie oder die Unbestimmtheit eines Versuches ist also quantitativ gleich der Informationsmenge, die aus der Durchführung dieses Versuches erwächst. Je nachdem, ob man die Größe $-\sum_i p_i \log p_i$ *vor* oder *nach* Ereignisantritt oder Versuchsdurchführung betrachtet, kann man sie als Größe für die Entropie oder für die Information ansehen.

b) Kolmogoroff und mit ihm die sowjetischen Informationstheoretiker verwenden einen anderen Informationsbegriff, den der relativen Information:

$$I(\xi, \eta) = I(\xi) - I(\xi \mid \eta) \,. \tag{14}$$

Er stützt sich auf die bedingte Information, welche über ξ durch die Realisation des Versuches η erlangt werden kann. Dieser Informationsbegriff läßt sich mit dem in (13) verbinden:

$$H(\xi) = I(\xi, \xi)$$

d. h. $I(\xi, \xi)$ ist die Information, die sich nach Ausführung des Versuches ξ über ξ ergibt.

c) In der amerikanischen Literatur[21] verwendet man hauptsächlich den Informationsbegriff (13). Der von Kolmogoroff verwendete Informationsbegriff ist in der klassischen Arbeit von Shannon schon vorbereitet worden. Shannons Problemstellung war: Werden Signale durch einen gestörten Kanal gesendet, so stammt die empfangene Nachricht aus einer größeren Menge an Elementen (Sendesignale + Störsignale), sie enthält somit mehr „Information". Die Schwierigkeit ist nur, daß die zusätzliche „Information" unerwünscht ist. Hier hilft die Überlegung weiter, daß es sich um zwei Mengen von Signalsymbolen (Ereignissen) handelt, Sendesignale und Empfangssignale. Die Wahrscheinlichkeiten für den Eintritt der Ereignisse in beiden Mengen sind irgendwie verbunden. Hier bietet sich demnach die Berechnung der relativen Entropien an.

d) Ergo: Die Beziehung zwischen dem Begriff der Entropie und der Information unter (13) ist durch eine sprachliche Unklarheit belastet. Sie läßt sich aber klarstellen, wie es hier versucht wurde.

In der amerikanischen Literatur hat man das Informationskonzept $-\sum_i p_i \log p_i$ beibehalten und damit die Gefahr der oben erwähnten

---

[21] Repräsentativ ist *Kullback*, S.: Information Theory and Statistics, New York 1959.

Unklarheit in Kauf genommen. In den sowjetischen Beiträgen ist der Ausdruck $-\sum_i p_i \log p_i$ für den Entropiebegriff reserviert. Der Informationsbegriff bezieht sich auf die relative Information, bei welcher bedingte Entropien eine Rolle spielen.

Die Bedeutung des unterschiedlichen Informationsbegriffes geht über reine Definitionsfragen hinaus: Der Informationsbegriff nach (14) gestattet die Ableitung von Formeln zur Berechnung der Information (etwa Gelfand-Jaglom, s. u.), die sich zur Analyse bestimmter Probleme (stochastische Prozesse, multirelationale ökonometrische Modelle) besser eignen.

Die Berechnung der Menge an Information über eine zufällige Funktion, die in einer anderen zufälligen Funktion enthalten ist[22]

Man formuliert einen Ausdruck für die relative Information, welcher für den Fall gilt, in dem diskrete Zufallsvariablen ξ und η eine endliche Anzahl von verschiedenen Werten annehmen.

ξ nimmt die Werte $x_1, \ldots, x_n$ mit den Wahrscheinlichkeiten $p_\xi(1)$, $p_\xi(2), \ldots, p_\xi(n)$ an.

η nimmt die Werte $y_1, \ldots, y_m$ mit den Wahrscheinlichkeiten $p_\eta(1)$, $p_\eta(2), \ldots, p_\eta(m)$ an.

Die gemeinsame Wahrscheinlichkeit würde durch $p_{\xi\eta}(i, k)$ bezeichnet.

Die folgende Funktion gibt die Menge an Information, welche in einer der beiden Zufallsvariablen ξ und η über die andere Variable enthalten ist

$$I(\eta, \xi) = I(\xi, \eta) = \sum_{i=1}^{n} \sum_{k=1}^{m} p_{\xi\eta}(i, k) \log \frac{p_{\xi\eta}(i, k)}{p_\xi(i)\, p_\eta(k)} \,. \tag{15}$$

Für (15) gilt: $I(\xi, \eta) \geqq 0$ Das Gleichheitszeichen gilt nur dann, wenn ξ und η voneinander unabhängig sind.

Die Definition bleibt auch dann sinnvoll, wenn die Wertebereiche von ξ und η mehrdimensionale kartesische Räume sind, d. h. wenn $\xi = \{\xi_1, \ldots, \xi_k\}$ und $\eta = \{\eta_1, \ldots, \eta_e\}$ Zufallsvektoren sind.

Schließlich sei eine andere Eigenschaft von $I(\xi, \eta)$ angegeben, welche wir später verwenden werden.

---

[22] *Gelfand,* I. M., und A. M. *Jaglom,* in Uspehi Mat. Nauk, N. S., 12 (1957) no. 1 (73), 3–52, Übersetzungen in American Math. Soc. Transl., Series 2, Vol. 12, 1959, pp. 199–246 und in Arbeiten zur Informationstheorie II, VEB Deutscher Verlag der Wissenschaften, Berlin 1958, S. 7–56. *Kolmogoroff,* A. N.: Theorie der Nachrichtenübermittlung, Arbeiten zur Informationstheorie I, VEB Deutscher Verlag der Wissenschaften, Berlin 1957, S. 91—116.

Die Informationsmenge $I(\xi, \eta)$ kann nur größer werden, wenn die Anzahl der Komponenten von ξ oder η oder von beiden zunimmt. Somit gilt:

$$I(\xi_1, \eta_1) \geqq I(\xi, \eta) , \tag{16}$$

wobei

$$\xi_1 = (\xi_1, \ldots, \xi_k, \xi_{k+1}, \ldots, \xi_{k+r}) ,$$

$$\eta_1 = (\eta_1, \ldots, \eta_l, \eta_{l+1}, \ldots, \eta_{l+s}) ,$$

$$\xi = (\xi_1, \ldots, \xi_k) , \qquad \eta = (\eta_1, \ldots, \eta_l) .$$

Bis hierher wurden lediglich die Definition sowie einige Eigenschaften von $I(\xi, \eta)$ angegeben. Die wirkliche Berechnung von $I(\xi, \eta)$ erfordert mehr Kenntnisse, etwa solche über die mehrdimensionalen Wahrscheinlichkeitsverteilungen der Zufallsprozesse ξ und η. Für einen der einfachsten, aber zugleich auch einen der wichtigsten Fälle lassen sich Ergebnisse herleiten: Für den Fall, in welchem ξ und η Gauss-Prozesse sind, d. h. wenn alle mehrdimensionalen Wahrscheinlichkeitsverteilungen für ξ, η und (ξ, η) normalverteilt sind.

Im folgenden werden wir uns nicht mit stochastischen Prozessen beschäftigen, sondern vielmehr mit ganz bestimmten Realisationen solcher Prozesse. Wir wollen erreichen, die Information über einen Zufallsvektor vom Gauss-Typ, welche in einem anderen derartigen Vektor enthalten ist, zu berechnen. Daher wird zunächst die Gestalt von $I(\xi, \eta)$ für den Fall normalverteilter Zufallsvektoren ξ und η hergeleitet. Dafür läßt sich ein expliziter Ausdruck für $I(\xi, \eta)$ gewinnen, welchen wir später zur Behandlung ökonometrischer Fragestellungen verwenden können.

$$\xi = \{\xi_1, \ldots, \xi_k\} , \quad \eta = \{\eta_1, \ldots, \eta_l\} \text{ und } \zeta = \{\xi, \eta\} = \\ = \{\xi_1, \ldots, \xi_k, \eta_1, \ldots, \eta_l\}$$

seien normalverteilte Zufallsvektoren.

Unter diesen Bedingungen leiten Gelfand und Jaglom das folgende Ergebnis her:

Die Menge an Information über einen von zwei normalverteilten Zufallsvektoren ξ, η, welche in dem anderen enthalten ist, wird angegeben durch die Formel

$$I(\xi, \eta) = \frac{1}{2} \log \frac{\det A \cdot \det B}{\det C} , \tag{17}$$

wobei A, B und C Kovarianzmatrizen von ξ, η und $\zeta = (\xi, \eta)$ sind.

Die Bedeutung von $I(\xi, \eta)$ für die Zeitreihenanalyse:
Der Informationsgehalt ökonometrischer Hypothesen

Es ist also möglich einen expliziten Ausdruck für die Berechnung von $I(\xi, \eta)$ herzuleiten, wenn die Prozesse ξ und η (oder die Vektoren) mehrdimensionale Wahrscheinlichkeitsverteilungen besitzen, welche durch die ersten und zweiten Momente μ_r ($\mu_r = 0$, wenn $r > 2$) vollständig beschrieben werden. In der ökonometrischen Analyse von Zeitreihen unterstellt man gewöhnlich stochastische Prozesse mit (mehrdimensionalen) Normalverteilungen, so daß wir die obigen Resultate zur Behandlung unseres Problems verwenden können: Die Messung des Informationsgehaltes ökonometrischer Hypothesen, welche den stochastischen Prozeß spezifizieren.

Dazu werden wir in drei Schritten vorgehen:

(a) Wir betrachten Realisationen eines stochastischen Prozesses $\{\xi\}_t$, wobei t über einen Index T läuft. Besteht T aus der Menge der ganzen Zahlen und ist es ein (endliches oder unendliches) reelles Intervall, so hat man es mit diskreten stochastischen Prozessen zu tun. Das ökonometrische Datenmaterial liegt meist in Form von Zeitreihen vor, welche aus Beobachtungswerten zu äquidistanten Zeitpunkten bestehen. Wir können uns daher auf solche diskreten Prozesse beschränken. Sind die statistischen Eigenschaften eines stochastischen Prozesses zeitinvariant, so liegt ein stationärer stochastischer Prozeß vor. Das Modell von Yule dient im folgenden zur Illustration.

(b) Gewöhnlich wird der „Systemzustand“ zu einem bestimmten Zeitpunkt nicht nur durch eine Variable beschrieben, sondern mehrere Größen werden zur Beschreibung benötigt. Man muß den stochastischen Prozeß $\{\xi\}_t$ durch einen stochastischen Vektor-Prozeß $\{\xi_1(t), \xi_2(t), \ldots, \xi_n(t)\}$ ersetzen, wobei t über eine Menge T variieren kann. Dies ist der Typ von stochastischen Prozessen, wie man sie in der Ökonometrie antrifft. Das Modell von Summers dient im folgenden zur Illustration.

(c) Ein einfaches Marktmodell wird herangezogen, welches in zwei unterschiedlichen Versionen auftritt: Eine Variante enthält zwei Verhaltensgleichungen und eine Gleichgewichtsbedingung, welche für die Interdependenz des Modells verantwortlich ist. Die andere Variante besteht aus drei Verhaltensgleichungen und ist rekursiv. Es werden sodann Möglichkeiten zur Messung des Informationsgehaltes untersucht.

Ad (a): Wir nehmen das autoregressive Schema

(18) $$y_t = \beta_1 y_{t-1} + \beta_2 y_{t-2} + \varepsilon_t\,, \qquad t = 0, 1, 2 \ldots$$

welches Yule (1927) eingeführt hat[23]. ε_t ist eine reine Zufallsfolge. Yule gibt eine Interpretation, in welcher die Folge

(19) $$\ldots y_{t-2}, y_{t-1}, y_t, y_{t+1}, y_{t+2}, \ldots$$

die Bewegung eines Pendels beschreibt, welches durch Zufallsschocks ε_t in Bewegung gehalten wird.

Wenn (18) die geeignete Spezifikation eines stochastischen Prozesses ist, welcher die Folge (19) beschreibt, kann man fragen: Wie hoch ist die Information, welche in y_t relativ zu y_{t-1}, y_{t-2} enthalten ist?

In dem vorliegenden Falle ist der Erwartungswert und die Streuung von y_t unabhängig von t (stationärer Prozeß)[24].

Es sei

$$m = E\,(y_t)\ ,$$

$$\sigma^2 = E\,(y_t - m)^2\,,$$

$$\lambda_\nu, \lambda_{-\nu} = E\,(y_t - m)\,(y_{t\pm\nu} - m)\ .$$

Die $\lambda_{ik} = E\,[(y_i - Ey_i)\,(y_k - Ey_k)]$ sind die Kovarianzen, welche eine unendliche Streuungsmatrix bilden:

$$\Lambda = [\lambda_{ik}]. \qquad\qquad i, k = 0, \pm 1, \pm 2, \ldots$$

Man kann die Elemente in Λ standardisieren, indem man die aufeinander abfolgenden Kovarianzen λ_ν ($\nu = k - i$) durch σ^2 dividiert. Dies ergibt die Autokorrelationskoeffizienten

$$\varrho_\nu = \varrho_{-\nu} = \lambda_\nu / \sigma^2\ ,$$

wobei ϱ_0 ist:

$$\frac{E\,[(y_t - m)\,(y_{t+0} - m)]}{\sigma^2} = \frac{\sigma^2}{\sigma^2} = 1\,.$$

Somit erhält man

$$R = \begin{matrix} \wr\wr & & & & \\ & 1 & \varrho_1 & \varrho_2 & \varrho_3 \\ & \varrho_1 & 1 & \varrho_1 & \varrho_2 \\ & \varrho_2 & \varrho_1 & 1 & \varrho_1 \\ & \varrho_3 & \varrho_2 & \varrho_1 & 1 \\ & & & & & \wr\wr \end{matrix}$$

[23] Vgl. dazu *Wold*, H.: Time Series: Cycles, Artikel in: International Encyclopedia of the Social Sciences, New York 1968.

[24] Siehe *Wold*, H.: Demand Analysis, Stockholm-New York 1952, S. 155 f.

Die Schlangenlinien, welche die Diagonale weiterführen, sollen andeuten, daß R genau wie Λ unbegrenzt ausgedehnt werden kann.

Um die Information zu messen, welche in y_t über y_{t-1}, y_{t-2} (oder vice versa) enthalten ist, verwenden wir den Ausdruck

(20) $$I = \frac{1}{2} \log \frac{\det A \cdot \det B}{\det C},$$

wobei

$$A = 1$$

$$B = \begin{bmatrix} 1 & \varrho_1 \\ \varrho_1 & 1 \end{bmatrix}$$

$$C = \begin{bmatrix} 1 & \varrho_1 & \varrho_2 \\ \varrho_1 & 1 & \varrho_1 \\ \varrho_2 & \varrho_1 & 1 \end{bmatrix}$$

Bei einem stationären Prozeß kann man A, B und C an beliebiger Stelle in der unendlichen Matrix R bilden.

Ad (b): In der Ökonometrie hat man es mit Vektorprozessen zu tun, weil ein bestimmter Zustand der untersuchten Volkswirtschaft (oder eines Teiles davon) gewöhnlich durch mehrere Variablen beschrieben wird.

Jedes Element x_t in der beobachteten Reihe

$$(x_1, \ldots, x_n)$$

mag dann aus m Elementen bestehen:

$$\mathbf{x}_t = (x_t^{(1)}, \ldots, x_t^{(m)}) .$$

Gewöhnlich kennt man nur eine Realisation (Beobachtung) zu jedem Zeitpunkt. Wir nehmen das Modell von Summers[25]

(21) $$\begin{aligned} y_1 &= \beta_{12}\, y_2 + \gamma_{11}\, x_1 + \gamma_{12}\, x_2 + \varepsilon_1 \\ y_2 &= \beta_{21}\, y_1 + \gamma_{23}\, x_3 + \gamma_{24}\, x_4 + \varepsilon_2 \end{aligned}$$

Bezüglich der reduzierten Form können wir folgende Frage stellen: Welche Information über y_1, y_2 ist in x_1, x_2, x_3, x_4 enthalten und vice versa?

Die Antwort ergibt sich aus der Berechnung des entsprechenden Ausdruckes nach Maßgabe von Formel (17).

---

[25] *Summers*, R.: A Capital Intensive Approach to the Small Sample Properties of Various Simultaneous Equation Estimators, Econometrica, 33, 1965, S. 1—41.

Hier taucht eine wichtige Frage auf: Wie kann man die Strukturform interdependenter Modelle behandeln? Dieser Frage wenden wir uns später zu.

Ad (c): Wir sind hier in erster Linie daran interessiert, eine Möglichkeit zur Messung des Informationsgehaltes ökonometrischer Hypothesen zu erarbeiten. Versucht wird, das oben beschriebene Maßkonzept bei einer vergleichenden Studie zweier kleiner ökonometrischer Marktmodelle zu verwenden, welche sich nur in einer Gleichung unterscheiden. Diese Gleichung ist entweder eine Verhaltensgleichung (*CC*) oder eine Gleichgewichtsbedingung (*ID*).

CC-Modell

$$\begin{aligned} d_t &= \alpha\, p_t + \varepsilon_1 \\ s_t &= \beta\, p_{t-1} + \varepsilon_2 \\ p_t &= p_{t-1} + \lambda\,(d_{t-1} - s_{t-1}) + \varepsilon_3 \end{aligned} \tag{22}$$

ID-Modell (cobweb)

$$\begin{aligned} d_t &= \alpha\, p_t + \varepsilon_1 \\ s_t &= \beta\, p_{t-1} + \varepsilon_2 \\ s_t &= d_t = p_t \end{aligned} \tag{23}$$

d = Nachfrage
s = Angebot
p = Preis
ε = Zufallsvariable

Man kann die Gleichungen beider Systeme in ihre Finalform bringen und dann den Informationsgehalt der Zeitreihen d_t, s_t und p_t durch die Vergangenheitswerte derselben Variablen messen.

Um Berechnungen des Informationsgehaltes beider Systeme anstellen und die Ergebnisse vergleichen zu können, muß man zunächst die Systeme vergleichbar machen. Dies erreicht man, indem man die reduzierte Form des *ID*-Modells bildet. Dann ergibt sich:

CC (Strukturform)

$$\begin{aligned} d_t &= \alpha\, p_t + \varepsilon_1 \\ s_t &= \beta\, p_{t-1} + \varepsilon_2 \\ p_t &= p_{t-1} + \lambda\,(d_{t-1} - s_{t-1}) + \varepsilon_3 \end{aligned} \tag{22a}$$

ID (reduzierte Form)

$$\begin{aligned} d_t &= s_t = q_t = \beta\, p_{t-1} + \varepsilon_2 \\ p_t &= \frac{\beta}{\alpha}\, p_{t-1} + \varepsilon_4 \end{aligned} \tag{23a}$$

Nun kann man in beiden Systemen den Informationsgehalt in der Zeitreihe von d_t in Bezug auf die Zeitreihen von p_t berechnen. Damit wären wir in der Lage, den Informationsgehalt der Hypothesen prüfen und vergleichen zu können.

Dazu stellen wir folgende Überlegung an:

(a) Die Modelle *CC* und *ID* sind Spezifikationen aus stochastischen Prozessen, welche gewisse Zeitreihen erklären sollen.

(b) Man erzeugt durch einen Zufallsmechanismus einige Realisationen (Zeitreihen) dieser beiden stochastischen Modelle. Zunächst kann man so vorgehen, daß man in diesem Zufallsprozeß dieselben Werte für α, β und ε in beiden Modellen verwendet.

(c) Auf diese Zeitreihen wendet man die Formel an zur Messung der Information, welche in einem stochastischen Vektor über einen anderen derartigen Vektor enthalten ist.

(d) Die Ergebnisse der Berechnungen unter (c) erlauben, Aussagen über den Informationsgehalt der in den ökonometrischen Modellen verwendeten Hypothesen zu machen.

Erweiterung von $I(\xi, \eta)$ und der Informationsgehalt bestimmter Modellstrukturen

Wir nehmen die Zeitreihe

$$\underbrace{\underbrace{y_1, y_2, \ldots, y_t}_{Y_t}, \underbrace{y_{t+1}}_{y_{t+1}}}_{Y_{t+1}}$$

und fragen nach der Information über y_{t+1}, die in Y_t enthalten ist. Nach Formel (17) berechnen wir dazu

$$I(Y_t, y_{t+1}) = \frac{1}{2} \log \frac{1 \cdot DY_t}{DY_{t+1}}, \tag{24}$$

wobei DY_t = Determinante der Momentenmatrix $y_1, \ldots, y_t$,

DY_{t+1} = Determinante der Momentenmatrix $y_1, \ldots, y_t, y_{t+1}$.

$$I(Y_t, y_{t+1}) = \frac{1}{2} \log \frac{1}{\sigma^2 (y_{t+1} \mid Y_t)} = -\log \sigma (y_{t+1} \mid Y_t) \,. \tag{25}$$

Formel (25) zeigt den Zusammenhang zwischen dem Informationskonzept und der Kleinstquadratschätzung: die Variablen $y_1, y_2, \ldots, y_t$ des Vektors Y_t enthalten Information über y_{t+1}, welche durch Regression von y_{t+1} auf Y_t darstellbar ist. Je höher diese Information ist, um so niedriger ist die bedingte Streuung $\sigma(y_{t+1} \mid Y_t)$[26].

---

[26] Vgl. *Mosbaek*, E. J. and *Wold*, H. O.: Interdependent Systems, Structure and Estimation, Amsterdam 1970, S. 88.

Nun fragen wir nach $I(\{y_{t+1}\, y_{t+2}\},\, Y_t)$

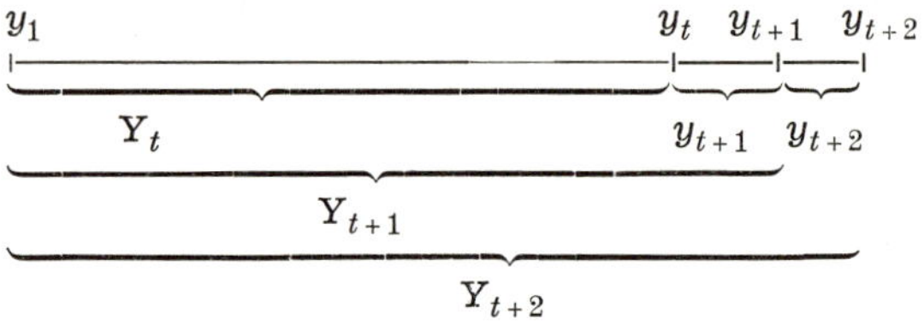

Entsprechend berechnen wir nach Formel (17)

(26) $$I = \frac{1}{2} \log \frac{D y_{t+1}, y_{t+2} \cdot D Y_t}{D Y_{t+2}},$$

wobei $D y_{t+1},\, y_{t+2}$ = Determinante der Momentenmatrix $y_{t+1},\, y_{t+2}$.

Um diesen Ausdruck für die Information $I(\{y_{t+1},\, y_{t+2}\},\, Y_t)$ in die verschiedenen Informationskomponenten aufzuspalten, wollen wir in (26) die implizierten bedingten Streuungen offenlegen, wie es für (25) getan wurde. Dazu erweitern wir (26):

(27) $$I = \frac{1}{2} \log \frac{D y_{t+2}, y_{t+1}}{D y_{t+2}} \overbrace{\frac{D y_{t+1}}{D y_{t+1}}}^{1} \frac{D Y_t \, D Y_{t+1}}{D Y_{t+1}},$$

wobei $D y_{t+1} = 1$ (standardisiert).

Nun gilt

$$\frac{D y_{t+2}\, y_{t+1}}{D y_{t+1}} = \sigma^2 \cdot (y_{t+2} \mid y_{t+1}),$$

$$\frac{D Y_{t+1}}{D Y_t} = \sigma^2 (y_{t+1} \mid Y_t) \quad ,$$

$$\frac{D Y_{t+2}}{D Y_{t+1}} = \sigma^2 (y_{t+2} \mid Y_{t+1}) \, .$$

Somit

$$I = \frac{1}{2} \log \frac{\sigma^2 (y_{t+2} \mid y_{t+1})}{\sigma^2 (y_{t+1} \mid Y_t)\, \sigma^2 (y_{t+2} \mid Y_{t+1})} \, .$$

Nun ist

$$\log \sigma (y_{t+2} \mid y_{t+1}) = - I (y_{t+2}, y_{t+1}) \, ,$$

$$\log \sigma (y_{t+1} \mid Y_t) = - I (y_{t+1}, Y_t) \quad ,$$

$$\log \sigma (y_{t+2} \mid Y_{t+1}) = - I (y_{t+2}, Y_{t+1}) \, .$$

Somit ergibt sich

(28) $$I (\{y_{t+1}, y_{t+2}\}, Y_t) = I (y_{t+2}, Y_{t+1}) + I (y_{t+1}, Y_t) - I (y_{t+1}, y_{t+2}) \, .$$

Ähnlich erhält man die Information über y_{t+1}, y_{t+2}, y_{t+3}, welche in Y_t enthalten ist

(29) $$I(y_{t+1}, Y_t) + I(y_{t+2}, Y_{t+1}) + I(y_{t+3}, Y_{t+2}) =$$
$$= I(\{y_{t+1}, y_{t+2}, y_{t+3}\}, Y_t) + I(y_{t+2}, y_{t+1}) + I(y_{t+3}, \{y_{t+2}, y_{t+1}\}).$$

Den Ausdruck auf der linken Seite kann man als den Informationsgehalt der Strukturform eines Modells (*CC*) interpretieren, den ersten Ausdruck auf der rechten Seite als den Informationsgehalt der *reduzierten* Form.

Somit: $I_{\text{strukt}} \geqq I_{\text{reduz}}$.

Dieser Vergleich des Informationsgehaltes in struktureller und reduzierter Form ist nur in *CC*-Systemen möglich.

Die Notation in (24)—(29) legte mit ihrem Bezug auf ein laufendes T $(1, \ldots, t, t+1, t+2, \ldots)$ eine zeitliche Interpretation der Variable y nahe. Das konnte zwanglos geschehen, unter heuristischen Gesichtspunkten mochte es sogar nützlich sein. Zur vergleichenden Betrachtung des Informationsgehaltes in der Strukturform und reduzierten Form von *CC*-Systemen (und von *ID*-Systemen) ist jedoch folgende Interpretation der Variablen y angebracht:

Der Vektor Y_t enthält alle vorherbestimmten Variablen $x_1 \ldots, x_t$.

Die y_{t+1}, y_{t+2}, ... sind als die endogenen Variablen y_1, y_2, y_3, ... eines ökonomischen Systems zu interpretieren.

Offensichtlich wächst nun in der *Struktur*form der „konditionierende" Vektor (welcher in der reduzierten Form gerade gleich Y_t ist) und damit auch der Informationsgehalt der Strukturform

$$\begin{array}{cccc} Y_t, & \underbrace{Y_t + y_{t+1}}, & \underbrace{Y_{t+1} + y_{t+2}}, & Y_{t+2} \ldots \\ Y_t, & Y_{t+1} & Y_{t+2} & \end{array}$$

In der *reduzierten* Form bleibt der Informationsgehalt

$$I(\{y_{t+1}, y_{t+2}, y_{t+3}\}, Y_t)$$

und ist somit geringer als in der Strukturform. Die Gleichung (29) zeigt diesen Zusammenhang.

Nun wollen wir versuchen, $I(\xi, \eta)$ in der Strukturform eines *ID*-Systems aufzustellen (z. B. Summers-Modell):

(30) $$I(\xi, \eta) = I(\{y_{t+1}, y_{t+2}\}, Y_{t+2}) = I(\{y_1, y_2\}, \{y_1, y_2, x_1, x_2, x_3, x_4\})$$
$$= \frac{1}{2} \log \frac{D y_{t+1}, y_{t+2} \cdot D Y_{t+2}}{D Y_{t+2}}.$$

Dabei zeigt sich, daß eine Berechnung von (30) nicht ergiebig ist, da die beiden entsprechenden Momentenmatrizen B und C, die in Formel (17) eingehen, einander gleich sind, weil die endogenen Variablen y_1 und y_2 im Modell von Summers als erklärende Variable auf der rechten Seite eines *interdependenten* Systems stehen. Ein Vergleich der Informationsgehalte $I(\xi, \eta)$ nach Maßgabe von (17) läßt sich nur anstellen zwischen

ID (reduziert) und *CC* (Strukturform).

Die Mehrinformation in der *CC*-Strukturform ist offensichtlich

$$\begin{aligned} & I(y_{t+2}, y_{t+1}) \\ & + I(y_{t+3}, \{y_{t+2}, y_{t+1}\}) \\ & + I(y_{t+4}, \{y_{t+3}, y_{t+2}, y_{t+1}\}) \\ & \quad \cdot \\ & \quad \cdot \\ & \quad \cdot \\ & + I(y_{t+n}, \{y_{t+(n-1)} \ldots y_{t+1}\}) . \end{aligned}$$

Das ist bereits aus Gleichung (29) deutlich geworden.

Nun wenden wir uns der *GEID*-Spezifikation eines *ID*-Systems zu:

CLID: $$y_t = By_t + Gx_t + u_t^*,$$

GEID: $$y_t = By_t^* + Gx_t + u_t \;,$$

wobei

$$y_t^* = (I - B)^{-1} Gx_t ,$$

$$u_t = (I - B)^{-1} u_t^* .$$

Wir betrachten die Strukturform des Summers-Modells

$$S.F. \begin{cases} y_1 = \beta_{12} y_1^* + \gamma_{11} x_1 + \gamma_{12} x_2 + \varepsilon_1 \\ y_2 = \beta_{21} y_2^* + \gamma_{23} x_3 + \gamma_{24} x_4 + \varepsilon_2 \end{cases}$$

Es gelten die folgenden Ausdrücke für $I(\xi, \eta)$:

$$S.F. \begin{cases} I(y_1, \{y_2^*, x_1, x_2\}) = -\log \sigma(\varepsilon_1) \\ I(y_2, \{y_1^* \cdot x_3, x_4\}) = -\log \sigma(\varepsilon_2) \end{cases}$$

Die y_i sind dabei standardisiert.

Wir betrachten nun die reduzierte Form eines *CLID*-Systems und erhalten für $I(\xi, \eta)$

$$R.F. \begin{cases} I(y_1, \{x_1, x_2, x_3, x_4\}) = -\log \sigma(\varepsilon_1) \\ I(y_2, \{x_1, x_2, x_3, x_4\}) = -\log \sigma(\varepsilon_2) \end{cases}$$

Man kann zeigen, daß die Summe der beiden obigen Informationsmengen gleich ist der Information von

$$I(\{y_1, y_2\}, \{x_1, x_2, x_3, x_4\}) .$$

Das ist

$$\frac{1}{2} \log \frac{Dy \cdot Dx}{Dyx} , \tag{31}$$

wobei Dy = Determinante der Momentenmatrix von y_1, y_2 ,

Dx = Determinante der Momentenmatrix von $x_1, \ldots, x_4$,

Dyx = Determinante der Momentenmatrix von $y_1, y_2, x_1, \ldots, x_4$.

Wie (26) erweitern wir auch (31) um die verschiedenen Informationskomponenten freizulegen. Man erhält

$$I(\{y_1, y_2\}, \{x_1, x_2, x_3, x_4\}) = \frac{1}{2} \log \frac{Dy \cdot Dy_1 \cdot Dx \cdot Dy_1 x}{Dy_1 \cdot Dyx \cdot Dy_1 x} , \tag{32}$$

wobei Dy_1 und Dy_1x die Determinanten der entsprechend definierten Momentenmatrizen sind,

$$I(\{y_1, y_2\}, \{x_1, x_2, x_3, x_4\}) = I(y_1, x) + \underbrace{I(y_2, \{x, y_1\}) - I(y_2, y_1)}_{I(y_2, x)} . \tag{33}$$

Das ist jedoch die Summe von

$$I(y_1, \{x_1, x_2, x_3, x_4\}) \quad \text{und} \quad I(y_2, \{x_1, x_2, x_3, x_4\}) .$$

Wir können demnach schließen, daß die drei Systeme vom *Informationsgesichtspunkt* aus gleich sind:

$$RF\colon (\{y_1, y_2\}, \{x_1, x_2, x_3, x_4\}) \approx$$

$$\approx CLID - RF\colon (y_1, \{x_1, x_2, x_3, x_4\}) + (y_2, \{x_1, x_2, x_3, x_4\}) \approx$$

$$\approx GEID - SF\colon (y_1, \{y_2^* x_1, x_2\}) + (y_2, \{y_1^* x_3, x_4\}) .$$

4.4.3 Das Problem der Informationstheorie und ökonometrische Modellbildung

Die Problemstellung bei Shannon war, die Vorgänge bei der Transformation von Information zu formalisieren und Bedingungen für gute Transformationen zu entwickeln. Formal stellt sich der Vorgang der

Nachrichtenübermittlung mit den Stufen „Eingangsinformation → Kodierung → Übermittlung durch den Nachrichtenkanal → Entkodierung" folgendermaßen dar[27]:

(34) $$\xi \rightarrow \eta \rightarrow \eta' \rightarrow \xi' .$$

ξ, η η' und ξ' sind Zufallsvariablen, deren Realisationen in den entsprechenden Ereignisräumen X, Y, Y' und X' liegen.

Fassen wir den Vorgang der Nachrichtenübermittlung von ξ nach ξ' in ökonometrische Terminologie: Es geht darum, den Zusammenhang zwischen der Information in den statistischen Daten und den Daten, die aufgrund ökonometrischer Analyse errechnet, prognostiziert oder in Simulationen erzeugt wurden, möglichst eng zu machen. Daher gilt es, die Ausgangsinformation in den Stichproben möglichst genau aufzuspüren und im Modell einzufangen.

Es zeigen sich folgende Parallelen:

(a) Die Kodierung $\xi \rightarrow \eta$ ist bei diesem Transformationsvorgang nichts anderes als die Modellbildung bei der ökonometrischen Arbeit.

(b) Die Übermittlung durch den Nachrichtenkanal $\eta \rightarrow \eta'$ entspricht dann der Schätzung ökonometrischer Modelle.

(c) Somit kann man mit $H(\xi)$ die Originalformation im Stichprobenzeitraum und mit $H(\xi')$ die vorhergesagte, berechnete oder erzeugte Information bezeichnen.

(d) Die Frage in der Informationstheorie: Wie kodiert man $\xi \rightarrow \eta$ (und dekodiert man $\eta' \rightarrow \xi'$) am zweckmäßigsten? heißt in der Ökonometrie: Wie muß das Modell gebildet werden, das möglichst viel von der Originalinformation einfängt und transformiert?

Kolmogoroff entwickelt das entsprechende Informationsmaß für die Transformationsgüte. Gegeben sind die Bereiche X, X' Y, Y' der Werte der Eingangsinformation (Input), der erzeugten Nachrichten (Output), der Input-Signale und der Outputsignale. Als Indikatoren dieser Ereignisbereiche gelten entsprechend die Zufallsvariablen ξ, ξ', η und η'. Die Eigenschaften der Übertragung (Schätzung) sind bekannt, d. h. die bedingten Verteilungen $P_{\eta'} |_{\eta}$ und die Klasse V der zugelassenen Verteilungen P_{η} des Input-Signals. Schließlich kennt man die Verteilung der Eingangsinformation (Nachricht) $P_{\xi}(A) = P(\xi \in A)$ und die angestrebte Übertragungsgenauigkeit $P_{\xi\xi'}, \in W$, wobei W eine Klasse von gemeinsamen Verteilungen der Eingangsnachrichten ξ und der erzeugten Nachrichten ξ' ist.

---

[27] Bei der formalen Darstellung des Problems von Shannon folgen wir *Kolmogoroff*, A. N.: Theorie der Nachrichtenübermittlung, a.a.O.

Die Frage ist nun: Wie muß man kodieren, so daß ($P_{\xi\xi'}$, $\in W$), die angestrebte Übertragungsgenauigkeit, erreicht wird? Dazu verwenden wir den Ausdruck $I(\xi\ \xi')$, welcher die Information angibt, die in ξ über ξ' enthalten ist und umgekehrt (vgl. Abschnitt 4.4.2).

Im Falle einer Normalverteilung der Zufallsvariablen ξ und ξ' im n-dimensionalen Raum läßt sich $I(\xi, \xi')$ berechnen. Für die Ökonometrie ist die Annahme der Normalverteilung grundlegend. Man verwendet das folgende Theorem, welches dem Ergebnis von Gelfand und Jaglom entspricht[28]:

Gegeben ist eine positiv definite symmetrische Matrix der Werte s_{ij}, $(0 \leqq i, j \leqq m + n)$ und die Verteilung P_ξ des Vektors

$$\xi = (\xi_1, \xi_2, \ldots, \xi_m)$$

mit den zweiten Momenten s_{ij}, $(0 \leqq i, j \leqq m)$.

Die Bedingung W für die gemeinsame Verteilung $P_{\xi\xi'}$ des Vektors ξ und des Vektors ξ'

$$\xi' = (\xi_{m+1}, \ldots, \xi_{m+n})$$

soll so sein, daß die zweiten Momente der Werte

$$\xi_1, \xi_2, \ldots, \xi_{m+n}$$

gleich s_{ij}, $(0 \leqq i, j \leqq m + n)$ sind.

Dann gilt

$$I(\xi, \xi') = \frac{1}{2} \log \frac{A \cdot B}{C}, \tag{35}$$

wobei

$$A = |s_{ij}|; \quad (0 \leqq i, j, \leqq m),$$
$$B = |s_{ij}|; \quad (m + 1 \leqq i, j, \leqq m + n),$$
$$C = |s_{ij}|; \quad (0 \leqq i, j, \leqq m + n).$$

Nun kann man die Fähigkeit ökonometrischer Modelle messen, die Information im Stichprobenzeitraum, d. h. die Information des Datenmaterials, *aufzuspüren* und *einzufangen*. Man kann also den Prozeß analysieren

$$\xi \rightarrow \eta \rightarrow \eta' \rightarrow \xi' \tag{34}$$

---

28 *Kolmogoroff*, A. N.: Theorie der Nachrichtenübermittlung, a.a.O., S. 108.

und dabei besonderes Augenmerk auf den Kodierungsschritt $\xi \rightarrow \eta$ werfen, d. h. auf die Modellbildung. Dabei berechnet man $I(\xi, \xi')$ welches ein Maß für die Fähigkeit der Informationsübertragung $\xi \rightarrow \xi'$ abgibt.

Bezeichnen wir

$\hat{y}$ = Werte der endogenen Variablen, die aufgrund der geschätzten Struktur berechnet (angepaßt) wurden (für den Stichprobenzeitraum) bzw. prognostiziert oder simuliert wurden (über den Stichprobenzeitraum hinaus),

y = Beobachtete Werte der endogenen Variablen,

x = Beobachtete Werte der exogenen Variablen,

M = Modellspezifikation (Kodierung),

S = Schätzverfahren (Filtern).

Die berechneten (prognostizierten, simulierten) Werte der endogenen Variablen $\hat{y}$ hängen von den beobachteten Werten der endogenen und exogenen Variablen, von der Modellspezifikation und vom Schätzverfahren ab:

$$\underset{\text{var}}{\underset{\uparrow}{\hat{y}}} = f\,(\underset{\text{konst}}{\underset{\uparrow}{y}}, \quad \underset{\text{konst}}{\underset{\uparrow}{x}}, \quad \underset{\text{var}}{\underset{\uparrow}{M}}, \quad \underset{\text{konst}}{\underset{\uparrow}{S}}) \tag{36}$$

Die beobachteten statistischen Werte y und x werden konstant gehalten, sie sind vorgegeben. Die Koeffizienten für M werden stets mit den gleichen Schätzverfahren ermittelt. Wird daher lediglich die Modellspezifikation verändert, so führt die Berechnung von $I(\xi, \xi')$ zu einer Aussage über M, d. h. über die Modellgüte.

Wären z. B. in $\hat{y}$ die Werte der berechneten (angepaßten) endogenen Variablen im Stichprobenzeitraum erfaßt, für den also auch die beobachteten Werte y der endogenen Variablen vorliegen, so ergäbe sich $I(\xi, \xi')$ nach Maßgabe von (35). Man erhielte also ein Maß für die Übertragung der Information von y nach $\hat{y}$ unter Zugrundelegung einer bestimmten Kodierung (Modellspezifikation) und Filterung (Schätzung des Modells). Damit wird der durch die ökonometrische Analyse erklärbare Anteil der Varianz der y-Werte angegeben. Je kleiner der unerklärte Rest, je größer $I(\xi, \xi')$ und um so besser ist dann die Modellspezifikation.

Dieser Zusammenhang soll formalisiert werden. Berechnet wird

$$I(y, \hat{y}) = \frac{1}{2} \log \frac{A \cdot B}{C} \,. \tag{35}$$

Wir haben zwei Variablenmengen

$\hat{y} = (\hat{y}_1, \hat{y}_2, \ldots, \hat{y}_n)$ = berechnete (angepaßte) endogene Variablen,

$y = (y_1, y_2, \ldots, y_n)$ = beobachtete endogene Variablen.

Dann ist hier

(37)
$$A = \sigma_y^2 ,$$
$$B = \sigma_{\hat{y}}^2 ,$$
$$C = \begin{vmatrix} \sigma_y^2 & \sigma_{y\hat{y}} \\ \sigma_{y\hat{y}} & \sigma_{\hat{y}}^2 \end{vmatrix} .$$

Nun ist

(38)
$$\sigma_{y\hat{y}} = \sigma_{(\hat{y}+e)\hat{y}} = \sigma_{\hat{y}}^2 + \sigma_{e\hat{y}} ,$$

e = Zufallsvariable,

$\sigma_{e\hat{y}} = 0$, da die berechneten Variablen nicht mit den Zufallsvariablen korrelieren

Somit

$$\sigma_{y\hat{y}} = \sigma_{\hat{y}}^2 ,$$

und

(39)
$$C = \begin{vmatrix} \sigma_y^2 & \sigma_{\hat{y}}^2 \\ \sigma_{\hat{y}}^2 & \sigma_{\hat{y}}^2 \end{vmatrix} .$$

Nun läßt sich schreiben

(40)
$$I(y, \hat{y}) = \frac{1}{2} \log \frac{\sigma_y^2 \, \sigma_{\hat{y}}^2}{\sigma_y^2 \, \sigma_{\hat{y}}^2 - \sigma_{\hat{y}}^2 \, \sigma_{\hat{y}}^2}$$
$$= \frac{1}{2} \log \frac{\sigma_y^2}{\sigma_y^2 - \sigma_{\hat{y}}^2}$$
$$= \frac{1}{2} \log \frac{1}{1 - R^2}$$

(41)
$$= -\frac{1}{2} \log (1 - R^2) .$$

Die Information $I\ (y, \hat{y})$ hat folgende Eigenschaft[29]

$$0 \leqq I\ (y, \hat{y}) \leqq +\infty\ ;$$

dabei gilt $I\ (y, \hat{y}) = 0$ genau dann, wenn y und $\hat{y}$ voneinander unabhängig sind.

Damit ist offensichtlich, daß das aus der Informationstheorie abgeleitete Maß zur Beurteilung der Transformationsgüte von Nachrichten in dem Prozeß

$$\xi \rightarrow \eta \rightarrow \eta' \rightarrow \xi' \tag{34}$$

bei der ökonometrischen Analyse eine Entsprechung findet in dem Maß R^2.[30]

Die Interpretation ökonometrischer Modellbildung im Rahmen von Shannons Problemstellung läßt sich somit zwanglos durchführen. Die Kodierung bei der Nachrichtenübermittlung entspricht hier der Modellspezifikation, die (zusammen mit dem Schätzverfahren) zur Grundlage der Bestimmung der $\hat{y}$-Werte aus den gegebenen statistischen Daten wird. Die Güte des Modells wird gemessen daran, wie weit die „übertragene Information“ $\hat{y}$, d. h. die angepaßten Werte der endogenen Variablen, der „Ausgangsinformation“ y, d. h. den beobachteten Werten der endogenen Variablen, entspricht.

Diese inhaltliche Beziehung zwischen Informationstheorie und ökonometrischer Modellbildung läßt sich dann auch formal darstellen. Das Maß für $I\,(\xi\ \xi')$ steht in direkter Beziehung zum Maß R^2, das in der Ökonometrie zur Beurteilung der Modellgüte verwendet wird: Je höher $I\,(\xi\ \xi')$ um so höher ist R^2.

Fassen wir zusammen: Die informationstheoretische Analyse ökonometrischer Modellstrukturen war das Untersuchungsziel in diesem Kapitel. Dazu waren zunächst Überlegungen nötig, ob sich das wissenschaftstheoretische Konzept des Informationsgehaltes bei der ökonometrischen Modellbildung berücksichtigen läßt. Dies scheint unproblematisch: Aus dem Forschungsziel der Ökonometrie, der Konfrontation von Modellen mit empirischen Daten, ergibt sich die Garantie für die Konstruktion empirisch gehaltvoller Hypothesen. Wir zeigten, daß das

[29] Vgl. Gelfand und Jaglom, a.a.O., S. 13.

[30] Auf die Verwandtschaft zwischen dem Determinationskoeffizienten und dem Informationsgehalt weist auch Bihn hin: *Bihn*, W. R., Die informationstheoretische Messung von Struktursystemen des internationalen Handels, Freiburg 1967, S. 76–77. Frühere Arbeiten über den Zusammenhang zwischen mathematischer Informationstheorie und statistischen Maßen sind: *Garner*, W. R. und *McGill*, W. J., The Relation between Information and Variance Analyses, Psychometrika, Vol. 21, 1956, S. 219–228. — *Adam* A., Entropie und Streuung, Metrika, Bd. 1, 1958, S. 99–110.

hier angesprochene wissenschaftstheoretische Abgrenzungskriterium in die Ökonometrie Eingang findet, wenn sie sich mit dem Problem der Identifizierbarkeit von Modellen befaßt. Diese Feststellung konnte aber nicht genügen. Vielmehr mußten wir versuchen, das Konzept des Informationsgehaltes ökonometrischer Hypothesen zu formalisieren, um so die Grundlage für die quantitative Messung mit Mitteln der mathematischen Informationstheorie zu gewinnen.

Ausgehend von der Tatsache, daß zunehmende Beschränkungen des formalen Spielraumes von Hypothesen ihren Informationsgehalt erhöhen, haben wir neben der Identifikation auch die unterschiedlich starke Inkorporation von Kausalbeziehungen in die Modellstruktur als ein Mittel kennengelernt, welches den Beschränkungsgrad und somit die a-priori-Information von ökonometrischen Modellhypothesen beeinflußt. Diese Überlegung gestattet die Formalisierung des Informationskonzepts $I = I\,(Id,\ Ks)$, welches zur Erläuterung den geläufigen ökonometrischen Schätztechniken gegenübergestellt wurde. So zeigten sich Entsprechungen zwischen dem Informationsgehalt von Modellen und den Verfahren zu ihrer Konfrontation mit der Realität, welche durch statistische Datenreihen repräsentiert wird.

Der Versuch allerdings, das so formalisierte Informationskonzept einer Messung mit Hilfe der mathematischen Informationstheorie zugänglich zu machen, ist gescheitert. Wir hatten dabei auf die Untersuchung der Koeffizientenmatrizen ökonometrischer Modelle abgestellt, in denen sich die genannten informationserhöhenden Beschränkungen widerspiegeln: Also auf den systematischen Teil der Modelle. Die informationstheoretische Analyse führte hier nicht recht weiter, so daß wir auf die kybernetischen Untersuchungen des fünften Kapitels verweisen mußten, die sich auf die Systemstruktur der Modelle stützen.

Andererseits erwiesen sich die stochastischen Eigenschaften von ökonometrischen Modellen als ein geeigneter Ausgangspunkt für informationstheoretische Untersuchungen. Mit Hilfe eines Satzes von Gelfand und Jaglom konnten wir einen Weg zur Messung von Information zeigen. Anschließende Überlegungen wiesen die Strukturform ökonometrischer Modelle gegenüber ihren reduzierten Transformationen als überlegen aus. Dieses Ergebnis konnte nicht überraschen. Wir konnten aber auch Hinweise für die Überlegenheit rekursiver gegenüber interdependenten Modellen unter diesem Gesichtspunkt geben. Schließlich gelang — über eine Interpretation der Modellbildung als Schritt in einem Prozeß der Nachrichtenübermittlung (Shannon) — der Nachweis, daß das informationstheoretische Maß sich zur Beurteilung ökonometrischer Modelle eignet.

Kapitel 5

Kybernetische Analyse ökonometrischer Modelle und Schätzverfahren

5.1 Anforderungen an kybernetische Modelle

Wissenschaftliche Arbeit ist Arbeit mit Hilfe von Modellen der zu untersuchenden Realitätsausschnitte[1]. Auch in der Wirtschaftswissenschaft ist das Modell Grundlage der Forschung, unabhängig von der Ausrichtung des Forschungsprogrammes: Das Modelldenken begründet die rein entscheidungslogische Variante genau so wie das positivistisch orientierte Bemühungen um den Ausbau derartiger Modelle zu empirisch gehaltvollen Theorien mit Erklärungs- und Prognosecharakter und liegt schließlich auch einer sozialökonomisch ausgerichteten politischen Ökonomie mit zukunfts- und zielbetontem Einschlag zugrunde. Zur Modellbildung standen bislang hauptsächlich drei Sprachen zur Verfügung: Die verbale, die geometrisch-anschauliche und die mathematisch-formale Sprache. Die wirtschaftstheoretischen Modelle der Ökonometrie sind zwangsläufig mathematisch formuliert.

In welcher Beziehung stehen derartige mathematische Wirtschaftsmodelle nun zu einem Modelltyp, der als der kybernetische bezeichnet wird? Ist nicht die Mathematik auch in der Kybernetik das gebräuchliche Formalisierungsmittel, d. h. sind kybernetische Modelle nicht auch gleichzeitig mathematische? Und sind mathematische Modelle stets kybernetische? Dazu seien einige Bemerkungen über die Entwicklung der Kybernetik vorausgeschickt. Man kann von kybernetischer Arbeitstechnik bereits dort sprechen wo aus dem Analogieprinzip heraus versucht wurde, regelungstechnische Vorstellungen auf andere Gebiete zu übertragen. 1925 hat der Münchener Physiologe Wagner bei der Untersuchung physiologischer Anpassungsvorgänge auf regelungstechnische Konzepte zurückgegriffen. 1941 verfaßte Hermann Schmidt in Berlin eine Denkschrift zur Gründung eines Instituts für

[1] "No substantial part of the universe is so simple that it can be grasped without abstraction. Abstraction consists in replacing the part of the universe under consideration by a model of similar but simpler structure. Models ... are thus a central necessity of scientific procedure." *Rosenblueth*, A. und *Wiener*, N.: The Role of Model in Science, Philosophy of Science, XII, No. 4, 1945, S. 316–321.

Regelungstechnik, in dem gerade diese übergreifenden Bezüge der Regelung über den rein technischen Bereich hinaus erforscht werden sollten[2]. Diese angewandte Kybernetik fand ihr hauptsächliches Einsatzgebiet in der Biologie und der Medizin. Eine Durchsicht der Protokolle und Berichte von Tagungen über Kybernetik beweist, wie beherrschend dieser angewandte Aspekt der Kybernetik und damit verbunden der biologisch-medizinische Anwendungsbereich heute noch ist. Es verwundert nicht, daß Steinbuch 1962 pointierend auf folgende extreme Auffassung hinweisen konnte: „Kybernetik ist nicht mehr als die Anwendung der Regelungslehre im biologischen Bereich[3]."

Seit Wiener jedoch hat sich eine breitere Auffassung von Kybernetik zunehmend Gewicht verschafft: Gemeint ist eine mehr methodische Kybernetik, welche von den stofflich-energetischen Aspekten der untersuchten Systeme abstrahiert. Damit verbunden ist eine Erweiterung des Anwendungsbereiches kybernetischer Konzepte von (lebendigen) Organismen auf organisierte Systeme. Derartige kybernetische Modelle, die sich auf organisierte Systeme beziehen, also etwa wirtschaftskybernetische Modelle, zeichnen sich durch eine notwendige Eigenschaft aus, welche sie aus der allgemeinen Klasse mathematisch-formaler Modelle der Wirtschaftstheorie heraushebt: Die prinzipielle Möglichkeit der technisch-physischen Realisierung. Klar formuliert Lutz: „Wir nennen einen als strukturell relevant erkannten Zusammenhang nur dann kybernetisch, wenn seine technische Realisierung nicht prinzipiell unmöglich ist, worunter wir ... letztlich nichts anderes verstehen, als daß er simulierbar ist[4]."

Was unter physischer Realisierbarkeit zu verstehen ist, präzisiert E. A. Robinson: "The essential thing about any simultaneous model is that it should be possible to simulate the model with a digital computer or electrical network. This assures first of all that the model will be physically realizable, i. e. no response can occur before its stimulus[5]."

Eine wesentliche Bedingung für den kybernetischen Charakter eines Modells stellt also die explizite Berücksichtigung des Zeitfaktors dar. Wie nehmen sich wirtschaftstheoretische Modelle gegenüber dieser Anforderung aus?

---

[2] Die Denkschrift ist abgedruckt in: Grundlagenstudien aus Kybernetik und Geisteswissenschaft, Beiheft zu Band 2, 1961.

[3] *Steinbuch*, K.: Kybernetik — Weg zu einer neuen Einheit der Wissenschaften, VDI-Zeitschrift, Band 104, 1962.

[4] *Lutz*, Th.: Kybernetik, Struktur und Simulation, Soziale Welt, Heft 1, 1965, S. 34.

[5] *Robinson*, E. A.: Recursive Decomposition of Stochastic Processes, in: Wold, H. (Hrsg.), Econometric Model Building, Amsterdam 1964, S. 147.

5.1.1 Explizite Berücksichtigung der Zeit

Die Wirtschaftstheorie in ihrer neoklassischen Ausprägung übernahm mit der Abstimmung ihrer Modellbildung auf die mathematischen Kalküle der Infinitesimalrechnung auch die Realitätsvorstellung der klassischen Mechanik. Aus den Entscheidungsabläufen der einzelnen Wirtschaftssubjekte konstitutierte sich „ein reaktives System, wie es für die Abläufe in der unbelebten Natur charakteristisch ist[6]."

Wird der Wirtschaftsprozeß als eine Mechanik von Preisen und Mengen interpretiert, so kommt mit dieser Interpretation auch der Zeitbegriff der klassischen Mechanik in die Wirtschaftstheorie. In der Mechanik ist die Richtung der Zeit gleichgültig. Die Neoklassik übernahm nun aber nicht diesen Begriff der reversiblen Zeit, sondern schloß den Zeitfaktor durch die Annahme unendlich hoher Reaktionsgeschwindigkeit und vollkommener Information der Wirtschaftssubjekte ganz aus: Das statische Gleichgewichtsmodell sowie seine Subsysteme, die mikroökonomischen Produktions- und Konsummodelle, wären nach der hier vertretenen Auffassung nicht physisch realisierbar. Darauf werden wir in Abschnitt 5.2 zurückkommen. Die historische Zeit hingegen, die für die wirtschaftstheoretische Modellbildung relevant sein muß, unterscheidet sich von dem klassisch-mechanischen Zeitbegriff durch die Eigenschaft der Irreversibilität. Damit wird durch die Berücksichtigung dieser wesentlichen Eigenschaft der historischen Zeit in ökonomischen Modellen grundsätzlich ihre physische Realisierbarkeit garantiert[7]. Anders: Die Inkorporation eines gerichteten Zeitablaufes in ökonomischen Modellen macht sie einer Simulation zugänglich.

5.1.2 Simulation als kybernetischer Test

„Die Kybernetik ist die Wissenschaft von den möglichen Verhaltensweisen möglicher Strukturen, und zwar nicht irgendwelcher Strukturen, sondern dynamischer Strukturen, d. h. von Strukturen, die in zeitabhängige Prozesse eingebettet sind[8]." Solche zeitabhängigen Prozesse, wie sie in (dynamischen) Wirtschaftsmodellen beschrieben sind, lassen sich durch eine Simulation explizit sichtbar machen. Denn im Gegensatz zu analytischen Lösungsverfahren für dynamische Modelle,

---

6 *Kade*, G.: Grundannahmen der Preistheorie, a.a.O.

7 So sagt O. Lange über diesen Zeitaspekt kybernetischer Systeme: "We introduce explicitly the assumption that the action of the system's elements proceeds in time. A certain time elapses between a change in the state of the inputs of an element and a change in its outputs. We call this reaction time." *Lange*, O.: Wholes and Parts, Pergamon Press, Oxford usw., 1965, S. 32.

8 *Klaus*, G.: Kybernetik in philosophischer Sicht, 4. Aufl., Berlin 1965, S. 35.

die auf einen End- oder Gleichgewichtswert abstellen, ergibt die Simulation als Lösungsergebnis eine Zeitreihe von Werten, welche das Verhalten eines dynamischen Systems im Zeitablauf widerspiegeln[9]. Simulation wird hier als kybernetischer Test von Modellen verstanden, welche als kybernetische Modelle im hier gezeigten Sinne anzusprechen sind. Wir werden bei der Betrachtung interdependenter und rekursiver ökonomischer Modelle zur Prüfung des kybernetischen Modellkriteriums der prinzipiellen Realisierbarkeit die Darstellung im Regelkreis wählen.

5.2 Rekursive und interdependente Modelle im Regelkreis

Die Regelkreisdarstellung ökonometrischer Modelle zeigt, wie es um die Verknüpfung der Modellelemente bestellt ist und wie der Zeitfaktor in diesen Beziehungen berücksichtigt ist. Damit läßt sich das Kriterium der physischen Realisierbarkeit solcher Modelle sichtbar machen: Die Frage nach dem kybernetischen Modellcharakter und somit nach der Simulierbarkeit wird entscheidbar.

Zur Notation und Symbolik bei der Darstellung von Regelkreisen verweisen wir auf die einschlägige Literatur[10]. Bezüglich der Verbindung zwischen ökonometrischen Modellen und Regelkreisen seien außerdem folgende Interpretationen angeführt:

(1) *Endogene Variablen:* Das sind Variablen, die alternierend Aus- und Eingangsgrößen darstellen. Sie werden im Regelprozeß gebildet und einzeln so lange verändert, bis alle Regelgrößen (Variablen) zeitlich konstant sind oder mit kleiner Amplitude schwingen.

(2) *Exogene Variablen:* Eingangsgrößen, die autonom gebildet und von außen in den Regelkreis eingegeben werden.

(3) *Störgrößen:* Eingangsgrößen, die diskontinuierlich und unregelmäßig in den Regelkreis eingegeben werden. Es handelt sich um die Zufallsvariablen eines ökonometrischen Modells. Während die exogenen Variablen einen Ausgleichsvorgang zu einem anderen Niveau auslösen, bewirken die Störgrößen einen Ausgleichsvorgang zum gleichen Niveau hin.

(4) *Mixer:* Dies sind degenerierte Regelkreisglieder, die eine Addition oder Subtraktion der Variablen ausführen.

---

[9] Vgl. dazu den Abschnitt über Simulationsverfahren und allgemeine Lösung von theoretischen Systemen aus: *Krupp,* H. J.: Theorie der personellen Einkommensverteilung, a.a.O., S. 145 ff.

[10] Etwa DIN-Blatt 19226, Regelungstechnik — *Geyer,* H. und *Oppelt,* W.: Volkswirtschaftliche Regelungsvorgänge im Vergleich zu Regelungsvorgängen in der Technik, München 1957, S. 9 ff.; *Oppelt* W.: Kleines Handbuch technischer Regelvorgänge, 4. Auflage, Weinheim 1964.

(5) *Regler:* Formal entspricht der Regler einem gewöhnlichen Regelkreisglied, welchem jeweils eine Eingangsgröße X_e (Information) und eine Ausgangsgröße X_a (Handlung) zugeordnet ist:

$$X_e \rightarrow \boxed{} \rightarrow X_a$$

X_a ergibt sich dabei aus der Kennlinie des Regelkreisgliedes; es ist eine Funktion $X_a = f(X_e)$ vorgegeben. Der Regler hat nun eine besondere Aufgabe: An die Stelle der Kennlinie tritt die Führungsfunktion $\Delta = f(X_a, X_e)$, der ein bestimmter Sollwert vorgegeben ist. Wird dieser Sollwert nicht erreicht, so wird die Ausgangsgröße (Stellgröße) dermaßen geändert, daß der Sollwert der Funktion Δ_{Soll} gegeben ist. Der Regler schließt gewissermaßen den Regelkreis, indem er $X_a{}^{(i)}$ wieder in den Regelkreis eingibt und vom Kreis den Wert $X_e{}^{(i)}$ erhält, wonach sich Δ errechnet. Für $\Delta^{(i)} = \Delta_{\text{Soll}}$ wird $X_a{}^{(i+1)} = X_a{}^{(i)}$: Die Stellgröße bleibt konstant. Dagegen wird bei $\Delta^{(i)} \neq \Delta_{\text{Soll}}$ die Stellgröße so verändert, daß $\Delta = f(X_a{}^{(i+1)}, X_e{}^{(i)}) = \Delta_{\text{Soll}}$ gilt.

Der Regler stellt somit die Verbindung zwischen den einzelnen Perioden i dar. Ferner liefert er das Kriterium, wann der Regelprozeß in seine stationäre Phase eingetreten ist.

Beispielsweise würde sich dieser Zusammenhang in dem dynamischen Marktmodell aus 34 (das unten eingehender behandelt wird) so darstellen: Die Sollgröße, die Differenz zwischen Angebot und Nachfrage, soll Null werden.

$$\Delta_{\text{Soll}}\colon A - N = 0 .$$

Tritt dieser Fall in einer Periode i ein, d. h. ist $\Delta^{(i)} = \Delta_{\text{Soll}}$, so bleibt die Stellgröße Preis konstant:

$$X_a^{(i+1)} = X_a^{(i)} \rightarrow p_t = p_{t-1} .$$

Bei $\Delta^{(i)} \neq \Delta_{\text{Soll}}$ wird der Preis jedoch von Periode zu Periode nach Maßgabe der Führungsfunktion

$$\Delta = f(X_a^{(i+1)}, X_e^{(i)}) \rightarrow \Delta_{\text{Soll}}$$

verändert.

Damit leistet der Regler die Verknüpfung der Zeitperioden.

Im folgenden werden wir ein Makro- und ein Mikromodell jeweils in seiner interdependenten und rekursiven Struktur in einem Regelkreis abbilden, um eine Entscheidung über den kybernetischen Charakter und die Simulierbarkeit der Modelle zu treffen.

Zunächst das Makromodell aus Kapitel 2:

Interdependent:

(1)

$$C = f(Y)$$
$$I = \bar{I}$$
$$Y = I + C \quad \text{(Gleichgewichtsbedingung)}$$

Rekursiv:

(2)

$$C = f(Y)$$
$$I = \bar{I}$$
$$B = Y - C - I$$
$$Y^* = g(X)$$

Interdependentes Modell im Regelkreis:

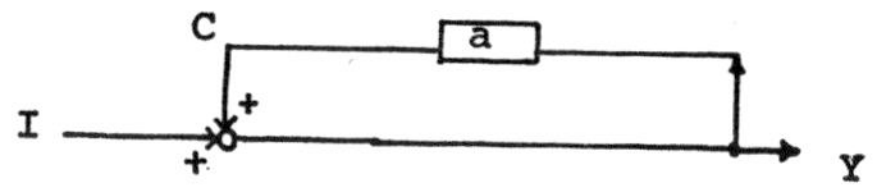

a = Konsumneigung

Rekursives Modell im Regelkreis:

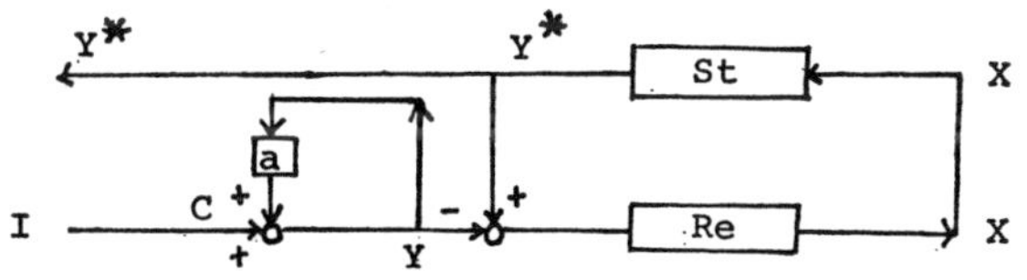

St = Strecke
Re = Regler
X = Stellgröße

Der Regelkreis des interdependenten Modells stellt keine Regelung, sondern eine Steuerung dar. Die autonome Investition I wird in das Volkseinkommen Y transformiert. Man kann versuchen, dieses Steuerungssystem in eine Regelung umzuwandeln, indem man die Investition I „endogenisiert", m. a. W. den Interdependenzgrad des Modells weiter erhöht. Die Gleichgewichtsbedingung des Modells ($Y = C + I$) würde dann ersetzt durch zwei Definitionen für die Entstehung und für die

Verwendung des Volkseinkommens, welche durch eine Gleichgewichtsbedingung verbunden sind[11].

$Y = P + I$ (Entstehung des Volkseinkommens durch die Produktion von Konsum- und Investitionsgütern),

$Y = C + S$ (Verwendung des Volkseinkommens auf Konsum und Sparen),

$P = C$ oder $I = S$ (Gleichgewichtsbedingung).

Die regeltechnische Darstellung dieses Modells mit „endogenisierter“ Investition würde neben der Konsumsequenz des obigen Modells nun noch eine Sparsequenz zur Bestimmung der Investition enthalten:

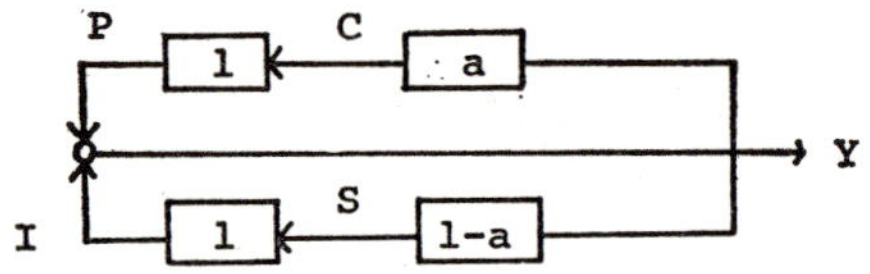

$1 - a$ = Sparneigung
a = Konsumneigung

Dieses Modell ist ein geschlossenes System. Es fehlt eine Eingangsgröße und damit die Manipulierbarkeit. So ist auch der Steuerungscharakter verlorengegangen. Der Modellgehalt wird treffend beschrieben: „Auch die als Verhaltensfunktion angesehene Konsumfunktion führt keine empirische Information in den Zusammenhang ein; sie ist keine Verhaltensfunktion, sondern eine Erweiterung der Identitäten des Modells. Der Modellzusammenhang definiert das Volkseinkommen Y, ohne eine Erklärung — etwa für das Niveau von Y — geben zu können[12].“

Anders bei der Regelkreisdarstellung des rekursiven Systems: Es handelt sich um ein Regelsystem, in dem Y durch X geregelt wird. Diese Variable X kann etwa für die Konsumgüterproduktion P stehen. Während die Investitionen autonom erfolgen, stellen dann die Konsumgüterproduzenten den Regler dar. Sie sollen in jeder Periode genau die Menge an Konsumgütern produzieren, die der tatsächlich konsumierten entspricht. Die Führungsfunktion lautet somit auf einem bestimmten Investitionsniveau $I = \bar{I}$:

$$\Delta = P - C = B = 0 .$$

---

11 Diese Darstellung nach *Kade-Ipsen-Hujer:* a.a.O., S. 23.

12 *Kade-Ipsen-Hujer:* a.a.O., S. 24.

Die Konsumgüterproduzenten werden zu Beginn ($i = 0$) eine Menge P_0 herstellen. Dann wird sich am Ende dieser Periode etwa zeigen, daß $C_0 < P_0$ konsumiert wurde, somit wird die Produktion auf $P_1 = C_0$ herabgesetzt, wonach sich jedoch wieder $C_1 < P_1$ ergeben kann usw.

In diesem Regelkreis lassen sich demnach „Verhaltensfunktionen" für die betroffenen Handlungsobjekte angeben: Konsumgüterproduzenten als Regler, Investitionsgüterproduzenten als exogene Variablen und Konsumenten als gewöhnliches Regelkreisglied.

Anpassungs- und Regelungsvorgänge werden durch Abweichungen vom eingeregelten Zustand ausgelöst. Diese Abweichung kann eintreten durch eine Änderung einer exogenen Variablen, in diesem Falle der autonomen Investition. Im geschlossenen interdependenten Modell fehlt eine derartige Eingangsgröße völlig. Daher wollen wir uns eine Abweichung durch eine Änderung der Störgrößen vorstellen. Bisher haben wir diese Störgrößen nicht berücksichtigt. Es würde sich dabei lediglich um eine Randomisierung der Verhaltensfunktionen der betrachteten Modelle handeln, die dargestellten Regelkreise erhielten (zusätzliche) Eingangsgrößen. Jetzt lassen sich Anpassungsprozesse betrachten. Eine Periodisierung in i Zeitintervalle läßt sich dazu explizit in das rekursive Modell einführen (etwa in der Konsumfunktion: $C = \alpha + \beta Y_{-1} + u$). Im interdependenten Modell spielt die Zeit keine Rolle, da sich dieser Automatismus ja sogleich bei einer Änderung der Störgröße ohne Verzögerung auf den Gleichgewichtspunkt einstellt. Genauer: Die Einstellzeit ist kleiner als die Zeit*einheit* des Systems.

Trotz der schließlichen Übereinstimmung der Endpunkte, d. h. dem Gleichgewicht eines interdependenten Systems und dem stationären Zustand eines Rekursivsystems, gibt es daher einen wichtigen Unterschied. Für $I =$ konstant ergibt sich im interdependenten System das Gleichgewicht nach $Y_t = Y_t (I_t)$, während sich im rekursiven System der stationäre Zustand nach $Y_t = Y_t (Y_{t-1}, I_t)$ einstellt. Hier liegt demnach eine dynamische Entwicklung vor, weil $Y = f(t)$ ist.

Damit haben sich zwei wichtige Merkmale der rekursiven Modelle in der Regelkreisinterpretation gezeigt: Es existiert ein explizit formulierter Regler, der das Verhalten einer bestimmten Gruppe von Wirtschaftssubjekten widerspiegelt. Dies konnten in dem oben betrachteten Makromodell die Konsumgüterproduzenten sein; im nun folgenden mikroökonomischen Marktmodell sind es die Händler, welche den Marktpreis setzen. Zweitens sind die Stell- und Regelgrößen zeitabhängig. Das haben wir im Makromodell für die Regelgröße $Y = f(t)$ angedeutet; im folgenden Mikromodell zeigen wir es für die Stellgröße $p = f(t)$.

Wir wählen zum Vergleich interdependenter und rekursiver Mikromodelle das Marktmodell aus Abschnitt 3.4:

Interdependent:

(3)
$$A = f_1(p)$$
$$N = f_2(p)$$
$$A = N \rightarrow p = p^*$$

Rekursiv:

(4)
$$A_t = f_1(p_{t-1})$$
$$N_t = f_2(p_t)$$
$$p_t = p_{t-1} + \gamma (N_{t-1} - A_{t-1})$$

Intendependentes Modell im Regelkreis:

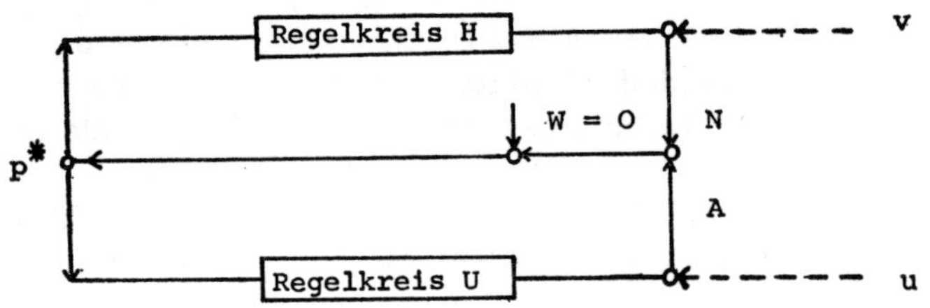

U = Unternehmen,
H = Haushalte,
$W = 0$ (Sollwertbedingung, die sich aus der geforderten Identität zwischen Angebot und Nachfrage herleitet. $W = 0$ gilt per Definition).

Dies ist eine vereinfachte Skizze der Regelkreisdarstellung des gesamten Wettbewerbsmodells, bei welchem neben den hier angegebenen Marktmechanismus noch detailliertere Darstellungen der Regelkreise für die Haushalte und die Unternehmen treten[13].

Bei der Betrachtung der Regelkreise gelangt man auch hier zu dem Ergebnis: Das interdependente Modell ist nicht realisierbar. Es handelt sich um einen zeitlosen Automatismus ohne Eingangsgrößen. Hier trifft das Gleiche zu, was oben über das entsprechende Makromodell gesagt wurde.

---

13 Vgl. *Kade-Ipsen-Hujer:* a.a.O., S. 19.

Rekursives Modell im Regelkreis:

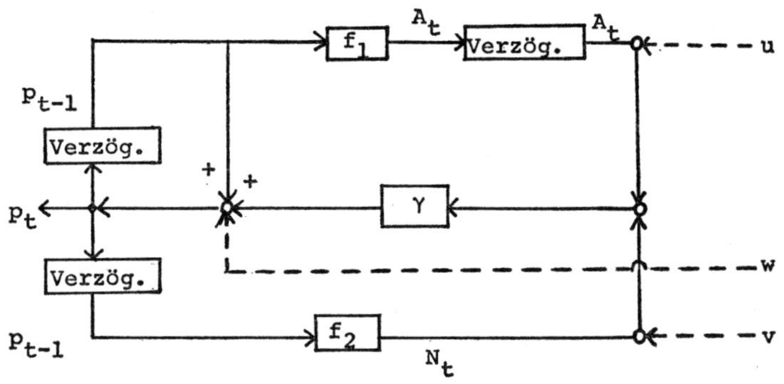

Im rekursiven Modell wird die Gleichgewichtsbedingung $A = N$ zur Führungsgröße, d. h. gefordert wird

$$\frac{dp}{dt} \to 0\,,$$

die Anpassung auf einen Gleichgewichtspreis p^*. Wichtig ist, daß alle Rückkopplungsschleifen im rekursiven Modell um eine Zeiteinheit verzögert sind. Damit ist einer zeitgerichteten Stimulus-Response-Beziehung Genüge getan: Das Modell ist realisierbar und simulierbar. Die Simulation ergäbe in diesem Falle also Zeitwerte der Variablen, die die Entwicklung des Regelprozesses anzeigen. Die „Simulation" eines interdependenten Modells von obigem Typ hingegen bedeutete nicht anderes als die Lösung eines simultanen Gleichungssystems, wobei diese Lösungswerte den Gleichgewichtsbedingungen genügen.

Diese Zeitverzögerung in den Rückkopplungsschleifen hat eine besondere Bedeutung, wenn wir die Verhaltensgleichungen der beiden Modelle randomisieren, also ökonometrische Modelle bilden. Etwa:

(3a)
$$A = \alpha\, p + u$$
$$N = \beta\, p + v$$
$$A = N$$

und

(4a)
$$A_t = \alpha\, p_{t-1} + u$$
$$N_t = \beta\, p_t + v$$
$$p_t = p_{t-1} + \gamma\,(N_{t-1} - A_{t-1}) + w$$

Die Störgrößen sind in den Regelkreisdarstellungen gestrichelt eingezeichnet. Jetzt zeigt sich, daß die Störgrößen (Zufallsvariablen) im rekursiven Modell gleichfalls verzögert sind und somit nicht durch die zeitentsprechende Schleife rückgekoppelt werden. Das ist hier im Regelkreis das Pendant zu der Voraussetzung der Unabhängigkeit von Zufallsterm und erklärenden Variablen für die statistische Schätzung mit der Kleinstquadratmethode.

Überdies zeigt sich der explizite Charakter der Reglerbeziehung im rekursiven Modell (neben der Interpretationsmöglichkeit der Preisanpassungsgleichung als Verhaltensfunktion der Händler, die zu den Konsumenten und Produzenten als handelnde Wirtschaftssubjekte treten) auch daran, daß die „Regelfunktion" für die Preisstellung gleichfalls mit einer Störgröße behaftet ist. Im interdependenten Modell hingegen tritt die Sollwertbedingung nicht als eine dynamische Beziehung $p_t - p_{t-1} = 0$ oder $\frac{dp}{dt} \rightarrow 0$ auf, sondern $W = 0$ ist eine rein formale Sollwertbedingung: „In W äußert sich also nicht ein Faktor der Umwelt [daher ist es keine eigentliche Eingangsgröße, obwohl es formal so scheint], der auf das System einwirkt, sondern eine logische Konsequenz aus der der Neoklassik eigenen Sicht des Wirtschaftsprozesses[14]."

Ziehen wir aus diesen Darlegungen das Fazit hinsichtlich der Frage nach der prinzipiellen technischen Realisierbarkeit der untersuchten ökonometrischen Systemtypen. Es war m. a. W. die Frage danach, inwieweit sich die vorgefundenen mathematisch formulierten Modelle in den kybernetischen Modelltyp überführen lassen.

Eines ist dabei ganz klar geworden: Rekursive Modelle erfüllen die Anforderungen der kybernetischen Betrachtungsweise. Damit sind sie in ihrer Strukturform einer Simulation auf dem Elektronenrechner zugänglich. Tatsächlich ist es so, daß ökonometrische Modelle, für welche eine derartige Simulation vorgesehen ist, von Anfang an in rekursiver oder zumindest block-rekursiver Form entworfen werden[15]. Rekursive Modelle stellen hier keine Probleme; sie sollen uns daher auch nicht weiter beschäftigen.

---

14 *Kade-Ipsen-Hujer:* a.a.O., S. 19.

15 Das repräsentative Beispiel dafür ist das z. Z. größte ökonometrische Modell, ein Vierteljahresmodell für die USA: The Brookings Quarterly Econometric Model of the United States, hrsg. von *Duesenberry-Fromm-Klein-Kuh,* Chicago — Amsterdam 1965. Vgl. insb. den Beitrag von *Holt,* Ch. C., Validation and application of macroeconomic models using computer simulation, S. 637—652. Vgl. zum Problem Simulation und Rekursivität auch *Krupp,* H. J.: Econometric Analysis of Tax Incidence, Beitrag zur Konferenz „The Use of Quantitative Analysis in Public Finance", Turin, September 1968, Manuskript S. 21.

Wie sieht es hingegen mit den interdependenten Modellen aus? Eine Kategorie von interdependenten Modellen genügt offensichtlich nicht den kybernetischen Modellkriterien: Es sind die statischen interdependenten Modelle, welche in unserer Darlegung durch ein mikroökonomisches Marktmodell vertreten waren. Dieses Modell erwies sich als ein Automatismus[16], als ein geschlossenes System ohne Verbindung mit der Umwelt[17]. Die Gleichgewichtsbedingung forderte eine sofortige Anpassung, der Zeitfaktor blieb unberücksichtigt. Damit zeigt sich nirgendwo ein Ansatzpunkt für eine kybernetische Analyse, d. h. für eine Simulation dieses Modelltyps[18]. Simulation bedeutet hier lediglich die Lösung eines simultanen Gleichungssystems. Auch das untersuchte interdependente Makromodell scheint für eine Simulation ungeeignet, da gleichfalls nur statische Relationen angesprochen sind.

Anders sieht es bei dynamischen interdependenten Modellen aus. Hier läßt sich der Zeitverlauf des Modells sehr wohl simulieren. Zwar ist die Anforderung nach prinzipieller physischer Realisierbarkeit (5.1.1) grundsätzlich nicht erfüllt. Eine simultane Interdependenzbeziehung genügt eben nicht der Anforderung nach geordnetem Ablauf des Stimulus-Response-Mechanismus. Insofern bleibt die unmodifizierte Strukturform eines interdependenten ökonometrischen Modells einer Simulation verschlossen. Allerdings bieten interdependente Modelle der kybernetischen Simulation einen anderen lohnenswerten Zugang: Die dynamischen Eigenschaften eines solchen Modells, d. h. die Zeitpfade der endogenen Variablen lassen sich immerhin simulieren. Das kann gar nicht verwundern, denn dazu wird die interdependente Modellstruktur ja so umgeformt, daß eine gleichsam „rekursive“ Struktur der endogenen Variablen untereinander erzeugt wird (vgl. die formale Darstellung unter 5.3.3). Dann kann eine kybernetische Analyse ansetzen. Diese Möglichkeit ist zu begrüßen. Damit kann man nämlich eine wichtige Frage bei der Bildung interdependenter Modelle untersuchen: Die Rolle der Gleichgewichtsbedingungen. Eine formal-kybernetische Analyse hat bereits ergeben:

„Schließlich kann als gemeinsames Ergebnis der wissenschaftstheoretischen und systemanalytischen Untersuchung festgehalten werden, daß der fehlende empirische Gehalt der Modellaussagen daraus zu erklären ist, daß die systeminterne Struktur das wirtschaftliche Verhalten unspezifiziert läßt. So mußten im Wettbewerbsmodell die

---

16 *Kade-Ipsen-Hujer:* a.a.O., S. 31.

17 Wenn wir von einer Randomisierung absehen.

18 Sicherlich ist ein solches Modell einer „kybernetischen Analyse“ zugänglich, wenn man in erster Linie auf den Systemaspekt abstellt. Gerade hier liegt ja auch ein Verdienst der Arbeit der Darmstädter Forschungsgruppe. Diese Analyse zeigt aber wiederum die Unmöglichkeit einer kybernetischen Betrachtung, wie wir sie hier verstehen, nämlich einer simulativen.

Reglerfrequenzgänge unspezifiziert eingeführt werden, nicht weil die neoklassische Darstellung des Wettbewerbssystems darauf verzichten könnte, eine Anpassung als Reaktion von Entscheidungsträgern aufzufassen, sondern weil sich in dieser Darstellung wirtschaftliches Verhalten allein in der empirisch leeren Maximierungsforderung ausdrückt. Entsprechendes gilt für die makroökonomischen Kreislaufmodelle, in denen die interne Struktur zunächst über eine Aggregation ausgeschaltet wurde und anschließend auf der Makroebene durch Relationen ersetzt wurde, die schwerlich als Verhaltensfunktionen interpretiert werden können, sondern vielmehr als normative Anforderungen an das wirtschaftliche Verhalten anzusehen sind, die erfüllt sein müssen, um die Konsistenz mit einer vorgegebenen Gleichgewichtsbedingung zu gewährleisten. An die Stelle von Verhaltenshypothesen treten logische Bedingungen[19]." Es wird zu prüfen sein, wie sich ökonometrisch geschätzte interdependente Modelle in dieser Hinsicht verhalten.

Damit ist der Untersuchungsgang skizziert: Die Frage rekursive vs. interdependente ökonometrische Modelle ist hinsichtlich ihrer kybernetischen Modelleigenschaften und damit hinsichtlich ihres Verhältnisses zur Simulation klar geworden und auch in der Praxis schon entsprechend beantwortet. Wir wissen aber, welche entscheidende Bedeutung den Gleichgewichtsbedingungen bei der Untersuchung der Dichotomie dieser Modelltypen einzuräumen ist. Somit wird eine Analyse der Rolle der Gleichgewichtsbedingungen mittelbar auf das Hauptproblem unserer Arbeit Bezug nehmen. Unmittelbar greifen wir damit jedoch jene Problemstellung auf, welche in der systemorientierten Analyse wirtschaftstheoretischer Modelle schon vorbereitet ist. Kann die Konfrontation solcher Modelle mit der Realität, kann die Spezifikation der Strukturgleichungen durch ökonometrische Schätzung diese Thesen widerlegen? Darauf soll eine kybernetische Simulationsuntersuchung Antwort geben.

5.3 Kybernetische Analyse der Struktur interdependenter ökonometrischer Modelle

5.3.1 Prediktiver Test und Simulationstest

Ökonometrische Modelle können grundsätzlich auf zweierlei Weise getestet werden: Durch Verfahren, welche lediglich das zur Schätzung verwendete Datenmaterial berücksichtigen, und durch solche, die neue,

---

19 *Kade-Ipsen-Hujer*, a.a.O., S. 34.

bei der Schätzung noch nicht bekannte oder nicht einbezogene Daten den Vorhersagewerten dieser Modelle entgegensetzen. Diese letztere Methode nennen wir den prediktiven Test. Genauer wird hier nicht das Modell, sondern eine genau bestimmte Ausprägung des Modells getestet, nämlich seine geschätzte Struktur[20].

"It is often said that the acid test of an econometric model or equation is its ability to predict data that were not used in its construction and estimation[21]." Christ schließt sich dieser Meinung an und weiß sie wohl zu begründen. Einer der stärksten Verfechter prediktiver Tests in der Ökonometrie ist Herman Wold. Sein Hinweis auf die Wichtigkeit solcher Tests leitet sich aus grundsätzlichen Überlegungen her. Seit einiger Zeit hat er mit Nachdruck den nichtexperimentellen Charkter der ökonometrischen Forschung und die damit einhergehende Beurteilung der zu verwendenden statistischen Techniken hervorgehoben[22]. Die große Wertschätzung, welcher sich nichtprediktive statistische Tests in der Ökonometrie noch erfreuen, ist danach in der hohen Leistungsfähigkeit der „klassischen" Statistik (nach Fisher und Neyman) bei experimentellen Situationen begründet. Die Kontrollierbarkeit dieser Situationen gewährleistet, daß sich zwischen dem Datenmaterial, welches zur Konstruktion und Schätzung des statistischen Modells diente, und eventuell darüber hinaus experimentell erzeugten Daten wenig tiefgehende Unterschiede zeigen. Der Test kann sich also auf das Ausgangsmaterial an Daten beschränken. Nicht so in der Ökonometrie: Die Leistungsfähigkeit eines ökonometrischen Modells erweist sich gerade bei seiner Konfrontation mit neuen, nicht experimentell erzeugten Daten.

Wie gestaltet sich nun der Ablauf eines prediktiven Tests? Vorhersagen werden von Periode zu Periode getroffen und dann mit den wirklich eintretenden Ergebnissen verglichen. Die endogenen Variablen werden also prognostiziert. Grundlage dieser Prognose sind die Koeffizientenmatrizen, vorgegebene exogene und verzögert-endogene Variablen. Während exogene Variablen entweder extrapoliert oder — wenn es sich dabei gleichzeitig um Instrumentvariablen handelt — aus bestimmten Gründen als bekannt vorgegeben werden (x_t), handelt

---

[20] "When the values of all the structural parameters in a set of structural equations are specified, the resulting set of equations becomes a structure ... a set of structures will be called a model if all the structures in the set are alike in these three respects: the number of equations, the lists of endogenous and exogenous variables, and the list of variables that appear in each equation." *Christ*, C. F.: Econometric Models and Methods, New York 1966, S. 21.

[21] *Christ*, C. F.: a.a.O., S. 546.

[22] Vgl. dazu *Meißner*, W.: Die Problematik der Regressionsanalyse a.a.O.

es sich bei der anderen Gruppe der vorherbestimmten Variablen, bei den verzögert-endogenen, meist bereits um beobachtete Datenwerte (y_{t-1}, y_{t-2}, ...). Sodann wird der Vektor der endogenen Variablen (y_t) berechnet, die Prognosewerte. Dieser Vorgang wiederholt sich von Periode zu Periode:

Prediktiver Test

Ökonometrisches Modell:

$$y_t = By_t + B^*y_{t-1} + Gx_t + u_t$$

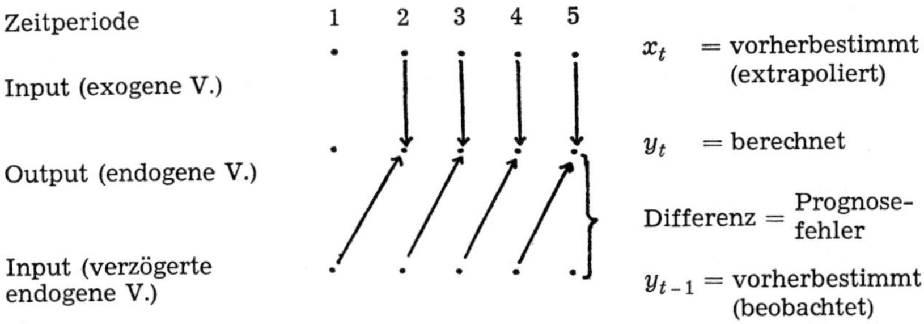

B, B^*, G = konstant

Cohen und Cyert schreiben: "Any lagged variables of the endogenous variables are, in effect, treated as exogenous variables. They are assumed to be predetermined by outside forces rather than by earlier applications of the mechanisms specified in the model. Hence, the output of econometric models is the determination of the values of the endogenous variables for a given time period. To determine these values for the next period, new values would have to be assigned to the lagged endogenous variables. For this reason, most econometric models should be regarded as determining the changes which take place in the world from one period to another[23]."

Durch die in jeder Periode neu von außen hinzutretende Information in Form der beobachteten verzögert-endogenen Variablen wird der Output des Modells, der Vektor der prognostizierten endogenen Variablen immer aufs Neue korrigiert. Die eigentliche Modellstruktur kommt somit bei einem prediktiven Test nicht gänzlich zur Entfaltung.

Nun spricht nichts dagegen, ein dynamisches ökonometrisches Modell so zu behandeln, daß es gegen solche zusätzliche Information abge-

---

[23] *Cohen*, K. J., und *Cyert*, R. M.: Computer Models in Dynamic Economics, Quarterly Journal of Economics, LXXV, 1961, S. 118—119.

schlossen wird. Man behandelt es als Prozeßmodell[24], und dieser unterschiedliche Ansatz bezieht sich in erster Linie auf die Behandlung der endogenen Variablen. Diese werden jetzt nicht mehr von Periode zu Periode von außen eingegeben, sondern werden jeweils aus dem System selbst heraus erzeugt, der Output der Vorperioden wird zum Input der laufenden Periode. Die Untersuchung ökonometrischer Modelle nach diesem Rezept nennen wir Simulationstest.

Simulation

Ökonometrisches Modell:

$$y_t = By_t + B^*y_{t-1} + Gx_t + u_t$$

Zeitperiode

Input (exogene V.) — y_{t-1} = berechnet

Output (endogene V.) — y_t = berechnet

Input (exogene V.) — x_t = vorherbestimmt (extrapoliert)

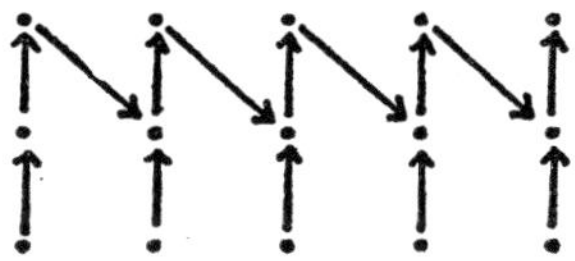

B, B^*, G = konstant

Es ist offensichtlich, daß jetzt die Entwicklung des Systems ausschließlich durch seine Struktur bestimmt wird, unbeeinflußt von „störender“ Außeninformation. So bemerken Fromm und Taubman lapidar zu solchen Simulationstests: „These tests are of a purely structural nature[25].“ Wir befassen uns mit ökonometrischen Modellstrukturen, die wir einer kybernetischen Analyse unterziehen. Der Simulationstest ist daher das geeignete Verfahren.

5.3.2 Beispiel: Die Simulation des Klein-Goldberger-Modells durch Adelman und Adelman

Die häufig zitierte Studie von Adelman und Adelman[26] gibt ein Beispiel für einen Simulationsansatz zur Untersuchung eines ökonometrischen Modells im Gegensatz zum Test eines solchen Modells durch

---

[24] Vgl. *Meißner,* W.: Oligopolanalyse im Rahmen eines allgemeinen Handlungsmodells, Berlin 1965, S. 124 ff.

[25] *Fromm,* G. und *Taubman,* P.: Policy Simulations with an Econometric Model, Amsterdam 1968, S. 25.

[26] *Adelman,* I. und *Adelman,* F. L.: The Dynamic Properties of the Klein-Goldberger Model, Econometrica, 27, 1959, S. 597—625.

Vorhersage von Variablenwerten auf der Grundlage geschätzter Koeffizienten.

Der Ausgangspunkt für diese Untersuchung war die Frage, ob das Klein-Goldberger-Modell geeignet sei, den realen Konjunkturablauf der US-Wirtschaft wiederzugeben. Gefragt wird nach der Fähigkeit des Modells, aus sich heraus Konjunkturzyklen ähnlich denen der amerikanischen Volkswirtschaft zu erzeugen. Diese Fähigkeit läßt sich an den „dynamischen Eigenschaften" des Modells ablesen. Gerade zur Erforschung dieser Eigenschaften wird es notwendig, von der üblichen Praxis bei prediktiven Tests abzugehen und eben nicht bereits beobachtete Werte (exogene oder verzögert-endogene) für eine von Jahr zu Jahr fortschreitende Prognose in das Modell einzubringen. Vielmehr wird es nun notwendig, die vom Modell erzeugten Werte aus vorangegangenen Perioden als Input-Werte für die jeweils neue Periode, deren Variablenwerte berechnet werden sollen, einzusetzen. Damit hebt sich auch die Adelman-Studie von früheren Versuchen ab: "First of all, the fact that Klein and Goldberger used observed quantities as inputs for their annual forecasts, rather than values generated by the model from earlier data, prevented them from studying, at the same time, the type of dynamic paths which would be traversed by the system in the absence of external interference[27]."

Die Autoren gehen so vor, daß die exogenen Variablen linear extrapoliert werden und zusammen mit den berechneten verzögert-endogenen Variablen in das leicht modifizierte Klein-Goldberger-Modell eingegeben werden[28]. Sodann wird eine simultane Lösung für dieses Gleichungssystem errechnet. Dieses Verfahren wird über 100 Perioden wiederholt.

Das Ergebnis: Das Modell, d. h. die Werte der endogenen Variablen, entwickelt sich linear, genauso wie die vorgegebene linear extrapolierte Zeitreihe der exogenen Variablen, wenn die stochastischen Merkmale unberücksichtigt bleiben. Die Konjunkturzyklen sind somit auf diese Weise nicht zu erklären. Vielleicht gelingt es unter Zuhilfenahme der Zufallstermen des Systems? Immerhin gibt es für diese Vermutung Anhaltspunkte[29]. Das abgebildete Wirtschaftssystem ist also in seiner Struktur stabil, die Konjunkturzyklen sind auf Zufallsschwankungen zurückzuführen.

---

[27] *Adelman* und *Adelman:* a.a.O., S. 597.

[28] Das Modell enthält jetzt 22 statt 25 simultane Gleichungen mit ebenso vielen endogenen Variablen.

[29] Vgl. *Frisch,* R.: Propagation Problems and Impulse Problems in Dynamic Economics, Economic Essays in Honor of Gustav Cassel, London 1933, S. 171 bis 205. Slutsky formulierte diesen Gedanken bereits 1927. E. *Slutsky:* The Summation of Random Causes as the Source of Cyclical Processes, Econometrica, 5, 1937, S. 105—146. Übersetzung des russischen Artikels von 1927.

Die Autoren Adelman formulieren ihre These so: "... one may hold that, so the extent that the behavior of this system constitutes a valid qualitative approximation to that of a modern capitalistic society, the observed solution of the Klein-Goldberger equations implies that one must look elsewhere for the origin of business fluctuations. Under the latter assumptions, cyclical analysis would be limited to an investigation of the reaction of the economic system to various pertubations. And, since the Klein-Goldberger model does present a more or less detailed description of the interactions among the various sectors of the economy, it could itself be utilized in the examination of the mechanism of response to shocks. Actually, as we shall see, exploitation of the latter alternative can prove extremely profitable[30]."

Tatsächlich zeigt sich die Untersuchung dieser Hypothese als sehr nützlich. Die Einführung von Zufallsabweichungen vom Typ II (Zufallsterm in den einzelnen Gleichungen)[31] resultiert in einem oszillatorischen Modellverhalten, dessen Zyklen gute Übereinstimmung mit dem tatsächlich registrierten Konjunkturverlauf der US-Wirtschaft aufweisen.

Damit schließt die Untersuchung der Autoren Adelman. Hier setzt unsere Frage ein. Zunächst haben wir festzustellen, daß diese Simulationsstudie die Modellstruktur und die statistisch geschätzten Koeffizienten des Klein-Goldberger-Modells unbefragt übernahm. Das konnte bei dem anvisierten Untersuchungsziel auch nicht anders sein, es ging ja eben um die Simulation dieses Modells. Wir beschäftigen uns in dieser Arbeit aber gerade mit den Strukturen ökonometrischer Modelle. Das hier vorgefundende Ergebnis eines stabilen Modells, welches die Stabilität des dahinter stehenden Realitätsausschnittes zu bestätigen scheint, kann für uns nur die Anregung zu der tiefergehenden Frage bedeuten: Wodurch wird diese Stabilität in das Modell getragen? Wir wissen aus Stabilitätsuntersuchungen der dynamischen Wirtschaftstheorie, daß die Stabilität dynamischer Modelle von den Parameterwerten, von den Werten der „Strukturparameter" in den Verhaltensgleichungen abhängt. Nun, es handelt sich bei dem hier diskutierten Modell um statistisch geschätzte Parameter. Dieser Hinweis auf den Realitätsbezug, der Hinweis auf die „empirically fitted Klein-Goldberger equations" (S. 607), scheint das Modell über jeden Verdacht erhaben zu machen, der sich aus der implizit-apologetischen Rolle solcher Ergebnisse entwickeln könnte. Unsere Vermutung geht dahin, daß die Struktur des Modells den Spielraum der Parameterwerte bei der Schätzung dermaßen bestimmt, daß dadurch bereits die Stabilität im-

[30] *Adelman* und *Adelman*, a.a.O., S. 604.

[31] Typ I berücksichtigt Zufallsabweichungen bei der Extrapolation der exogenen Variablen.

pliziert wird. Für eine derartige Beschränkung scheint uns besonders jener Bestandteil ökonometrischer Modelle verantwortlich zu sein, welcher neben die eigentlichen Strukturgleichungen (Verhaltens- und technologische Gleichungen[32]) tritt: Die Definitionsgleichungen. Mit dieser Problemstellung ist der Rahmen unserer Simulationsstudie abgesteckt. Statt uns auf vorgefundene empirisch geschätzte Koeffizienten zu beschränken, werden wir den Einfluß der Modellstruktur auf die dynamischen Eigenschaften untersuchen. Wir werden demnach für verschiedene Modellstrukturen, deren Unterschied gerade in der Behandlung der Definitionsgleichung liegt, die Parameter schätzen, welche die dynamischen Modelleigenschaften bestimmen.

5.3.3 Formalisierung der Problemstellung aus 5.3.2 und Simulation: Der Informationsgehalt ökonometrischer Hypothesen und die Rolle der Identitäten

Nach H. Wold[33] enthält ein kognitives Modell vier Hauptelemente: (1) Bezugsrahmen, (2) theoretisches Element, (3) empirisches Element, (4) Konfrontierung (matching) von (2) und (3).

Der theoretische Teil (Hypothesen) eines solchen Modelles muß in der Weise gebildet werden, daß er mit dem empirischen Teil konfrontiert werden kann (matching). Als Demarkationskriterium, welches derartige empirische sinnvolle Hypothesen von anderen Aussagen (logischer, normativer oder ideologischer Natur) trennte, galt lange Zeit das Prinzip der Verifikation durch Induktion. Popper (1935) hingegen wies nach, daß empirisch sinnvolle Hypothesen dadurch gekennzeichnet sind, daß sie grundsätzlich falsifiziert und damit als ungültig zurückgewiesen werden können. Dieses Prinzip der „Wahrheit auf Widerruf" besagt also: Die Hypothesen müssen prüfbar sein. Es genügt demnach nicht, daß derartige Hypothesen logisch wahr und widerspruchsfrei sind. Die geforderte Prüfbarkeit bedingt eine Eigenschaft der Hypothesen, auf welche wir bei der Untersuchung besonders abzielen: Sie müssen einen gewissen Informationsgehalt haben, d. h. sie müssen bestimmte Realitätszustände ausschließen. Anders ausgedrückt: Nur Aussagen, welche keinen totalen Spielraum haben, lassen sich testen.

---

32 Daß technologische Gleichungen letztlich durch verhaltensrelevante soziale Tatbestände beeinflußbar sind, zeigt H. *Albert* am Beispiel der Produktionsfunktion. *Albert*, H.: Erwerbsprinzip und Sozialstruktur, Zur Kritik der neoklassischen Marktsoziologie, Jahrbuch für Sozialwissenschaft, Band 19, 1968, S. 25.

33 *Wold*, H.: Ends and Means of Scientific Method, With Special Regard to Social Sciences, a.a.O.

In der Wirtschaftswissenschaft ging die Diskussion — von der Klassik bis zum deutschen „Methodenstreit" — darum, ob der empirische oder der theoretische Teil eines Modells mehr betont werden solle. Die Frage nach der Konfrontation wurde weniger eindringlich gestellt. Erst das Forschungsprogramm der Ökonometrie machte die Konfrontation mit der Empirie explizit zum Gegenstand der Bemühung: Die statistische Schätzung verlangt nach Hypothesen, welche empirisch sinnvoll und somit prüfbar sind, d. h. nach Hypothesen mit Informationsgehalt.

Wir wollen den Informationsgehalt als eine Funktion von Identifikationsgrad und Kausalitätsstruktur ökonometrischer Modelle definieren. In Figur 1 wird der Zusammenhang zwischen dem Informationsgehalt des theoretischen Teils eines kognitiven Modells und dem matching-Prozeß dargestellt[34]: Es ist der Zusammenhang zwischen I (*Id, Ks*) und den ökonometrischen Schätzverfahren. Wir gehen aus vom Informationskonzept I (*Id, Ks*), das in der Skizze vorgestellt und erläutert wurde. Dort wurde der Informationsgehalt ökonometrischer Hypothesen von den a-priori-Beschränkungen in den Gleichungen abhängig gemacht[35]. Diese Beschränkungen werden in den Koeffizientenmatrizen ausgedrückt.

Die Messung des Informationsgehaltes der Koeffizientenmatrizen (und damit der in Gleichungsform gekleideten Hypothesen) wurde mit den Mitteln der mathematischen Informationstheorie versucht. Dabei sind wir dem Ansatz gefolgt, den Theil (1967) zur Bestimmung des Informationsgehaltes von Input-Output-Matrizen gewählt hat. Für unsere Problemstellung zeigte sich dieses Vorgehen aber nicht geeignet.

Es erscheint damit nicht möglich, das Konzept I (*Id, Ks*) quantitativ aufzufüllen. An welcher Stelle wäre eine derartige Quantifizierung lediglich supplementär und wo ist sie andererseits notwendig? In dem Gleichungssystem

$$y_t = By_t + Gx_t + u_t \tag{5}$$

werden die beiden Komponenten des hier behandelten Informationskonzepts folgendermaßen in den Koeffizientenmatrizen repräsentiert:

Identifikation: In der (*B, G*)-Matrix, nämlich durch die Verteilung der Null-Elemente in dieser Matrix.

Kausalität: In der *B*-Matrix. Die Gestalt der *B*-Matrix spiegelt die Kausalstruktur des ökonometrischen Gleichungssystems wider. Die Gestalt der *B*-Matrix wird zum Bestandteil

34 Abschnitt 4.1.

35 Vgl. dazu die Ausführungen in 4.1.

der Definition interdependenter und rekursiver Gleichungssysteme. Ist die Matrix subdiagonal, so ist ein wichtiges Merkmal von Systemen mit rekursiver Kausalstruktur gegeben.

Für beide Komponenten des Konzepts I (*Id, Ks*) ist eine qualitative Aussage über ihren Einfluß auf den Informationsgehalt ökonometrischer Systeme möglich. Je höher der Grad der Identifikation[36] und je strenger die Kausalstruktur in einem ökonometrischen System ist, um so höher ist der Informationsgehalt der darin enthaltenen Hypothesen. In der Skizze I (*Id, Ks*) bedeutet das: Je weiter man sich auf einer der beiden Achsen (oder auf beiden) vom Koordinatenursprung entfernt, um so höher ist der Informationsgehalt der Hypothesen eines ökonometrischen Modells[37].

Eine derartige qualitative Aussage ist nicht möglich, wenn man sich der Rolle der Identitäten in einem ökonometrischen Gleichungssystem zuwendet. Sie werden folgendermaßen in den Koeffizientenmatrizen des Modells repräsentiert:

Identitäten, Definitionen, Gleichgewichtsbedingungen:	In der (*B, G*)-Matrix, nämlich durch die Verteilung der Eins-Elemente in der Matrix.

Identitätsgleichungen führen nun ohne Zweifel weitere Beschränkungen in die Koeffizientenmatrizen ein (neben der Verteilung der Null-Elemente). Damit erhöhen sie die Möglichkeiten zur Identifikation des Systems und schließlich auch den Informationsgehalt der aufgestellten Hypothesen. Auf der anderen Seite wurde gezeigt, daß Gleichgewichtsbedingungen in ökonometrischen Systemen die Kausalstruktur beeinträchtigen. In der Skizze I (*Id, Ks*) bewegt sich das System auf der *Ks*-Achse gegen den Koordinatenursprung. Die Einführung von Gleichgewichtsbedingungen in ökonometrische Systeme ist eng verbunden mit der Umwandlung von rekursiven in interdependente Systeme[38].

Die Rolle der Identitätsgleichungen in ökonometrischen Systemen soll mit Hilfe einiger dynamischer Modelle untersucht werden. Wird der Zeitfaktor explizit in ein System eingeführt, so wird damit eine „Entwicklung“ des Systems möglich. Diese Entwicklung wird durch den Zeitpfad der endogenen Variablen dargestellt.

---

36 Vgl. dazu die Argumentation in 4.2.1.

37 Siehe Fußnote 9 auf S. 63.

38 Vgl. dazu die Formulierung eines einfachen Marktmodells als interdependentes System durch Suits und als rekursives System durch Wold. *Wold*, H.: A Case Study of Interdependent Versus Causal Chain Systems, a.a.O., S. 5—25, insb. S. 8 ff.

Zwei Grenzfälle dynamischer Modelle sind denkbar. Zunächst rekursive Modelle, welche nur Verhaltensgleichungen umfassen: Eine Gleichgewichtslage kann das *Ergebnis* der Entwicklung sein. Auf der anderen Seite haben bestimmte Spezialfälle gemischter Modelle (Verhaltensgleichungen und Identitäten kommen vor) die Gleichgewichtslage von vornherein als *Bedingung* inkorporiert. Derartige Gleichgewichtsbedingungen mögen sogar eine Degeneration dynamischer Systeme zu statischen bewirken. Hinsichtlich des Informationsgehaltes sind beide Modelle als entgegengesetzte Grenzfälle anzusehen.

Die meisten ökonometrischen Modelle sind vom gemischten Typ. Sie liegen irgendwo zwischen diesen beiden Extremen. Die Frage nach dem Informationsgehalt ist damit nur schwer zu beantworten. Etwas kommt hinzu: Treten in einem ökonometrischen System Identitäten auf (welche die Verhaltensgleichungen ergänzen), so läßt sich nicht ohne weiteres sagen, ob es sich dabei um Definitionen oder aber um Gleichgewichtsbedingungen handelt. Gesucht wird also ein Verfahren, welches den Informationsgehalt in dynamischen ökonometrischen Modellen unter besonderer Berücksichtigung der Rolle der Identitäten in solchen Modellen feststellt.

Wir wollen diese Aufgabe mit Hilfe eines Simulationsverfahrens lösen. Bei diesem Verfahren wird der Zeitpfad der endogenen Variablen erzeugt, welcher das dynamische Verhalten des Systems repräsentiert[39]. Die errechnete endogene Variable y_t dient dabei als vorherbestimmte Variable zur Berechnung von y_{t+1}. Diese wiederum wird zur Berechnung von y_{t+2} verwendet, und so kann man den Prozeß beliebig weiterführen. Die erste größere Simulationsstudie über ein ökonometrisches Modell war die von Adelman und Adelman (1959).

Formale Darstellung[40]

Man geht aus von einem dynamischen ökonometrischen Gleichungssystem

$$y_t = By_t + B^* y_{t-1} + G^* x_t + u_t \tag{6}$$

[39] Tinbergen bemerkt bereits 1939 zu dieser Problemstellung: "The internal or endogenous movements are only possible if not all the variables relate to the same time unit... One can only get an idea of this type of problem by 'playing' with some of the models." Econometric Business Cycle Research, The Review of Economic Studies, 7, 1939/40, S. 83.

Auch die folgende Untersuchung ökonometrischer Modelle stellt auf die dynamischen Eigenschaften ab: *Hillinger*, C.: Testing Econometric Models by Means of Time Series Analysis, in: *Kuhn*, H. W. und *Szegö*, G. P.: Mathematical Systems Theory and Economics II, Lecture Notes in Operations Research and Mathematical Economics, No. 12, Springer, Berlin usw. 1969, S. 433—440.

[40] *Goldberger*, A. S.: Econometric Theory, New York 1964, S. 374.

(7) $$y_t = (I - B)^{-1} B^* y_{t-1} + (I - B)^{-1} G^* x_t + (I - B)^{-1} u_t$$

$$A = (I - B)^{-1} B^*,$$

$$C = (I - B)^{-1} G^*,$$

$$v_t = (I - B)^{-1} u_t \ ;$$

(8) $$y_t = A y_{t-1} + C x_t + v_t \ .$$

Man verzögert das System um eine Periode und substituiert

(9) $$\begin{aligned} y_t &= A\,(A y_{t-2} + C x_{t-1} + v_{t-1}) + C x_t + v_t \\ &= A^2 y_{t-2} + C x_t + A C x_{t-1} + v_t + A v_{t-1}. \end{aligned}$$

Eine Verzögerung um s Perioden ergibt

(10) $$y_t = A^{s+1} y_{t-s-1} + \sum_{r=0}^{s} H_r x_{t-r} + \sum_{r=0}^{s} A^r v_{t-r} \ ,$$

wobei $H_r = A^r C$.

Zur Bestimmung der dynamischen Eigenschaften des Systems setzt man $s = t - 1$

(11) $$y_t = A^t y_0 + \sum_{r=0}^{t-1} H_r x_{t-r} + \sum_{r=0}^{t-1} A^r v_{t-r} \ .$$

Der Zeitpfad der endogenen Variablen y_t hängt von drei Komponenten ab:

a) von den Ausgangsbedingungen y_0,
b) von dem Zeitpfad der exogenen Variablen x_{t-r},
c) von dem Zeitpfad der Zufallsvariablen v_{t-r}.

Das dynamische Verhalten eines Systems wird durch den Zeitpfad der endogenen Variablen dargestellt. Dabei werden Änderungen der exogenen Variablen[41] oder Zufallsstörungen nicht berücksichtigt. Untersucht wird also lediglich der systematische Teil des Modells. Somit

$$x_{t-r} = 0 \quad \text{und} \quad v_{t-r} = 0 \quad \text{für} \quad r \geqq 0 \ .$$

Man erhält schließlich

(12) $$y_t = A^t y_0 \ .$$

[41] „Da es wenig sinnvoll ist, von Gleichgewichtswerten exogener Variablen zu sprechen, wird der Nationalökonom gewöhnlich nur den Bewegungsraum der endogenen Variablen betrachten." *Kuhn*, H.: Die Struktur quantitativer Modelle, Zur wirtschaftstheoretischen Grundlegung der Ökonometrie, Tübingen 1968, S. 109.

Für die weitere Entwicklung kann man sich eines Theorems der Matrixalgebra bedienen.

$$A = P \Lambda Q\,, \quad \text{wobei} \quad \Lambda = \begin{bmatrix} \lambda_1 & & & & \\ & \lambda_2 & & & \\ & & \cdot & & \\ & & & \cdot & \\ & & & & \lambda_M \end{bmatrix}$$

Diagonalmatrix mit den Eigenwerten in der Hauptdiagonalen

$$\text{und} \quad Q = P^{-1}$$

$$A^2 = P \Lambda Q P \Lambda Q = P \Lambda P^{-1} P \Lambda Q = P \Lambda^2 Q$$

folglich $A_t = P \Lambda_t \Omega$.

Nun ist

$$\Lambda^t = \begin{bmatrix} \lambda_1^t & & & & & & & \\ & \cdot & & & & & & \\ & & \cdot & & & & & \\ & & & \cdot & & & & \\ & & & & \cdot & & & \\ & & & & & \cdot & & \\ & & & & & & \cdot & \\ & & & & & & & \lambda_M^t \end{bmatrix}$$

so daß

$$A^t = \sum_{m=1}^{M} \lambda_m^t R_m\,,$$

wobei $R_m = p_m q'_m$ das Produkt der m-ten Spalte von P mit der m-ten Zeile von Q ist.

Nun substituiert man

$$y = \sum_{m=1}^{M} \lambda_m^t R_m y_0\,. \tag{13}$$

Man kommt also zu dem Ergebnis, daß die dynamischen Eigenschaften des Systems von den Eigenwerten der Matrix A abhängen. Die Stabilitätsbedingung verlangt, daß der absolute Wert eines jeden dieser Eigenwerte kleiner als Eins ist.

Folgende Fälle lassen sich angeben:

a) Jeder positive reelle Eigenwert bewirkt eine monotone Entwicklung.

b) Jeder negative reelle Eigenwert erzeugt eine Komponente, welche alternativ positiv und negativ ist.

c) Jedes Paar komplex-konjugierter Eigenwerte erzeugt Sinus-Schwingungen.

Damit ist der Weg angezeigt, den wir in der folgenden Simulationsstudie zur Bestimmung des dynamischen Verhaltens verschiedener Modelle einschlagen werden.

Drei Möglichkeiten bieten sich zur Durchführung einer solchen Simulationsuntersuchung über das dynamische Verhalten ökonometrischer Systeme an:

(a) Es besteht zunächst die rein formale Möglichkeit, die aus den Koeffizientenmatrizen abgeleitete Matrix A zu variieren. Man könnte also die Eins-Elemente, welche die Identitäten kennzeichnen, beliebig in der A-Matrix verteilen und sodann die Eigenwerte der so abgeänderten Matrizen bestimmen. Ohne eine inhaltliche Interpretation solch formaler Variationen führt dieses Vorgehen aber nicht zu brauchbaren Aussagen.

(b) Man kann zwei oder mehrere verschiedene Modelle wählen, welche Identitätsgleichungen in unterschiedlicher Weise verwenden. Die Koeffizientenmatrizen dieser Modelle werden geschätzt. Sodann werden die Eigenwerte der daraus abgeleiteten A-Matrix berechnet. Ein Beispiel für ein solches Vorgehen, das sich allerdings nur bis zur Schätzung der Koeffizienten erstreckt, ist die Arbeit von Wold (1958)[42].

(c) Man geht von *einem* Modell aus. Die Spezifikation dieses Modells wird sodann variiert. Diese Variation stellt besonders auf das Verhältnis von Strukturgleichungen und Identitäten ab. Schließlich folgt auch hier die Schätzung der Koeffizienten aufgrund des immer gleichen statistischen Datenmaterials und die Berechnung der Eigenwerte.

Wir wählen unter diesen Möglichkeiten den dritten Ansatz (c). Da wir grundsätzlich das gleiche Modell mit denselben Variablen und denselben statistischen Daten beibehalten, sind die Ergebnisse der Simulation miteinander vergleichbar. Das ermöglicht gesichertere Aussagen und bessere Prüfung der oben dargelegten Hypothesen über die Rolle der Identitäten hinsichtlich des dynamischen Verhaltens der Systeme und damit hinsichtlich des Informationsgehaltes der gewählten ökonometrischen Struktur.

Das Modell, das im folgenden den Variationen zugrunde gelegt wird, ist das Modell I, das L. R. Klein in seinem Buch „Economic Fluctuations

---

42 *Wold,* H.: A Case Study ..., a.a.O.

in the United States 1921—1941" beschreibt. Das Modell besteht aus sechs Gleichungen, von denen drei Identitäten sind. Wir verwenden dieselbe Notation wie Klein[43]:

$$
\begin{aligned}
&C = \alpha_0 + \alpha_1 \pi + \alpha_2 \pi_{-1} + \alpha_3 (W_1 + W_2) + u_1 \\
&I = \beta_0 + \beta_1 \pi + \beta_2 \pi_{-1} + \beta_3 K_{-1} + u_2 \\
(14)\quad &W_1 = \gamma_0 + \gamma_1 (Y + T - W_2) + \gamma_2 (Y + T - W_2)_{-1} + \gamma_3 (t - 1931) + u_3 \\
&Y + T = C + I + G \\
&Y = \pi + W_1 + W_2 \\
&\Delta K = I
\end{aligned}
$$

Um die obigen Gleichungen in die allgemeine Form

$$(15)\qquad y = By + Gx + u$$

zu überführen, nehmen wir die folgenden Veränderungen vor[44]:

Wir führen zwei neue Variable ein, die folgendermaßen definiert sind

$$
\begin{aligned}
(16)\qquad &W = W_1 + W_2 \\
&Z = Y + T - W_2 \ .
\end{aligned}
$$

Damit sind die zusammengesetzten Variablen in den Gleichungen (14a) und (14c) eliminiert.

Die Gleichungen (14d—e) schreiben wir

$$
\begin{aligned}
(17)\qquad &Y = - T + C + I + G \\
&\pi = Y - W_1 - W_2 \ .
\end{aligned}
$$

Damit steht in jeder der Beziehungen eine der endogenen Variablen auf der linken Seite.

Schließlich formulieren wir Gleichung (14f) um zu

$$(18)\qquad K = K_{-1} + I \ .$$

---

43 *Klein,* L. R.: Economic Fluctuations ..., a.a.O., S. 68. Siehe dort auch zur Erklärung der verwendeten Symbole.

44 Diese Umformulierung ist notwendig, damit das iterative Fixpunkt-Schätzverfahren angewendet werden kann. Der x-Vektor enthält jetzt die exogenen und auch die verzögerten endogenen Variablen.
Vgl. *Ågren,* A.: The Effect of the Elimination of Identities on the Convergence Properties of the FFP-Method, Manuskript, University Statistical Institute, Uppsala, April 1969.

Nun definieren wir die Variablen y_i (endogene) und x_i (exogene):

$$
(19)\qquad
\begin{array}{lll}
y_1 = C & x_1 = 1 & \\
y_2 = I & x_2 = \pi_{-1} & = y_{5,\,t-1} \\
y_3 = W_1 & x_3 = K_{-1} & = y_{6,\,t-1} \\
y_4 = Y & x_4 = Z_{-1} & = y_{8,\,t-1} \\
y_5 = \pi & x_5 = t-1931 & \\
y_6 = K & x_6 = T & \\
y_7 = W & x_7 = G & \\
y_8 = Z & x_8 = W_2 & \\
 & x_9 = I_{-1} & = y_{2,\,t-1}
\end{array}
$$

Nach dieser Umbenennung und nach einer Umordnung der Variablen in den Identitäten sieht das Modell folgendermaßen aus:

$$
(20)\qquad
\begin{aligned}
y_1 &= \beta_{15}\, y_5 + \beta_{17}\, y_7 + \gamma_{11}\, x_1 + \gamma_{12}\, x_2 + v_1 \\
y_2 &= \beta_{25}\, y_5 + \gamma_{21}\, x_1 + \gamma_{22}\, x_2 + \gamma_{23}\, x_3 + v_2 \\
y_3 &= \beta_{38}\, y_8 + \gamma_{31}\, x_1 + \gamma_{34}\, x_4 + \gamma_{35}\, x_5 + v_3 \\
y_4 &= y_1 + y_2 - x_6 + x_7 \\
y_5 &= -\, y_3 + y_4 - x_8 \\
y_6 &= y_2 + x_3 \\
y_7 &= y_3 + x_8 \\
y_8 &= y_4 + x_6 - x_8
\end{aligned}
$$

Dieses Gleichungssystem ist von der allgemeinen Form der Gleichung (15). Die Matrix B ist dabei

$$
(21)\qquad B = \begin{bmatrix}
0 & 0 & 0 & 0 & \beta_{15} & 0 & \beta_{17} & 0 \\
0 & 0 & 0 & 0 & \beta_{25} & 0 & 0 & 0 \\
0 & 0 & 0 & 0 & 0 & 0 & 0 & \beta_{38} \\
1 & 1 & 0 & 0 & 0 & 0 & 0 & 0 \\
0 & 0 & -1 & 1 & 0 & 0 & 0 & 0 \\
0 & 1 & 0 & 0 & 0 & 0 & 0 & 0 \\
0 & 0 & 1 & 0 & 0 & 0 & 0 & 0 \\
0 & 0 & 0 & 1 & 0 & 0 & 0 & 0
\end{bmatrix}
$$

Die Matrix G wird ähnlich gebildet.

Das Grundmodell Klein I und die daraus entwickelten Variationen sind also von der Form

$$y_t = By_t + Gx_t + u_t \tag{15}$$

und werden aufgrund einer statistischen Zeitreihe mit je 22 Werten geschätzt[45]. Die Schätzung wird mit zwei Verfahren unternommen, mit einem singulären und mit einem simultanen Verfahren. Dies sind einmal die einfache Kleinstquadratmethode und zum anderen die Fixpunkt-Schätzmethode nach H. Wold.

In dieser Form (15) enthält die Matrix G die Koeffizienten der vorherbestimmten Variablen. Zur Bestimmung der dynamischen Eigenschaften des Systems muß die Matrix G aufgespalten werden. Da die Matrix A, deren Eigenwerte über das dynamische Verhalten Auskunft geben, aus der Matrix der endogenen und der verzögerten endogenen Variablen abgeleitet wird, wie oben gezeigt wurde, ist diese Aufspaltung notwendig:

$$A = (I - B)^{-1} B^* \ .$$

Wir spalten G auf in die Matrix G^*, welche die Koeffizienten der exogenen Variablen enthält und in die Matrix B^* mit den Koeffizienten der verzögerten endogenen Variablen.

Damit haben wir zur Berechnung der Eigenwerte wieder folgende Form

$$y_t = By_t + B^* y_{t-1} + G^* x_t + u_t \ . \tag{6}$$

Beschreibung der Modellvarianten

Die Grundstruktur des Modells von Klein wird nun auf verschiedene Weise abgewandelt. Die einzelnen Modellvarianten unterscheiden sich dabei nach der Anzahl und der Art der verwendeten Identitätsgleichungen. Die Identitätsgleichungen werden durch ökonomisch „sinnvolle" Strukturgleichungen ersetzt[46]. Wir geben zunächst die Art der Abänderung in den einzelnen Modellen an. Sodann stellen wir die einzelnen Gleichungssysteme der Modellvarianten dar. Schließlich prüfen wir mit Hilfe der Struktur der B-Matrizen die Systeme auf Interdependenz und Rekursivität.

---

[45] *Klein,* L. R.: a.a.O., S. 135.

[46] Eigentlich müßten die Identitäten (genauer: die Gleichgewichtsbedingungen) durch Anpassungsgleichungen ersetzt werden, wie es bei den Marktmodellen in Abschnitt 3.4 geschah. Das würde jedoch neue Variablen einführen, für welche keine Daten vorliegen, die hier bei der wirklich durchgeführten Schätzung benötigt würden. Daher haben wir Strukturgleichungen formuliert, die Gebrauch von den vorhandenen Daten machen.

Insgesamt haben wir 5 Modellvarianten:

Modell I : Originalform, Modell Klein I.

Modell II : Gleichung 4 des Modells (7) wird abgewandelt, alle anderen Gleichungen bleiben unverändert.

Modell III, 1: Gleichung 5 wird geändert.

III, 2: Gleichung 5 und 3 wird geändert.

Modell IV : Gleichung 4 und 5 wird geändert.

Modell I

Siehe Gleichungssystem (20).

Anzahl der Identitätsgleichungen: 5
Anzahl der verzögerten endogenen Variablen: 5

Modell II:

$$
\begin{aligned}
y_1 &= \beta_{15}\, y_5 + \beta_{17}\, y_7 + \gamma_{11}\, x_1 + \gamma_{12}\, x_2 + v_1 \\
y_2 &= \beta_{25}\, y_5 + \gamma_{21}\, x_1 + \gamma_{22}\, x_2 + \gamma_{23}\, x_3 + v_2 \\
y_3 &= \beta_{38}\, y_8 + \gamma_{31}\, x_1 + \gamma_{34}\, x_4 + \gamma_{35}\, x_5 + v_3 \\
y_4 &= \beta_{41}\, y_1 + \beta_{47}\, y_7 + \gamma_{41}\, x_1 + \gamma_{46}\, x_6 + \gamma_{47}\, x_7 + \gamma_{49}\, x_9 + v_4 \\
y_5 &= -\, y_3 + y_4 - x_8 \\
y_6 &= y_2 + x_3 \\
y_7 &= y_3 + x_8 \\
y_8 &= y_4 + x_6 - x_8
\end{aligned}
\tag{22}
$$

Anzahl der Identitätsgleichungen: 4
Anzahl der verzögerten endogenen Variablen: 6

Modell III, 1:

$$
\begin{aligned}
y_1 &= \beta_{15}\, y_5 + \beta_{17}\, y_7 + \gamma_{11}\, x_1 + \gamma_{12}\, x_2 + v_1 \\
y_2 &= \beta_{25}\, y_5 + \gamma_{21}\, x_1 + \gamma_{22}\, x_2 + \gamma_{23}\, x_3 + v_2 \\
y_3 &= \beta_{38}\, y_8 + \gamma_{31}\, x_1 + \gamma_{34}\, x_4 + \gamma_{35}\, x_5 + v_3 \\
y_5 &= \beta_{51}\, y_1 + \beta_{54}\, y_4 + \gamma_{51}\, x_1 + \gamma_{57}\, x_7 + v_5 \\
y_4 &= y_1 + y_2 - x_6 + x_7 \\
y_6 &= y_2 + x_3 \\
y_7 &= y_3 + x_8 \\
y_8 &= y_4 + x_6 - x_8
\end{aligned}
\tag{23}
$$

Anzahl der Identitätsgleichungen: 4
Anzahl der verzögerten endogenen Variablen: 6

Modell III, 2:

$$
(24)\quad
\begin{aligned}
y_1 &= \beta_{15}\, y_5 + \beta_{17}\, y_7 + \gamma_{11}\, x_1 + \gamma_{12}\, x_2 + v_1\\
y_2 &= \beta_{25}\, y_5 + \gamma_{21}\, x_1 + \gamma_{22}\, x_2 + \gamma_{23}\, x_3 + v_2\\
y_5 &= \beta_{51}\, y_1 + \beta_{54}\, y_4 + \gamma_{51}\, x_1 + \gamma_{57}\, x_7 + v_5\\
y_3 &= y_4 - y_5 - x_8\\
y_4 &= y_1 + y_2 - x_6 + x_7\\
y_6 &= y_2 + x_3\\
y_7 &= y_3 + x_8\\
y_8 &= y_4 + x_6 - x_8
\end{aligned}
$$

Anzahl der Identitätsgleichungen: 5

Anzahl der verzögerten endogenen Variablen: 4

Modell IV:

$$
(25)\quad
\begin{aligned}
y_1 &= \beta_{15}\, y_5 + \beta_{17}\, y_7 + \gamma_{11}\, x_1 + \gamma_{12}\, x_2 + v_1\\
y_2 &= \beta_{25}\, y_5 + \gamma_{21}\, x_1 + \gamma_{22}\, x_2 + \gamma_{23}\, x_3 + v_2\\
y_3 &= \beta_{38}\, y_8 + \gamma_{31}\, x_1 + \gamma_{34}\, x_4 + \gamma_{35}\, x_5 + v_3\\
y_4 &= \beta_{41}\, y_1 + \beta_{47}\, y_7 + \gamma_{41}\, x_1 + \gamma_{46}\, x_6 + \gamma_{47}\, x_7 + \gamma_{49}\, x_9 + v_4\\
y_5 &= \beta_{51}\, y_1 + \beta_{54}\, y_4 + \gamma_{51}\, x_1 + \gamma_{57}\, x_7 + v_5\\
y_6 &= y_2 + x_3\\
y_7 &= y_3 + x_8\\
y_8 &= y_4 + x_6 - x_8
\end{aligned}
$$

Anzahl der Identitätsgleichungen: 3

Anzahl der verzögerten endogenen Variablen: 6

Die Modellvariationen beziehen sich grundsätzlich auf eine Abänderung der Identitätsgleichungen 4 und 5. Diese Identitäten werden durch Strukturgleichungen für das Gesamteinkommen und für den Gewinn ersetzt. Interessant dürfte vor allem die Beobachtung des dynamischen Systemverhaltens dann sein, wenn die Identitätsgleichung 4 abgeändert wird. Diese Identität ist eine Gleichgewichtsbedingung. Sie fordert, daß die gesamtwirtschaftliche Nachfrage gleich dem gesamtwirtschaftlichen Angebot ist. Um die Funktionsweise dieses automatischen Ausgleichsmechanismus klarzulegen, sei an die Diskussion der mikroökonomischen Marktmodelle erinnert[47]. Dort hatten wir gesehen, daß die eigentliche Ausgleichsvariable, nämlich der Preis, fehlte. Erst

---

[47] Siehe Abschnitt 3.4.

durch die Einführung einer expliziten Preisbildungsgleichung in das Marktmodell war der unterstellte Gleichgewichtsmechanismus aufgedeckt und in Frage gestellt worden.

In dem hier vorliegenden makroökonomischen Modell ist die entsprechende Preisvariable, welche für den automatischen Ausgleich sorgt, aufzufassen als der Preis für das Kapital[48]. Der Zins ist also hier die Ausgleichsvariable. Folgt man dieser Interpretation, so gelangt man zur Rechtfertigung der Gleichgewichtsannahme wie sie die Klassik verwendete. Eine andere Möglichkeit liegt darin, die Gleichgewichtsbedingung dieses Modells im Sinne der Keynes-Konzeption als ex-ante-Gleichheit von Sparen und Investieren aufzufassen.

Marschak[49] zeigt, wie die „Identität“ $I = S$ ersetzt werden kann durch eine dynamische Verhaltensgleichung für den Gesamtoutput und damit für das Volkseinkommen.

y = Summe aller Einkommen (ohne Unternehmergewinne),
p = Unternehmergewinne,
i = Investition,
c = Konsum.

Gemeinhin formuliert man die Identität

(26) $$y + p = c + i\,;$$

daher $i = (y + p) - c$.

Sparen wird definiert als

$$s = \text{Einkommen} - \text{Konsum}.$$

Zieht man das von obiger Gleichung ab, so ergibt sich

(27) $$i - s = (y + p) - \text{Einkommen}\ .$$

---

48 „Da es sich bei den Gleichgewichtsbedingungen in der Regel um Gleichsetzungen von Angebots- und Nachfragefunktionen irgendwelcher Art handelt, werden die dadurch endogen werdenden Variablen meist Preise oder preisähnliche Variablen ... sein.“ *Kuhn,* H.: Die Struktur quantitativer Modelle, Tübingen 1968, S. 46.

Die herkömmliche Gleichgewichtstheorie unterstellte gewöhnlich zwei Ausgleichsmechanismen für das Erreichen des Optimalzustandes: Den Anpassungsprozeß einmal über den Preis für den Faktor Arbeit und zum anderen über den Preis für Kapital. Keynes hat sowohl das Lohnsatz- als auch das Zinsargument dieser „Vollbeschäftigungstheoretiker“ entkräftigt. Vgl. dazu: *Robinson,* J.: Marx and Keynes, In: Horowitz, D., (Hrsg.), Marx and Modern Economics, London 1968, S. 103—116, insb. S. 105—106.

49 *Marschak,* J.: Identity and Stability in Economics: A Survey, Econometrica, 10, 1942, S. 61—74.

Daher gilt die Identität

(28) $$i - s = 0$$

oder

(29) $$i - s = p \quad ,$$

je nachdem, ob das Einkommen definiert ist als

(30) $$\text{Einkommen} = y + p$$

oder als

(31) $$\text{Einkommen} = y \quad .$$

Nach der ersten Einkommensdefinition (30) führt jede Verringerung der Investition bei konstantem Konsum und Einkommen y (ohne Unternehmergewinn) wegen Identität (26) zu einer Verringerung dieser Unternehmereinkommen. Dies wiederum führt zu einer gleichen Verringerung des Gesamteinkommens und damit der Sparsumme, da diese gerade als der nichtkonsumierte Teil des Einkommens definiert ist. Damit sind „Übersparen" und „Untersparen" definitionsgemäß unmöglich.

Anders nach der Einkommensdefinition (31). Hier ist die Differenz zwischen Sparen und Investieren als „Über- und Untersparen" gerade gleich den Unternehmergewinnen.

Die Gleichung

$$p = 0$$

ist somit nicht nur eine Identität, sondern eine Gleichgewichtsbedingung. Nach der Definition (29) ist aber p gerade gleich $i - s$, so daß die Gleichgewichtsbedingung auch lautet

$$i - s = 0 \ .$$

Hierin steckt also die Annahme, daß irgendein Prozeß existiert, welcher Unternehmergewinne oder -verluste auf den Nullstand bringt. Man kann p als den Teil des Unternehmergesamteinkommens betrachten, welcher eine Outputsteigerung anregt, wenn p positiv ist und vice versa.

(32) $$d\, y_t / d\, t = f\,(p_{t-\Theta}), f\,(o) = 0, \ f\,(a)/a > 0, \ \Theta > 0 \ ,$$

für jeden Wert für $a = 0$; t ist die Zeit; Θ ist eine Verzögerung.

Sind Θ und f spezifiziert, so wird (32) zu einer dynamischen Verhaltensgleichung, in der sich y und p solange gegenseitig beeinflussen, bis p gleich Null wird. Damit gilt dann

$$dy_t/dt = 0 \ .$$

Dies ist die Gleichgewichtslage, deren Zustandekommen in dem Modell aber nicht näher untersucht wird. Statt dessen wird sie durch die Gleichgewichtsbedingung

$$i = s$$

einfach postuliert. Denn

$$i = s \rightarrow i - s = 0 \rightarrow i - s = p = 0$$
$$\rightarrow dy_t/dt = f\,(\mathrm{o}) \quad \rightarrow dy_t/dt = 0 \ .$$

Diese Deutung der Gleichgewichtsbedingung über die ex-ante-Gleichheit von Sparen und Investieren scheint für die ökonometrischen Makromodelle eher zuzutreffen. Das ist in diesem Zusammenhang aber nicht entscheidend. Sowohl die klassische als auch die Keynessche Konzeption basieren auf der Gleichgewichtsidee. Lediglich die klassische Identifizierung von Gleichgewicht und Optimalität wurde später aufgegeben. In unserer analytischen Fragestellung, die zuerst den Erklärungswert der Modelle im Auge hat, können wir diesen Unterschied vernachlässigen.

Zur Diskussion des Zusammenhanges von Gleichgewichtsbedingung und Interdependenz in der Originalform des hier behandelten Modells (Klein I) verweisen wir auf Kapitel 2. Dort zeigten wir, wie die interdependente Modellstruktur durch Umformulierung der Gleichgewichtsbedingung und durch Hinzunahme weiterer Variablen in eine rekursive umgewandelt werden könnte.

Die hier verwendeten Modellvariationen sind durchweg interdependente Systeme. Allerdings ist der Grad der Interdependenz unterschiedlich. Zur Kennzeichnung des Interdependenzgrades seien die Positionsstrukturen der B-Matrizen (endogene Variable) aller Modellvarianten angeführt (Seite 125). Keine dieser Koeffizientenmatrizen hat die Eigenschaft der Subdiagonalität.

Ergebnisse der Simulation[50]

Bei dem Bericht über die Ergebnisse der Simulation geben wir zuerst die geschätzten Koeffizienten an, sodann die daraus berechneten Eigen-

[50] Gewöhnlich wird bei einer Simulation ein Modell mit gleicher Struktur unter verschiedenen (Rand)bedingungen mehrmals durchgespielt. Wir behandeln hier hingegen mehrere Varianten eines Modells.

Struktur der B-Matrizen

I	1	2	3	4	5	6	7	8
1					×		×	
2					×			
3								×
4	×	×						
5			×	×				
6		×						
7			×					
8				×				

II	1	2	3	4	5	6	7	8
1					×		×	
2					×			
3								×
4	×						×	
5			×	×				
6		×						
7			×					
8				×				

III, 1	1	2	3	4	5	6	7	8
1					×		×	
2					×			
3								×
5	×			×				
4	×	×						
6		×						
7			×					
8				×				

III,2	1	2	3	4	5	6	7	8
1					×		×	
2					×			
5	×			×				
3				×	×			
4	×	×						
6		×						
7			×					
8				×				

IV	1	2	3	4	5	6	7	8
1					×		×	
2					×			
3								×
4	×						×	
5	×			×				
6		×						
7			×					
8				×				

werte. Obwohl die Koeffizientenschätzungen hinsichtlich des Untersuchungszieles nur Zwischenergebnisse darstellen, sind sie deswegen von Interesse, weil zwei verschiedene Schätzverfahren angewendet werden, welche zu teils unterschiedlichen Ergebnissen führen.

Die Koeffizienten

Die Schätzungen wurden mit dem einfachen Kleinstquadrateverfahren (OLS) und modifizierten Verfahren der Fixpunkt-Methode (FP) nach H. Wold durchgeführt[51]. Das FP-Verfahren ist relativ neu und wird gegenwärtig noch erprobt und verbessert[52].

In der Literatur findet man Schätzungen des Klein-Modells I mit fast allen geläufigen Schätzverfahren. Wir vergleichen die Ergebnisse unserer OLS-Schätzung mit der Schätzung von Klein (a.a.O., S. 75) und die Ergebnisse der FP-Schätzung mit der Maximum-Likelihoodschätzung (Klein, a.a.O., S. 68). Maximum-Likelihood- und FP-Verfahren sind beides Full-Information-Methoden. Bei diesem Vergleich der Schätzergebnisse verwenden wir die Notation von Klein. Später werden die Koeffizienten blockweise angegeben und beziehen sich auf die Spezifikationsform, in welcher die einzelnen Modellvarianten detailliert vorgestellt wurden.

Für die Originalform des Klein-Modells ergaben sich für die ersten drei (Verhaltens-) Gleichungen der Modellspezifikation (20) folgende Koeffizienten nach dem OLS- und nach dem FP-Verfahren.

OLS

0,1929	0,7962	16,2366	0,0898
0,4796	10,1257	0,3330	− 0,1117
0,4394	1,4970	0,1460	0,1303

FP

0,0221	0,7938	16,4961	0,2560
0,0891	22,1934	0,6653	− 0,1662
0,4005	2,3852	0,1710	0,1615

Um diese Ergebnisse mit anderen Schätzergebnissen zu vergleichen, wie sie aus der Literatur bekannt sind, verwenden wir die von Klein gewählte Schreibweise seines Modells. Dieser Koeffizientenvergleich bedeutet im Falle der OLS-Schätzung lediglich eine Gegenprüfung unserer Ergebnisse. Die Gegenüberstellung der Koeffizienten der FP-Methode mit den Koeffizienten aufgrund des ML-Verfahrens ist noch aus einem anderen Grunde interessant. Sie bestätigt die Erwartung, daß beide Verfahren als Full-Information-Verfahren zu ähnlichen Ergebnissen führen müssen.

---

[51] Zu diesen Verfahren siehe: *Bodin*, L.: Studies of Explicit and Fractional Fixpoint Estimation of Interdependent Systems, Licentiate thesis, University Statistical Institute, Uppsala 1968 — *Ågren*, A.: The Fractional-Fixpoint Method, Licentiate thesis, University Statistical Institute, Uppsala 1967.

[52] Eine erste umfassende Studie zu diesem Schätzverfahren ist *Mosbaek*, E. J. und *Wold*, H. O.: Interdependent Systems, a.a.O.

Koeffizienten aufgrund unserer OLS-Schätzung

$$C = 16{,}23 + 0{,}19\,\pi + 0{,}80\,(W_1 + W_2) + 0{,}09\,\pi_{-1} + v_1$$
$$I = 10{,}12 + 0{,}48\,\pi + 0{,}33\,\pi_{-1} - 0{,}11\,K_{-1} + v_2$$
$$W_1 = 1{,}50 + 0{,}44\,(Y + T - W_2) + 0{,}15\,(Y + T - W_2)_{-1} + 0{,}13\,(t - 1931) + v_3$$

Koeffizienten nach Klein (a.a.O., S. 75)

$$C = 16{,}43 + 0{,}25\,\pi + 0{,}80\,(W_1 + W_2) + v_1$$
$$I = 10{,}13 + 0{,}48\,\pi + 0{,}33\,\pi_{-1} - 0{,}11\,K_{-1} + v_2$$
$$W_1 = 1{,}50 + 0{,}44\,(Y + T - W_2) + 0{,}15\,(Y + T - W_2)_{-1} + 0{,}13\,(t - 1931) + v_3$$

Die Koeffizienten stimmen also durchweg überein. Lediglich in der Konsumgleichung tritt eine leichte Abänderung deswegen auf, weil wir eine Variable für den verzögerten Einfluß der Gewinne mitgeschätzt haben.

Koeffizienten aufgrund unserer FP-Schätzung

$$C = 16{,}50 + 0{,}02\,\pi + 0{,}79\,(W_1 + W_2) + 0{,}26\,\pi_{-1} + v_1$$
$$I = 22{,}19 + 0{,}09\,\pi + 0{,}67\,\pi_{-1} - 0{,}17\,K_{-1} + v_2$$
$$W_1 = 2{,}39 + 0{,}40\,(Y + T - W_2) + 0{,}17\,(Y + T - W_2)_{-1} + 0{,}16\,(t - 1931) + v_3$$

Koeffizienten aufgrund einer Maximum-Likelihood-Schätzung (Klein, a.a.O., S. 68)

$$C = 16{,}78 + 0{,}04\,\pi + 0{,}80\,(W_1 + W_2) + 0{,}23\,\pi_{-1} + v_1$$
$$I = 17{,}79 + 0{,}23\,\pi + 0{,}55\,\pi_{-1} - 0{,}15\,K_{-1} + v_2$$
$$W_1 = 1{,}60 + 0{,}42\,(Y + T - W_2) + 0{,}16\,(Y + T - W_2)_{-1} + 0{,}13\,(t - 1931) + v_3$$

Auch hier liegt eine weitgehende Übereinstimmung in den Schätzwerten vor. Wir geben jetzt die Koeffizienten der einzelnen Modellvarianten an, so wie sie aus der FP-Schätzung hervorgingen. Dabei werden nach längeren Versuchen die jeweils günstigsten Versionen der FP-Methode eingesetzt.

Modell II

0,1444	0,8008	16,4005	0,1181		
0,1545	24,7540	0,6226	− 0,1810		
0,6220	1,4638	− 0,0424	0,7157		
2,9046	− 1,2391	− 44,6343	− 0,6922	0,2282	0,0159

Modell III, 1

0,1229	0,7866	16,3393	0,1802
0,1281	21,2375	0,6339	– 0,1622
0,3945	2,3093	0,1786	0,1603
– 0,6371	0,8419	7,3648	– 0,5259

Modell III, 2

– 1,6196	4,0295	35,3347	1,4751
0,0226	23,5267	0,7006	– 0,1740
– 1,8021	– 0,0065	28,2088	– 1,2639

Modell IV

0,2307	0,7905	16,2415	0,0650		
0,1770	24,7319	0,6082	– 0,1716		
0,6220	1,4636	– 0,0424	0,7158		
3,5577	– 1,9162	– 54,9841	– 0,3784	0,3335	0,0087
– 1,0096	1,0254	14,6597	– 0,3136		

Die FP-Schätzungen konvergierten also in allen fünf Fällen. Das ist bereits ein befriedigendes Resultat. Die Koeffizienten in den einzelnen Gleichungen der Modellvarianten sind sehr unterschiedlich; es handelt sich um eine Full-Information-Schätzmethode, bei welcher sich die gesamte Systemstruktur auf die Schätzung der Koeffizienten in den Einzelgleichungen auswirkt. Da es sich bei der FP-Methode um ein Verfahren handelt, welches noch in der Entwicklung steckt, werden wir unsere folgenden Berechnungen hauptsächlich auf die Koeffizienten aus der OLS-Schätzung stützen.

Wir führen die OLS-Schätzwerte für die Koeffizienten in den einzelnen Modellvarianten an. Die OLS-Methode ist ein singuläres Schätzverfahren, welches auf die Modellstruktur keine Rücksicht nimmt. Somit genügt es hier, die Koeffizientenschätzwerte für die Verhaltensgleichungen lediglich einmal anzugeben. Die 5 Modellvarianten unterscheiden sich ja nur durch die verschiedene Kombination dieser Verhaltensgleichungen mit den Identitäten.

Es handelt sich also um die Verhaltensgleichungen für y_1, y_2 und y_3 in der Spezifikation (20) des Originalmodells sowie zusätzlich um die neu gebildeten Gleichungen für y_4 und y_5, welche die entsprechenden Identitäten im Originalmodell fallweise ersetzen.

Die Koeffizienten der Variablen auf der rechten Seite in den Gleichungen für y_1 bis y_5 lauten dann in dieser Reihenfolge:

0,1929	0,7962	16,2366	0,0898		
0,4796	10,1257	0,3330	− 0,1117		
0,4394	1,4970	0,1460	1,3024		
0,8014	0,7429	− 10,1941	− 0,8332	− 0,0223	0,3147
− 0,6473	0,8477	7,1979	− 0,4880		

Diese Koeffizienten liegen — zusammen mit den Eins-Koeffizienten der Identitätsgleichungen — den weiteren Berechnungen zugrunde.

Bemerkungen zu den Ergebnissen des FP-Verfahrens

Einige begründete Vermutungen lassen sich zu den Ergebnissen des FP-Verfahrens anstellen, wenn man die Ergebnisse der vergleichenden Simulationsstudien über die Leistungsfähigkeit der gebräuchlichen Schätzverfahren heranzieht. Die FP-Methode taucht zwar in diesen Untersuchungen noch nicht auf[53], da es sich aber um ein Full-Information-Verfahren handelt, könnte man einige Ergebnisse über die Leistungsfähigkeit der Maximum-Likelihood-Methode im Vergleich zur OLS-Methode stellvertretend hinnehmen. Bei diesen Studien zeigte sich immer wieder[54], daß die OLS-Methode zwar verzerrte Schätzwerte liefert, diese Schätzwerte aber eine geringe Streuung aufweisen. Umgekehrt sind die Schätzwerte nach der Full-Information-Methode zwar konsistent, sie sind aber mit einer größeren Streuung behaftet. Überdies ist die Konsistenz als asymptotische Eigenschaft für die ökonometrische Schätzung von begrenztem Wert: "Asymptotic properties are cold comfort for econometricians typically working with small samples data[55]."

Neben Varianz und Erwartungstreue wird bei Simulationsstudien noch ein drittes Maß zur Bewertung der Schätzmethoden herangezogen, welches eine Kombination aus beiden darstellt: Der mittlere quadratische Fehler. Er gibt die Varianz der Schätzwerte um den wahren Wert an (der bei Monte-Carlo-Studien bekannt ist) und ist gleich der Summe von Varianz und quadrierter Verzerrung

$$(33)\qquad \frac{\sum_{i=1}^{N}(\hat{\Theta}_i-\Theta)^2}{N}=\frac{\sum_{i=1}^{N}(\hat{\Theta}_i-\overline{\hat{\Theta}})^2}{N}+(\overline{\hat{\Theta}}-\Theta)^2\ .$$

---

[53] Siehe dazu die Monographie von Mosbaek und Wold, Interdependent Systems, a.a.O.

[54] Vgl. *Johnston*, J.: Econometric Methods, New York-London 1963, S. 275 ff.

[55] Vgl. *Johnston*: S. 275.

Legt man dieses Maß zugrunde, so wird die Verzerrung der Schätzwerte nach der OLS-Methode durch ihre geringe Streuung überkompensiert. Das OLS-Verfahren zeichnet sich danach häufig gegenüber anderen Schätzverfahren aus (vgl. etwa die Studie von Basman, in Johnston, a.a.O., S. 286). Die Ergebnisse derartiger Simulationsstudien haben noch kein endgültiges Urteil über die Güte der verschiedenen Schätzverfahren geliefert. Unsere Studie kann zu diesen Fragen keinen Beitrag leisten, da sie nicht auf diese Problemstellung angelegt war[56]. Hier ist lediglich interessant, daß die OLS-Methode, die wir auch verwendet haben, dabei nicht schlecht abschneidet.

Die nun folgenden Eigenwertberechnungen zur Bestimmung des dynamischen Modellverhaltens stützen sich durchweg auf die OLS-Schätzwerte. Lediglich für die Originalversion werden die Koeffizientenschätzwerte beider Verfahren zugrunde gelegt, um unsere Ergebnisse einigen anderen, aus der Literatur bekannten Resultaten gegenüberstellen zu können.

Die Eigenwerte der aus den Koeffizientenmatrizen abgeleiteten Matrix A

Die Berechnung der Eigenwerte für die Koeffizienten des Klein-Modells in seiner Originalform (Fall I) zeigt für die zugrundeliegenden OLS- und FP-Koeffizienten schon offensichtliche, wenn auch geringe Unterschiede.

Eigenwerte von A aufgrund der OLS-Koeffizienten	Eigenwerte von A aufgrund der FP-Koeffizienten
$\lambda_1 = 0{,}355372$	$\lambda_1 = 0{,}324416$
$\lambda_{2,3} = 0{,}678491 \pm 0{,}401451\, i$	$\lambda_{2,3} = 0{,}791187 \pm 0{,}356596\, i$

Theil und Boot (1962)[57] haben die Eigenwerte für das Klein-Modell errechnet, welches mit Hilfe einer Full-Information-Methode geschätzt wurde. Das Ergebnis ist dort

$$\lambda_1 = 0{,}334\ ,$$
$$\lambda_{2,3} = 0{,}838\,(\cos 0{,}435 \pm i \sin 0{,}435)\,.$$

Diese Werte müssen mit denjenigen verglichen werden, die wir für A aufgrund der FP-Koeffizienten erhalten haben.

[56] Die FP-Schätzwerte für Modell I und Modell III, 1 wurden in einer Monte-Carlo-Studie näher untersucht. Die Ergebnisse zeigen — wie zu erwarten war — für die FP-Schätzwerte eine geringere Verzerrung und eine größere Streuung im Vergleich zu OLS-Schätzwerten. *Ågren,* A.: A Study based on Klein's Model I, Manuskript, University Statistical Institute, Uppsala, Mai 1969.

[57] *Theil, H.* und *Boot,* J. C. G.: The Final Form of Econometric Equation Systems, Review of the International Statistical Institute, Vol. 30, 1962, S. 144.

Ein solcher Vergleich ist aber erst dann möglich, wenn unsere Ergebnisse, die in Form konjugiert komplexer Zahlen vorliegen, umgerechnet und durch Polarkoordinaten dargestellt werden. Man erhält die trigonometrische Form der konjugiert komplexen Zahlen aus ihrer algebraischen Schreibweise nach der Gleichung

$$c + di = \sqrt{c^2 + d^2}\,(\cos R + i \sin R)\,,$$
$$c - di = \sqrt{c^2 + d^2}\,(\cos R - i \sin R)\,.$$

Dabei ist $\cos R = \dfrac{c}{\sqrt{c^2 + d^2}}$ und $\sin R = \dfrac{d}{\sqrt{c^2 + d^2}}$ [58].

Der Ausdruck $\sqrt{c^2 + d^2}$ wird als Absolutbetrag oder Modul bezeichnet. Die Beträge konjugiert komplexer Zahlen sind einander gleich. In unserem Problemzusammenhang sind diese Beträge deshalb von Interesse, weil sie über die Stabilität in der dynamischen Entwicklung der Modelle Auskunft geben:

$\sqrt{c^2 + d^2} > 1$, so explodieren die Schwingungen,

$\sqrt{c^2 + d^2} = 1$, so bleiben die Schwingungen konstant,

$\sqrt{c^2 + d^2} < 1$, so werden die Schwingungen gedämpft und konvergieren schließlich.

Die Periodenlänge der Schwingungen wird angegeben durch 360/R.

Die Eigenwerte, die wir für die Koeffizienten berechnet haben, welche aufgrund der FP-Schätzung bestimmt wurden, lauten in ihrer trigonometrischen Form

$$\lambda_{2,3} = 0{,}867\,(\cos 0{,}454 \pm i \sin 0{,}454)\ .$$

Der Betrag 0,867 garantiert eine gedämpfte Schwingung. Die Schwingungsdauer bestimmt sich aus $360/R$; $R = 24°$, damit ist die Periodenlänge gerade 15.

Auch der Eigenwert $\lambda_1 = 0{,}324$ stimmt mit dem Wert von Theil und Boot ($\lambda_1 = 0{,}334$) recht gut überein. Für unsere Betrachtung ist dieser Wert aber von untergeordneter Bedeutung. Ausschlaggebend ist der Eigenwert, der im Vergleich zu allen anderen entweder den höchsten absoluten Betrag eines reellen positiven oder negativen Wertes einerseits oder den höchsten Absolutbetrag einer konjugiert komplexen Zahl andererseits aufweist. In unserem Falle gilt

$$0{,}867 > 0{,}324.$$

---

[58] Vgl. *Baumol,* W.: Economic Dynamics, a.a.O., S. 197—199.

Somit werden die dynamischen Eigenschaften des Klein-Modells durch die konjugiert komplexen Eigenwerte bestimmt. Der Zeitpfad der endogenen Variablen verläuft in Form einer gedämpften Sinusschwingung mit einer Periodenlänge von 15.

Das ist bei den folgenden Modellvarianten nicht immer der Fall. Wir werden zunächst die Ergebnisse der Eigenwertberechnungen mit den konjugiert komplexen Werten in ihrer algebraischen Form angeben. Sodann dienen diese Werte in ihrer trigonometrischen Form zur grafischen Darstellung des Zeitpfades der endogenen Variablen der einzelnen Modellvarianten.

Die Eigenwerte der A-Matrix, deren Elemente durch die Koeffizienten der einzelnen Modellvarianten bestimmt werden, welche mit Hilfe des OLS-Verfahrens geschätzt wurden. Die konjugiert komplexen Eigenwerte werden in algebraischer und trigonometrischer Form angegeben.

Modell	Eigenwerte (algebraisch)	Eigenwerte (trigonometrisch)
I	$\lambda_1 = 0{,}3554$	
	$\lambda_{2,3} = 0{,}6786 \pm 0{,}4015\,i$	$\lambda_{2,3} = 0{,}7884\,(\cos 0{,}534 \pm i \sin 0{,}534)$
II	$\lambda_1 = -\,0{,}2497$	
	$\lambda_2 = 0{,}2090$	
	$\lambda_{3,4} = 0{,}9808 \pm 0{,}1855\,i$	$\lambda_{3,4} = 0{,}9982\,(\cos 0{,}187 \pm i \sin 0{,}187)$
III, 1	$\lambda_1 = 0{,}9124$	
	$\lambda_{2,3} = 0{,}8306 \pm 0{,}3989\,i$	$\lambda_{2,3} = 0{,}9214\,(\cos 0{,}448 \pm i \sin 0{,}448)$
III, 2	$\lambda_1 \approx 0$	
	$\lambda_{2,3} = 0{,}7795 \pm 0{,}3985\,i$	$\lambda_{2,3} = 0{,}8755\,(\cos 0{,}473 \pm i \sin 0{,}473)$
IV	$\lambda_1 = 0{,}0931$	
	$\lambda_2 = -\,0{,}2399$	
	$\lambda_{3,4} = 0{,}9957 \pm 0{,}1716\,i$	$\lambda_{3,4} = 1{,}010\,(\cos 0{,}171 \pm i \sin 0{,}171)$

Betrachten wir nun die Ergebnisse der Simulation auf dem Hintergrund unserer Fragestellung. Wir konnten nachweisen, daß das Gleichgewichtskonzept die Tendenz zur Konstruktion interdependenter Modelle begünstigt[59]. Aus dieser Feststellung läßt sich zunächst noch keine Folgerung im Sinne einer kybernetischen Analyse rekursiver und interdependenter Modelle ableiten. Dieses Ergebnis bezieht sich ja lediglich auf den Zusammenhang zwischen beiden Modelltypen oder besser auf den Übergang vom einem Typ zum anderen. Aussagen über den Charakter, über Wert und Bedeutung dieser beiden unterschiedlichen Konstruktionen selbst sind so noch nicht zu gewinnen.

[59] Vgl. Kapitel 2 und 3.

Nun wurde bereits in einer informationstheoretischen Analyse versucht, zu Aussagen über die Qualität der beiden Modelltypen zu kommen. Das Informationskonzept I (*Id, Ks*) umfaßte den Gegensatz von rekursiven und interdependenten Modellen in der Dimension *Ks*. Hier konnten wir feststellen, daß sich Gleichgewichtsbedingungen in einer Verschiebung des *Ks*-Wertes auf der Abszisse in Richtung auf den Nullpunkt auswirken — und damit den Informationsgehalt der ökonometrischen Hypothesen verringern. Das Informationskonzept ist jedoch zweidimensional. Daher galt es gleichzeitig zu prüfen, wie die Einführung von Gleichgewichtsbedingungen im engeren und von Identitäten im weiteren Sinne sich in der *Id*-Dimension auswirkt.

Schon hier zeigt sich, daß die Diskussion um die Bedeutung von Identitäten tunlichst nicht losgelöst von dem Systemzusammenhang geschehen sollte, in welchen sie eingebettet sind. Sicherlich kann für Identitäten zutreffen, daß sie die Beschränkungen eines ökonometrischen Systems vermehren und damit seine Identifikation erhöhen. Damit wirkt sich die Einführung von Identitäten nach Maßgabe des Konzeptes I (*Id, Ks*) als Informationszuwachs in den ökonometrischen Hypothesen aus — zumindest in der *Id*-Dimension. Damit aber nicht genug. Die Gesamtauswirkung auf den Informationsgehalt bei der Berücksichtigung von Identitäten, d. h. die Auswirkung in der *Id*- und in der *Ks*-Dimension kann nicht beurteilt werden, ohne daß man sich über die verschiedene Qualität formaler Identitäten Klarheit verschafft. Das aber — die Trennung etwa in Definitionen oder Gleichgewichtsbedingungen — läßt sich nur auf dem Hintergrund des betroffenen Modells entscheiden.

Diese Trennung ist wichtig. Das sei an einer Arbeit illustriert, die sich mit der Rolle von Identitäten in ökonomischen Modellen befaßt[60]. Die wichtigsten Aussagen, die diese Autoren über Identitäten gesammelt haben, seien thesenartig herausgestellt und dann kritisch geprüft:

a) Identitäten fügen nichts zum Verständnis des dem Modell zugrunde liegenden Wirtschaftsmechanismus hinzu (S. 117).

b) Identitäten können in einem Modell schadlos weggelassen werden (S. 119).

c) Identitäten schränken den logischen Spielraum der Hypothesen nicht ein, sie sind somit nichtinformativ (S. 120).

d) Identitäten können dann nützlich sein, wenn es sich um Definitionen handelt. Sie führen eine Art Kurzschrift in das ökonomische Modell ein (S. 122).

---

[60] *Klappholz*, K., und *Mishan*, E.: Identities in Economic Models, Economica 1962, S. 117—128.

e) Die Beziehungen in einem Modell gehören grundsätzlich zwei Typen an: Entweder Verhaltensgleichungen oder Identitäten (S. 121).

f) Die Beziehungen in einem Modell sind entweder empirisch (Verhaltens-, institutionelle, technische Gleichungen und Gleichgewichtsbedingungen) oder Identitäten (S. 126).

Die Autoren machen allerdings schon im Ansatz ihrer Untersuchungen einen Fehler. Die abgeleiteten Thesen sind angreifbar. Sie sprechen lediglich ganz allgemein über *Identitäten*. Lediglich wenn sie den Identitätstyp „Definitionen" ansprechen (These d), können wir ihre Feststellung unterstützen. Tatsächlich haben wir ja bei der Umformulierung des Klein-Modells, welche es der FP-Schätzmethode zugänglich machte (Gleichungssystem 20), von dieser Kurzschrift Gebrauch gemacht.

Ein anderer Identitätstyp „Gleichgewichtsbedingung" wird den empirischen Beziehungen zugeschlagen (These f).

Wir setzen dagegen unsere Thesen:

a_1) Die Beziehungen in einem ökonomischen Modell bestehen aus drei Typen: Strukturgleichungen, Gleichgewichtsbedingungen und Identitäten[61]. Die beiden letzteren sind formal gleich.

b_1) Bestimmte *formale* Identitäten, nämlich Gleichgewichtsbedingungen, sind keine empirischen Beziehungen, sondern sie *ersetzen* gerade derartige empirische Beziehungen (Strukturgleichungen).

Aus a_1) und b_1) ergeben sich unsere nächsten drei Thesen, welche im direkten Bezug zu den Thesen a), b) und c) stehen.

c_1) Bestimmte formale Identitäten fügen nicht nur nichts zum Verständnis des Wirtschaftsmechanismus hinzu, sie erschweren das Verständnis.

d_1) Bestimmte formale Identitäten können nicht schadlos aus dem Modell genommen werden. Sie müssen durch Verhaltensgleichungen ersetzt werden.

e_1) Bestimmte formale Identitäten schränken den Spielraum der Hypothesen ein.

Diese Thesen werden zu begründen sein. Die Rolle der Identitäten ist nicht so problemlos, wie sie nach Klappholz und Mishan zu sein scheint. Bestimmte Identitäten haben ausgesprochene Modellschutzfunktion.

---

[61] Heike und Kade sprechen von hypothetischen (wahrheitsfähigen), normativen und analytischen Sätzen. Zuweilen zählen auch Gleichgewichtsbedingungen zu den hypothetischen Sätzen, meist jedoch handelt es sich um Gleichgewichtsforderungen, die weder als hypothetische noch als analytische Sätze angesehen werden können, sondern normative Sätze sind. *Heike*, H. D. und *Kade*, G.: Methodologische Probleme makroökonomischer Theorien, Konjunkturpolitik, 1968, S. 314—315. Wenn wir von Gleichgewichts*bedingungen* sprechen, meinen wir solche normativen Sätze.

(i) Bei den informationstheoretischen Betrachtungen war die Rolle der Identitäten in ökonometrischen Modellen hinsichtlich ihrer Bedeutung für die involvierten ökonometrischen Hypothesen nicht bestimmbar. Die Simulationsstudie liefert Ergebnisse zu dieser Frage. Wir werden nämlich zuerst die dynamischen Verläufe der verschiedenen Modellvarianten daraufhin untersuchen, ob sich hier Zusammenhänge zwischen den Zeitpfaden der endogenen Variablen und dem Verhältnis von Struktur- und Identitätsgleichungen in den einzelnen Modellvarianten zeigen.

Interessanter aber ist es, nach den Auswirkungen ganz bestimmter Identitätsgleichungen, eben der Gleichgewichtsbedingungen, auf das dynamische Verhalten ökonometrischer Modelle zu fragen. Die Ergebnisse der Arbeit von Adelman und Adelman ließen den Verdacht aufkommen, daß das ihrer Simulationsstudie zugrunde liegende Modell (Klein-Goldberger) in entscheidender Weise degeneriert ist und daher in seinem systematischen Teil nur zu derartigen Trivialaussagen führen kann, zu welchen die Autoren vor der Einführung einer stochastischen Komponente gelangen.

Wenn wir demnach über die Rolle des Gleichgewichtskonzeptes in ökonometrischen Modellen etwas erfahren können, so lassen sich daraus auch Hinweise für die Beurteilung rekursiver und interdependenter Modelle ableiten. Denn: Gleichgewichtsmodelle sind immer interdependente Modelle. Das wird ganz offensichtlich, wenn man statische Modelle betrachtet. Durch die Gleichgewichtsbedingung wird eine Zirkularität in das Modell eingeführt, welche eine Kausalität innerhalb des Modellgefüges ausschließt[62].

Die umgekehrte Zuordnung hingegen ist nicht immer gültig: Interdependente Systeme sind nicht notwendig Gleichgewichtssysteme. Ein naheliegender Grunnd, Interdependenz und Gleichgewicht als voneinander unabhängig zu sehen, könnte in der Tatsache liegen, daß der Gleichgewichtsbegriff sich zuvorderst auf statische Systeme bezieht. Ähnlich argumentiert J. Marschak, wenn er über das Verhältnis von Bestimmtheit und Gleichgewicht eines ökonomischen Systems spricht. (Bestimmtheit bedeutet, daß jede Variable als eine Funktion der Zeit ausgedrückt werden kann): "The implication ... that a determinate system is also an equilibrium does not apply when variables refer to different points of time." Und er fährt fort, indem er sich auf ökonometrische Modelle bezieht, die er folgendermaßen umschreibt:

---

[62] „Das Ursache-Wirkungsverhältnis wird ja gerade durch den zyklischen Zusammenhang relativiert.“ *Reichardt,* H.: Kreislaufaspekte in der Ökonomik, Tübingen 1967, S. 30.

„Dynamic models subject to statistical verifications have usually to be confined to actual values at different points of time[63]."

Der Schluß, dynamische interdependente Systeme hätten aufgrund ihrer dynamischen Struktur eine gänzlich andere Qualität als statische Gleichgewichtssysteme (welche interdependent sein müssen), wäre jedoch voreilig. Wir hatten bereits unsere Vermutung skizziert, daß auch in dynamischen Modellen die Gleichgewichtsbedingungen ganz spezielle Absicherungsfunktionen übernehmen, welche im Extremfall die Reduktion auf ein statisches Gleichgewichtsmodell bewirken können.

(ii) Wie die Positionsmatrizen auf S. 125 zeigen, handelt es sich bei allen Modellvarianten nämlich um interdependente Systeme. Haben wir unter (i) auf das Verhältnis von dynamischen Eigenschaften und Identitätsgleichungen dieser Varianten geschaut, so wollen wir jetzt das Augenmerk darauf richten, wie sich die Modifikation einer ganz bestimmten Identität auf das dynamische Verhalten der einzelnen Modelle auswirkt. Es wurde bereits gezeigt, daß die Gleichung für y_4 in dem Gleichungssystem (20) besondere Beachtung verdient. Tatsächlich ist diese Identität eine Gleichgewichtsbedingung, welche eine oder mehrere Verhaltensgleichungen ersetzt, die gerade die Phänomene zu erklären hatten, welche durch die Identität für y_4 postuliert sind. Wir werden demnach die Simulationsergebnisse im Hinblick auf die Rolle dieser Gleichung für y_4 zu untersuchen haben. Die Gleichung wird in den einzelnen Modellvarianten entweder als Identität belassen oder als Strukturgleichung formuliert.

Ad (i):

Es zeigt sich kein Zusammenhang zwischen den dynamischen Eigenschaften einer Modellvariante und dem zahlenmäßigen Verhältnis von Strukturgleichungen und Identitäten[64].

Ad (ii):

Zwischen der Formulierung der Gleichung für y_4 entweder als Identiät oder als Strukturgleichung einerseits und den dynamischen Eigenschaften der Modellvarianten besteht ein Zusammenhang. Die einzelnen Modellvarianten enthalten die Gleichung für y_4 entweder als Identität oder als Verhaltensgleichung. Das bedeutet, daß in diesen Varianten entweder eine Gleichgewichtsbedingung auftritt oder nicht.

---

[63] *Marschak*, J.: Identity and Stability in Economics: A Survey, a.a.O., S. 61–74.

[64] Dieses Negativattest ergab sich auch bei der Vorbereitung der Simulationsstudie mit anderen Modellvarianten, bei denen zunächst ganz unsystematisch die Anzahl der Identitäten verändert wurde.

Modellvarianten mit Identitätsgleichung für y_4 (Gleichgewichtsbedingung): Fall I; III, 1; III, 2.

Modellvarianten mit Strukturgleichung für y_4: Fall II; Fall IV.

Die grafische Darstellung[65] der Simulationsergebnisse ergibt einen deutlichen Zusammenhang: Die Varianten I, III, 1 und III, 2 zeigen einen stabilen Verlauf. Die Varianten II und IV zeigen einen instabilen Verlauf[66].

Das Ergebnis muß überraschen, denn alle Modellvarianten wurden aufgrund desselben Datenmaterials geschätzt. Dieselben Daten stützen also einmal einen instabilen und zum anderen einen stabilen (und damit erstrebenswerten) Zustand: Die stabile ökonomische Welt wird durch den Modellansatz in die Realität, d. h. in die Datenreihe hineinprojektiert, das damit antizipierbare Ergebnis kann als von der Realität bestätigtes Alibi für die Stabilität der (kapitalistischen) Wirtschaftsordnung interpretiert werden. Charakteristisch für eine solche Haltung dürfte das Fazit sein, das Adelman und Adelman aus den Ergebnissen ihrer Simulationsstudie ziehen. Wir erinnern uns, daß es dabei um die Untersuchung der dynamischen Eigenschaften des Klein-Goldberger-Modells ging. Ein Modell, welches durch eine Gleichgewichtsbedingung konditioniert ist. "... the possibility that the cyclical movements observed in a capitalistic society are actually due to random shocks has been seriously considered by business cycle theorists. The results we have found in this study tend to support this possibility. — For, the agreement between the data obtained by imposing incorrelated pertubations upon a model which is otherwise *non-oscillatory* in character is certainly consistent with the hypothesis that the economic fluctuations experienced in modern highly developed societies are indeed due to random impulses[67]."

Die Argumentation ist durchsichtig: Das Modell *zeigt* keine Zyklen[68]. Ergo *hat* das reale Wirtschaftssystem keine endogenen, konstruktionsbedingten Zyklen. Erst nachdem eine stochastische Komponente ins Modell eingeführt wird, vermag es die realen Konjunkturzyklen nachzubilden: Die Zyklen in Modell und Realität sind zufallsbedingt. In seinem Kern ist das reale System stabil und gut. Gibt es eine Parallele zwischen der Rolle des Zufalls hier und der Rolle der „Friktionen"

---

[65] Siehe Anhang. Der grafischen Darstellung liegt lediglich der Realteil der trigonometrischen Form der konjugiert komplexen Eigenwerte zugrunde.

[66] Für den dynamischen Verlauf der Variante II gilt diese Feststellung mit Vorbehalt. Siehe dazu die Argumentation über den stochastischen Charakter der Eigenwerte auf Seite 141.

[67] *Adelman-Adelman*, a.a.O., S. 610.

[68] Die Autoren untersuchten nicht die dynamischen Eigenschaften, sondern den Verlauf der endogenen Variablen bei Variation der exogenen Größen.

in der Klassik? Beidesmal handelt es sich um lästige Randerscheinungen, welche das stabil-gute oder das gleichgewichtig-optimale Wirtschaftssystem stören.

Zur Illustration der Adelmanschen Hypothese dient ein Modell, welches die Qualität der „Nichtzyklität" durch die Tatsache erwarb, daß die Gleichgewichtsbedingung integrierter Bestandteil seiner Konstruktion war. Daß dann selbst der Hinweis auf die abgebildete Realität d. h. auf die zur Schätzung verwendeten empirischen Datenreihen, wenig wiegt, dies dürfte ein wichtiges Ergebnis unserer Simulationsstudie sein.

Resümieren wir: Bei der kybernetischen Analyse rekursiver und interdependenter Systeme haben wir zunächst eine informationstheoretische Deutung versucht. Ausgehend von wissenschaftstheoretischen Überlegungen zum Informationsgehalt ökonometrischer Hypothesen entwickelten wir das Informationskonzept I (*Id, Ks*). Der Versuch, den Informationsgehalt I (*Id, Ks*) in den Koeffizientenmatrizen aufzuspüren, wurde mit Hilfe der mathematischen Informationstheorie unternommen und erwies sich als nicht erfolgreich.

Zwei Möglichkeiten zu einer besseren Analyse wurden entwickelt:

(1) Eine informationstheoretische Analyse, welche von den *stochastischen Eigenschaften* rekursiver und interdependenter ökonometrischer Modelle ausgeht. Dazu diente ein Ansatz zur Messung der Information über eine zufällige Funktion, welche in einer anderen zufälligen Funktion enthalten ist: I (ξ, n). Dieser Ansatz wurde für unsere Fragestellung ausgearbeitet.

(2) Eine eher systemorientierte Analyse, d. h. eine Simulationsstudie, welche zur Aufgabe hatte, das Ausgangsproblem von einer anderen Seite anzugehen und so zumindest teilweise zu lösen: Im weiteren Sinne also eine Untersuchung des Konzepts I (*Id, Ks*), welche sich auf die *systematischen Eigenheiten* der Modelle stützt. Eine Analyse mithin, welche auf Form und Inhalt der Koeffizientenmatrizen zurückgreift, so wie wir es ursprünglich zur Quantifizierung des I (*Id, Ks*)-Konzepts versucht haben.

Im engeren Sinne beschäftigte sich die Simulationsstudie mit der Auswirkung verschiedener Verteilungen der Eins-Elemente in den Koeffizientenmatrizen, d. h. mit der Rolle der Identitäten. Wir sehen, daß sich die Ergebnisse schließlich auf die Bedeutung spezieller Identitäten, nämlich der Gleichgewichtsbedingungen konzentrieren. Zum Verhältnis von Identitäten und Gleichgewichtsbedingungen einerseits und dem dynamischen Verhalten andererseits haben wir begründete Aussagen machen können.

Stochastische Aspekte der Simulation

Die Untersuchung der dynamischen Eigenschaften des Modells I von Klein und seiner Varianten war auf den systematischen Teil beschränkt. Die stochastische Natur dieser Modelle geht lediglich indirekt in die Simulationsstudie ein: Die Koeffizienten, mit denen die Eigenwerte von A berechnet werden, sind das Ergebnis einer statistischen Schätzung, d. h. der Schätzung eines stochastischen Modells. Damit wird bereits klar, wo der erste Ansatzpunkt für die Berücksichtigung stochastischer Aspekte bei der Simulation liegen muß. Sind die Koeffizienten Schätzwerte, die mit statistischen Unsicherheiten behaftet sind, so gilt das auch für die Eigenwerte, die aufgrund der Koeffizienten berechnet werden. Dieser Gesichtspunkt wird anhand einer Untersuchung von Theil und Boot diskutiert[69].

Ein anderer Einwand gegen die mangelnde Berücksichtigung des stochastischen Aspektes könnte so lauten: Es ist unzulässig, ein ökonometrisches Modell, dessen Kennzeichen gerade der stochastische Charakter ist, quasi nur deterministisch zu behandeln, d. h. nur den systematischen Teil zu berücksichtigen[70]. Mit diesem Argument werden wir uns als zweites auseinandersetzen.

1. Der stochastische Charakter der Eigenwerte

Es wurde gezeigt, daß die dynamischen Eigenschaften der untersuchten Modelle von den Eigenwerten der aus den Koeffizientenmatrizen abgeleiteten Matrix A abhängen

(34) $$|A - \lambda I| = 0 ,$$
$$\text{wobei} \quad A = (I - B)^{-1} B^*$$

und die Koeffizientenmatrizen B und B^* aus dem dynamischen ökonometrischen System

(6) $$y_t = B y_t + B^* y_{t-1} + G^* x_t + u_t$$

stammen.

Die meisten dieser Eigenwerte sind komplex, so daß man schreiben kann

(35) $$\lambda = c + di .$$

---

69 *Theil,* H. und *Boot,* J. C. G.: The final form of econometric equation systems, a.a.O.

70 Dieser Einwand wurde in der Diskussion von H. J. Krupp formuliert. Dabei wies er darauf hin, daß das Ergebnis der Studie von Adelman gerade zeige, daß es unstatthaft sei, bei Simulationen den stochastischen Teil ökonometrischer Modelle zu vernachlässigen.

Dieser Wert λ (wir interessierten uns für den größten Wert aller sich ergebenden Eigenwerte) unterliegt genau so wie die zugrunde gelegten Koeffizienten einem Stichprobenfehler. Theil und Booot drücken die asymptotische Streuung des Wertes für λ mit Hilfe der Kovarianzmatrix für die geschätzten Koeffizienten des Systems aus.

Der berechnete, d. h. der geschätzte Eigenwert sei

$$\lambda + \Delta\lambda \,, \tag{36}$$

wobei $\Delta\lambda$ den Stichprobenfehler bezeichnet. Dieser Fehler ist im allgemeinen auch komplex und wird daher geschrieben

$$\Delta\lambda = \Delta c + i\,(\Delta d) \,. \tag{37}$$

Die Autoren entwickeln folgenden Ausdruck für den absoluten Betrag des Stichprobenfehlers

$$\Delta\,|\lambda| = [r\,s]\begin{bmatrix}\Delta c\\ \Delta d\end{bmatrix}, \tag{38}$$

wobei

$$r = \frac{c}{(c^2 + d^2)^{1/2}}\,,$$

$$s = \frac{d}{(c^2 + d^2)^{1/2}}\,.$$

Der Vektor $\begin{bmatrix}\Delta c\\ \Delta d\end{bmatrix}$ wird durch einen Ausdruck ersetzt, in welchem die Stichprobenfehler der A-Elemente Δa und Vektoren g und h vorkommen, welche durch verschiedene Umformungen aus der Matrix $A - \lambda I$ hervorgehen[71].

$$\begin{bmatrix}\Delta c\\ \Delta d\end{bmatrix} = \begin{bmatrix}g'\\ h'\end{bmatrix}\Delta a \,. \tag{39}$$

Setzt man (39) in (38) ein, so ergibt sich

$$\Delta\,|\lambda| = (rg + sh)'\,\Delta a \,.$$

Dieser Ausdruck wird quadriert, der Erwartungswert ergibt dann die Varianz von $|\lambda|$:

$$\operatorname{var}|\lambda| = (rg + sh)'\,V\,(rg + sh),$$

wobei V die Kovarianzmatrix der A-Koeffizienten ist

$$V = E\,[(\Delta a)\,(\Delta a)'] \,.$$

---

[71] Vgl. *Theil*, H. und *Boot*, J. C. G., a.a.O., S. 148—149.

Die Werte für r, s, g und h lassen sich aus dem systematischen Teil des Gleichungssystems (6) berechnen. Die Kovarianzmatrix V wird meist nicht bekannt sein, sondern es wird höchstens ein Schätzwert dafür existieren.

Theil und Boot verwenden zur Berechnung von var λ für das Modell I von Klein eine TSLS-Schätzung der Kovarianzmatrix V von Goldberger, Nagar und Odeh[72]. Danach ergibt sich var $|\lambda|$ als 0,0497, d. h. eine Streuung von 0,22.

Beziehen wir dieses Ergebnis auf den größten Eigenwert für das Modell I von Klein, den wir aufgrund von FP-Koeffizienten erhalten haben[73], so ergibt sich:

$$\lambda_{2,3} = 0{,}791187 \pm 0{,}356596\, i \ .$$

Der Absolutbetrag dieser Eigenwerte wurde dann durch die Transformation in die trigonometrische Form berechnet

$$\lambda_{2,3} = 0{,}867\,(\cos 0{,}454 \pm i \sin 0{,}454).$$

Der absolute Betrag dieser „Punktschätzung", nämlich 0,867, müßte nun mit der geschätzten Streuung von 0,22 verbunden werden. Der Eigenwert würde nun nicht mehr absolut sicher unter Eins liegen. Die Aussage über die dynamische Stabilität des Systems ist damit stochastisch relativiert.

Damit haben wir aber auch einen wichtigen Hinweis für die Interpretation des Ergebnisses von Modell II gewonnen. Dieses Ergebnis steht zunächst mit der Hypothese über den Zusammenhang von dynamischem Verhalten und Gleichgewichtsbedingung im Widerspruch. Man muß dieses Ergebnis aber gleicherweise als Schätzwert ansehen, welcher mit einer gewissen Streuung behaftet ist. Der hohe Modulus von 0,9982 läßt den kaum gedämpften Verlauf des Zeitpfades problematisch erscheinen.

2. Berücksichtigung der „endogenen Stochastik"

Stochastische ökonometrische Systeme sollten auch bei der Simulation stochastisch behandelt werden. Es gibt jedoch gute Gründe, lediglich den systematischen Teil der Modelle zu berücksichtigen.

---

72 *Goldberger*, A. S., *Nagar*, A. L. und *Odeh*, H. S.: The covariance matrices of reduced form coefficients and of forecasts for a structural econometric model, Econometrica, 29, 1961, S. 556—573.

73 Dieser Bezug ist nicht ganz korrekt, da die Streuung aus einer TSLS-Schätzung resultiert, die dem Eigenwert zugrundeliegenden Koeffizienten hingegen aus einer Fixpunkt-Schätzung, d. h. aus einer Full-Information-Methode.

Ökonometrische Modelle stützen sich auf Überlegungen wirtschaftstheoretischer Art (Verhaltensgleichungen), welche durch Vorstellungen über das Funktionieren des Wirtschaftsmechanismus ergänzt werden (Gleichungen, die das System schließen) und so zusammen den (deterministischen) Kern des stochastischen Modells ausmachen. Tatsächlich liegen an diesem Punkt divergierende Auffassungen darüber vor, wie ein ökonometrisches Modell eigentlich entsteht. Im Extremfall wird die Notwendigkeit oder gar die Existenz eines ökonomischen Modells, ja einzelner Beziehungen hinter der „Spezifikation eines gemeinsamen Verteilungsgesetzes der beobachtbaren Variablen" überhaupt bestritten.

Wir wollen einen Augenblick zurücktreten, um zwei hervorragende Vertreter der Ökonometrie dazu zu hören[74]:

Haavelmo:

"I think many of us consider the construction of an economic theory, including the specification of stochastic elements in the theory, as one thing, and to confront it with the facts as something different. If we have constructed a stochastic economic theory based on certain principles of economic behaviour, we have a model which can be interpreted as an indirect specification of the joint probability law of the observable economic variables. From such a model we may derive various kinds of "relations", expected values, and other kinds of statements concerning the properties of this joint probability law. It is perhaps unfortunate that we talk about relations between economic variables, when actually we should regard our economic theories as just indirect ways of saying something about the probabilistic aspect of the variables we are talking about."

Wold:

"My point of disagreement with Professor *Haavelmo's* comments lies in his broad statement that a stochastic economic model is nothing else than a joint probability law, and he even goes as far as to put between quotation marks the "relations" that constitutes the model. True, the stochastization of deterministic models is a key development in modern econometrics, and in this connection I was nearly to say that the part played by joint probability laws in the specification of nonexperimental models cannot be exaggerated — but the point I wish to make is just that Professor *Haavelmo's* statement ist such an exaggeration. Joint probability laws can express much, but they cannot express everything. They are symmetric in the variables involved, and as such they cannot express asymmetric features of the model, and in particular they cannot express causal relations that enter as part of the model, for causal relationships are directed (from cause to effect) and thereby asymmetric."

Es ist schwer vorstellbar, daß die ökonometrische Arbeit auf ökonomische Theorie und Modellbildung ganz verzichten könnte. Diese Verbindung zur ökonomischen Theorie, d. h. zur deterministischen Modellbildung, kommt explizit in dem Pionierwerk von Klein[75] zum Ausdruck,

---

[74] The Econometric Approach in Development Planning, Amsterdam-Chicago 1965, S. 176—180.

[75] Economic Fluctuations ..., a.a.O.

aus welchem das Beispiel für die Simulationsstudie gewählt wurde. Kürzlich erschien ein Lehrbuch der Ökonometrie, welches aus der Forschungsrichtung der Cowles Foundation hervorgegangen ist[76], das gleichfalls die grundlegende Bedeutung der ökonomisch-deterministischen Modelle für die ökonometrische Arbeit betont.

Die Form des ökonomischen Modells ist für den Wert und Erfolg der ökonometrischen Analyse wichtig. Daher konzentrieren wir uns bei der Simulationsstudie auf den systematischen Teil des stochastischen Modells.

Überdies ist dieses Vorgehen auch formal gerechtfertigt. Um das zu zeigen, wollen wir untersuchen, welchen Einfluß die stochastischen Elemente auf das Untersuchungsziel, d. h. auf die dynamischen Eigenschaften der Modelle ausüben.

Die Untersuchung ging aus von

$$y_t = A\, y_{t-1} + C\, x_t + v_t \;. \tag{8}$$

Bei der Simulation blieben die exogenen Variablen konstant, daher konnte man von Cx_t absehen. Gleicherweise wurde die stochastische Komponente v_t vernachlässigt. Den Einfluß dieser Komponente gilt es zu untersuchen. Dabei galt

$$v_t = (I - B)^{-1} u_t \quad ,$$

wobei die u_t die Zufallsvariablen des ursprünglichen Gleichungssystems waren.

$$y_t = B\, y_t + B^* y_{t-1} + G^* x_t + u_t \;. \tag{6}$$

Wegen $E\,(u_t) = 0$ und wegen der Annahme fehlender Autokorrelation gilt

$$E\,(v_t) = 0 \qquad E\,(v_t\, v'_{t+\tau}) = \begin{cases} V \text{ für } \tau = 0 \\ 0 \text{ für } \tau \neq 0 \;. \end{cases}$$

Jetzt interessiert, ob der (deterministische) Zeitpfad der endogenen Variablen hinsichtlich seiner Stabilitätseigenschaften durch die Hinzunahme der stochastischen Komponente verändert wird. Gefragt ist also nach der stochastischen Stabilität des untersuchten Systems[77].

---

[76] *Christ*, C. F.: Econometric Models and Methods, New York 1966. „The Cowles Foundation for Research in Economics, as a sponsor of the book, ... arranged for its refereeing" (S. XIV).

[77] Vgl. dazu *van de Panne*, C.: Variances and Stability in Linear Dynamic Models, Metroeconomica, Vol. XVIII, 1966, S. 109—116. *Zusman*, P.: An Investigation of the Dynamic Stability and Stationary States of the United States Potatoe Market, 1930—1958, Econometrica, 30, 1962, S. 522—547.

Für jedes y_{t-1} ist die Kovarianzmatrix der endogenen Variablen gleich V. Wir interessieren uns aber für den kumulativen Effekt der Zufallsabweichungen über den gesamten Zeitraum, für welchen die Simulation angestellt wird, d. h. im Extremfall für $t \to \infty$. Wir suchen also einen Grenzwert für die Kovarianzmatrix, der mit S bezeichnet sei. Dieser Grenzwert ist auf verschiedene Weise darstellbar[78].

Zusman geht aus von

$$S = \lim_{t \to \infty} E\{[y_t - E(y_t \mid y_0)]\,[y_t - E(y_t \mid y_0)]'\}. \tag{40}$$

Das System ist stochastisch stabil, wenn S existiert. Ist das der Fall, so wird S angegeben durch eine Form, welche aus einer Reihenentwicklung resultiert

$$S = \sum_{r=0}^{\infty} A^r V A'^r \ . \tag{41}$$

Die Bedingung für die Existenz von S ist nun, daß für jedes λ_j gilt

$$|\lambda_j| < 1 \ .$$

Damit ist unsere Frage beantwortet: Der deterministische Prozeß entscheidet auch über die stochastische Stabilität der untersuchten Systeme[79]. Sicherlich kann man sich bei der Analyse ökonometrischer Systeme nicht *stets* auf den deterministischen Teil beschränken. In unserem Falle hingegen leidet der Untersuchungsansatz nicht unter dieser Beschränkung.

5.4 Kybernetische Analyse von Schätztechniken bei interdependenten und rekursiven Modellen: Iterationsverfahren

Die Darstellung ökonometrischer Modelle im Regelkreis wirft die Frage auf, ob sich die Übergangsfunktionen der Regelkreisglieder entsprechend bestimmen lassen. Anders: Sind Verfahren denkbar, welche auf die herkömmliche statistische Schätzung der Koeffizienten verzichten können und statt dessen in einer schrittweisen Approximation,

---

[78] Vgl. *Conlisk*, J.: The Equilibrium Covariance Matrix of Dynamic Econometric Models, University of Wisconsin, SSRI, Workshop Paper 6709, Preliminary Draft.

[79] Die Ergebnisse der Adelman-Studie widersprechen dem nicht. Zwar ergeben sich nach Berücksichtigung der stochastischen Variablen in den Systemgleichungen Schwingungen, es handelt sich aber um gedämpfte Schwingungen. Das System ist stabil. Allerdings ist unser Ergebnis insoweit abzuschwächen, als gerade vorher gezeigt wurde, daß ja die Eigenwerte λ_j selbst wiederum stochastische Größen sind.

d. h. in wiederholten Regelkreisdurchläufen, zu den gesuchten Parameterwerten führen? Als Kriterium für die Güte derartig ermittelter Werte wählt man zweckmäßig eine ganz allgemeine Bedingung: Die Konsistenz, so wie sie in der Statistik streng definiert ist. Grundsätzliche Voraussetzung für einen derartigen iterativen Schätzansatz ist natürlich die prinzipielle Darstellbarkeit und Handhabbarkeit der betreffenden ökonometrischen Modelle. Wir sahen bereits, daß bei rekursiven Modellen in dieser Hinsicht nicht mit Schwierigkeiten zu rechnen ist. Die interessanten Probleme werden demnach bei der Schätzung interdependenter Modelle auftreten. Hier scheint die Situation zunächst hoffnungslos zu sein, wenn wir auf unsere Erfahrungen bei der Regelkreisdarstellung interdependenter Modelle zurückgreifen. Es wird sich aber zeigen, daß sich durch einige Modelltransformationen gute Ergebnisse erzielen lassen. Die Konsistenzbedingung als Gütekriterium für die Parameterwerte muß für den Iterationsprozeß operationalisiert werden. In der Regel wird man dazu das Kriterium der Regressionsanalyse verwenden: Die Minimierung der Quadratsumme von Differenzen durch die Wahl geeigneter Konstanten (Parameterwerte). Gewöhnlich geht man dazu so vor, daß die partiellen Ableitungen dieser Quadratsumme hinsichtlich dieser Konstanten gleich Null gesetzt werden. Diese ergibt gerade so viele simultane Gleichungen wie zu bestimmende Konstanten, und die simultane Lösung dieser Normalgleichungen ergibt dann jene Parameterwerte, welche die Quadratsumme gerade minimieren. Dieses Prinzip kann aus der analytischen Lösungsmethode entlehnt und in ein quasi simulatives Verfahren eingebracht werden[80]. Ein Apparat (Analogrechner) zeigt auf einer Skala eine Funktion der Quadratsumme von Differenzen an, wobei diese Funktion von den Konstanten abhängt, die bestimmt werden sollen. Durch eine Variation der Parameterwerte, die zweckmäßigerweise systematisch vorgenommen wird, wird nun versucht, diese Quadratsumme zu verringern, und zwar so lange, bis dabei ein Minimum erreicht wird. Liegt zwischen den erklärenden Variablen keine hohe Korrelation vor, so ist diese Konvergenz auf eine solche Lösung hin sehr schnell[81].

Beispielsweise soll der Mittelwert einer Datenreihe $X_1, X_2, \ldots, X_n$ bestimmt werden. Der Mittelwert wird als diejenige Konstante definiert, welche gerade jenen Wert annimmt, der die Quadratsumme der Abweichungen zwischen diesem und jedem einzelnen Datenwert zu einem Minimum macht. Soll A jene beliebige Konstante darstellen, so gibt $(X_i - A)$ die Abweichung zwischen dem i-ten Datenwert und dieser

[80] *Orcutt*, G. H.: A New Regression Analyser, Journal of the Royal Statistical Society, Vol. 111, Part. I, 1948, S. 54 ff.
[81] ebenda, S. 58.

Konstanten an. Nun muß A so bestimmt werden, daß $\Sigma (X_i - A)^2$ zu einem Minimum wird. Dazu werden die Werte der Datenreihe in den Apparat eingegeben und dieser wird so eingestellt, daß die obige Quadratsumme gerade abzulesen ist. Sodann wird A solange variiert, bis der kleinste Wert auf der Anzeige erscheint.

Die grafische Darstellung dieses Vorganges zeigt das so:

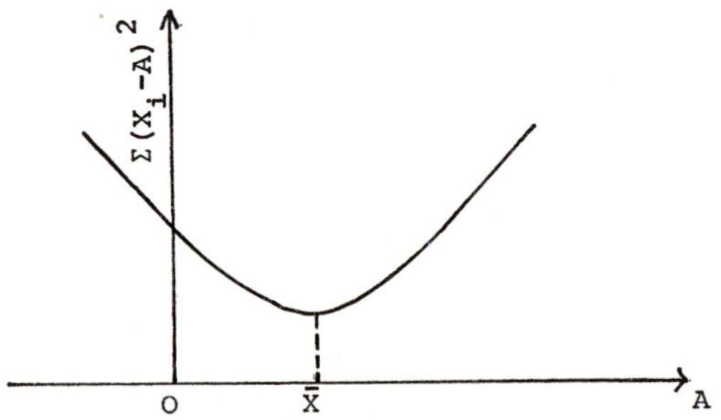

Ähnlich geht man bei einer Regression vor. Sind zwei Datenreihen $X_1, X_2, \ldots, X_n$ und $Y_1, Y_2, \ldots, Y_n$ gegeben, so ist der Regressionskoeffizient von Y auf X jener Wert von b, welcher den Ausdruck $\Sigma (Y_i - bX_i - C)^2$ hinsichtlich b minimiert. Nun ist $C = \overline{Y} - b\overline{X}$, so daß man als zu minimierende Quadratsumme erhält $\Sigma [(Y_i - \overline{Y}) - b (X_i - \overline{X})]^2$. Dazu gibt man beide Datenreihen in den Apparat ein und stellt ihn so, daß die Anzeige angibt

$$\sqrt{\Sigma [(Y_i - \overline{Y}) - b (X_i - \overline{X})]^2/n} .$$

Nun wird b variiert, bis das angezeigte Ergebnis minimiert ist. Der zugehörige b-Wert ist der gesuchte Regressionskoeffizient.

Rufen wir die oben diskutierte Regelkreisdarstellung wieder ins Bild, so versuchen derartige Approximationsverfahren gerade solche Kennlinien zu ermitteln, die das Datenmaterial optimal simulieren. Der Regelkreis muß also aufgrund seiner Kennlinien Werte liefern, welche möglichst nahe an die wirklichen Datenwerte herankommen[82].

Wir werden im folgenden Approximationsverfahren behandeln, die sich auf Regelkreise zurückführen lassen. Sie treten neben die ge-

---

82 Ähnlich wie das Prinzip der Maximum-Likelihood-Methode, bei welcher die Parameter gerade so gewählt werden, daß die wirklichen Datenwerte zu den wahrscheinlichsten werden.

läufigen statistischen Schätzverfahren, obwohl sie sich in den einzelnen Schritten wiederum statistischer Schätztechniken bedienen.

Daß derartige Verfahren bei unteridentifizierten Systemen gleicherweise versagen wie alle anderen Schätzmethoden ist nicht verwunderlich. Bei gerade identifizierten Systemen ergibt sich jedoch ein interessanter Ansatz. Überidentifizierte Systeme lassen sich durch Umwandlung der systeminternen Information auch in ihrer interdependenten Variante einem Iterationsverfahren zugänglich machen. Zunächst werden isolierte Gleichungen und dann ökonometrische Systeme, repräsentiert durch ein einfaches Konsummodell, betrachtet.

Ein Approximationsverfahren für Einzelgleichungen zielt darauf ab, die Kennlinie für ein Regelkreisglied zu finden, welches vom gesamten Regelkreis losgelöst ist:

$$x_i \longrightarrow \boxed{} \longrightarrow y_i \qquad\qquad i = 1, \ldots, n.$$

Gesucht wird also ein Ausdruck, welcher die Abhängigkeit der Größe y von den Größen $x_1, x_2, \ldots, x_n$ beschreibt[83]. Dazu wird y durch eine Linearkombination von r Funktionen g_k $(k = 1, \ldots, r)$ für n Argumente dargestellt:

$$\chi = (x_1, \ldots, x_n) \; ,$$

$$y = g(\chi) = \sum_{k=1}^{r} a_k \, g_k(\chi) \; .$$

Die Anzahl der Stichproben s muß nun größer als die Anzahl der Funktionen k sein, da sonst das System unbestimmt wäre, d. h. die Koeffizienten a könnten nicht bestimmt werden. Hat man den Funktionstyp entsprechend dem zugrunde liegenden wirtschaftlichen Geschehen, welches die Stichproben liefert, ausgewählt (für Konjunkturzyklen etwa periodische Funktionen), so bestimmt man die Funktion g, d. h. die Koeffizienten a_k, so daß die Streuung der beobachteten Werte um die errechneten Funktionswerte minimiert wird. Natürlich kann man unter Umständen den Funktionstyp so wählen, daß die beobachteten Daten exakt durch $g(\chi)$ wiedergegeben werden (Polynome). In der Wirtschaft kann man aber kaum mit exakt-funktionalen Abhängigkeiten rechnen, so daß man den Funktionstyp eher nach den oben angedeuteten Angemessenheitsvorstellungen wählen und die Abweichungen der berechneten von den wirklichen Werten als Störgrößen interpretieren wird. Nimmt man etwa die lineare Funktion, $C = \alpha + \beta Y + u$, so ergibt sich für das isolierte Regelkreisglied

[83] Vgl. zum folgenden: *Henn*, R.: Die Gewinnung statischer Kennlinien aus dem Beobachtungsmaterial, in: Geyer-Oppelt, a.a.O., S. 86 ff.

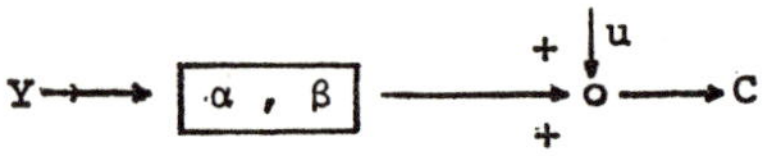

Nun werden wir dieses Schema auf isolierte Kausal- und Funktionalrelationen $C = \alpha + \beta Y + u$ anwenden.

Kausalrelationen:

Diejenige lineare Struktur α, β gilt als optimale Approximation, welche die Differenz zwischen errechneten und beobachteten Werten minimiert.

(42) $\hat{C}_i = \alpha + \beta\, Y_i$,

C_i = Beobachtungswert für C, der zusammen mit Y_i auftrat,

$u = C_i - \hat{C}_i$.

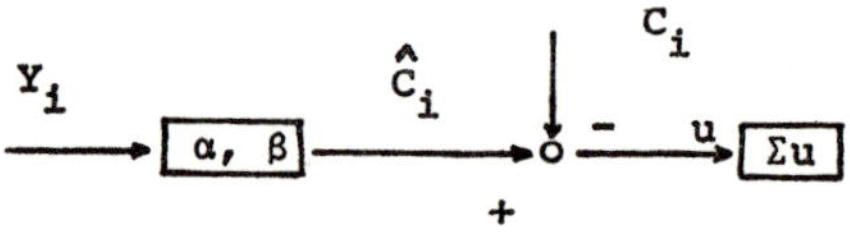

In der Regel wird das Abweichungsquadrat gewählt, $D(\alpha, \beta) = \Sigma u^2$ wird damit zum Maß für die Approximation.

Ähnlich wie bei dem oben beschriebenen Verfahren zur Parameterbestimmung auf einem Analogrechner, bei dem die Parameterwerte günstigstenfalls manuell variiert werden, wählt man hier einen Algorithmus, der von gewissen Basiswerten (α_0, β_0) ausgeht. Sodann variiert man wechselweise α und β so lange, bis das Minimum $D(\alpha, \beta)$ approximiert wurde. Unter bestimmten Bedingungen konvergiert ein solches Verfahren gegen das Minimum. Die FP-Schätzung beruht auf dieser Idee[84].

Funktionalrelationen:

Bei der Darstellung interdependenter Modelle im Regelkreis zeigte sich, daß in den Gleichungen dieses Modells Funktionswert und Argument nicht kausal verknüpft sind, sondern sich gegenseitig beein-

---

[84] Vgl. Exkurs in Abschnitt 4.3.

flussen. Die Konsumgleichung $C = \alpha + \beta Y + u$ wäre jetzt eine Funktionalrelation, bei der C und Y formal gleichgestellt sind. Man könnte daher verlangen, daß auch die Argumentwerte für die Relation

$$(43) \qquad Y = -\frac{\alpha}{\beta} + \frac{1}{\beta} C + v, \qquad (v = -\frac{1}{\beta} u)$$

approximiert werden sollen.

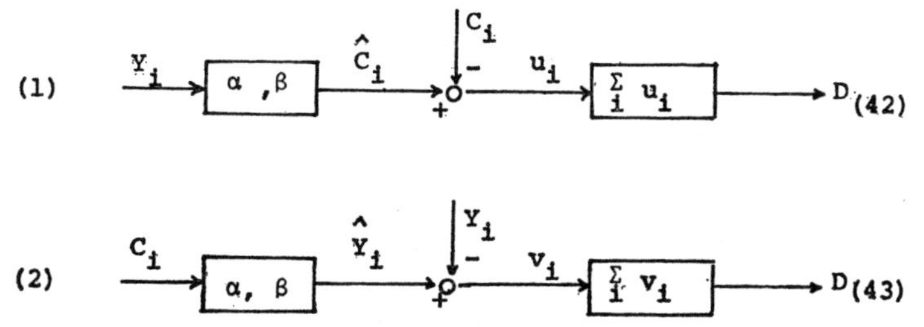

Die Approximationen werden aber kaum übereinstimmen. In (42) werden die Abweichungen vom Beobachtungspunkt zur Geraden senkrecht zur Abszisse gemessen:

$$D_{(42)} = \sum_i (C_i - \alpha - \beta Y_i)^2 .$$

In (43) werden die Abweichungen senkrecht zur Ordinate gemessen. Die Approximation wäre dann gelungen, wenn $D_{(42)} = D_{(43)}$. Dies ist aber in der Regel nicht der Fall[85]. Es träfe nur dann zu, wenn man in beiden Fällen die Abweichungen der Beobachtungspunkte senkrecht zur Geraden wählt. Dieses Verfahren liefe dann auf die bereits 1934 von Frisch vorgeschlagene orthogonale Regression hinaus[86]. Diese Lösung ist aber kein guter Kompromiß. Ein derartiges Approximationsverfahren kommt um die zugrundeliegende Schwierigkeit bei der inhaltlichen Interpretation der Einzelgleichung nicht herum. Wir werden aber sofort sehen, daß die Lage bei einem ganzen System interdependenter Gleichungen nicht so hoffnungslos ist, da sich hier Information innerhalb des Systems „verschieben" läßt und damit Ansatzpunkte für Iterationsverfahren freigelegt werden.

[85] Vgl. dazu *Meißner*, W.: Die Problematik der Regressionsanalyse, a.a.O.

[86] *Frisch*, R.: Correlation and Scatter in Statistical Variables, Nordisk Statistisk Tidskrift, 1928, S. 36—102; *ders.*: Statistical Confluence Analysis by Means of Complete Regression Systems, University Institute of Economics, Oslo, Publication No. 5, 1934.

Wenden wir uns nun Approximationsverfahren für Systeme zu. Die direkte Übertragung singulärer statistischer Schätzverfahren auf die Schätzung ganzer Systeme führt zu verzerrten Ergebnissen, wenn die Zufallsvariablen und die erklärenden Variablen in den einzelnen Gleichungen des Systems in gegenseitiger Abhängigkeit stehen. Für rekursive Systeme liegen hier keine Schwierigkeiten, hier kann man singuläre statistische Schätzverfahren einsetzen. Es handelt sich dabei gewissermaßen auch um ein „iteratives" Vorgehen, da dann Gleichung auf Gleichung geschätzt wird. Die rekursiven Systeme bleiben daher unberücksichtigt.

Interessanter sind die interdependenten Modelle. Statistische Schätzverfahren müssen hierbei auf die reduzierte Form zurückgreifen. Dabei werden die Strukturparameter jedoch zu neuen Parametern (des reduzierten Systems) aggregiert. Eine Aggregation bedeutet aber immer einen Informationsverlust. Darin liegt die Wurzel des Identifikationsproblems. Der Versuch ist also lohnend, Verfahren zur Bestimmung der Parameter in interdependenten Modellen zu entwickeln, bei denen die Aggregation der Parameter zwar nicht gänzlich umgangen wird, bei denen es aber nicht notwendig ist, aus den geschätzten aggregierten Parametern der reduzierten Form auf die Strukturparameter zurückzuschließen. Vielmehr sollen diese *Strukturparameter* selbst approximiert werden, d. h. auch in interdependenten Modellen soll bei der Parameterbestimmung direkt auf die Strukturform des Modells abgestellt werden.

Voraussetzung für die Konsistenz der Approximation eines isolierten Regelkreisgliedes ist, daß die unabhängige Variable (statistisch: Regressor) nicht mit der Störvariablen (Zufallsvariable) in Zusammenhang steht. Das ist aber dann der Fall, wenn dieses Regelkreisglied in den gesamten Regelkreis eingebettet ist. Für das System

(44) $$C = \alpha + \beta Y + u$$

$$Y = C + I$$

sieht der Regelkreis folgendermaßen aus:

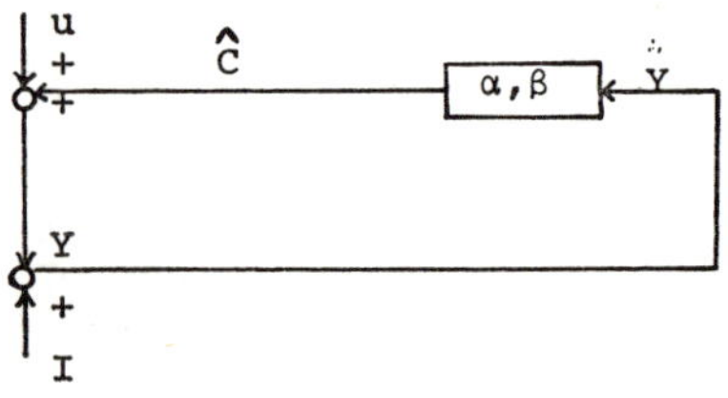

Das bedeutet, daß mit einer Verschiebung in C-Richtung im System auch eine Verschiebung in Y-Richtung auftritt.

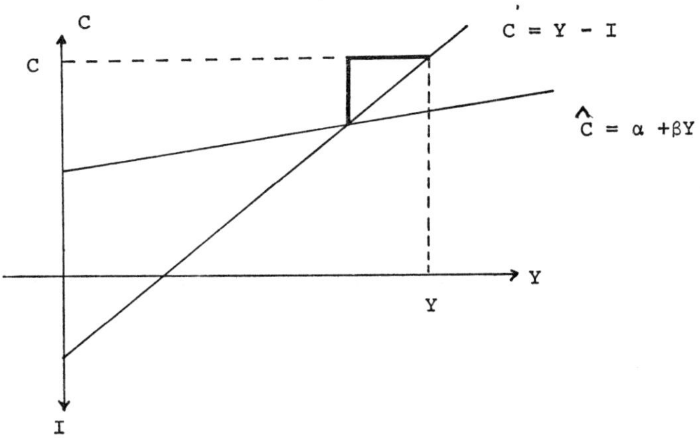

Damit ist aber eine Approximationsgerade, die sich lediglich auf die isolierte Gleichung $\hat{C} = \alpha + \beta Y$ bezieht, ungenau. Dabei würde nämlich unterstellt, daß die Abweichungen senkrecht zur Y-Achse erfolgen. Die zusätzliche Systemgleichung $Y = C + I$ hingegen, die Teil der Grundstruktur ist, bewirkt, daß nun schräge Abweichungen auftreten, da eine Abweichung von C eine Verschiebung von Y bewirkt. Der bisher beschriebene Approximationsansatz für ein isoliertes Regelkreisglied ist hier nicht mehr angebracht. Das wäre nur dann der Fall, wenn die Störgröße einer Variablen keine andere Variable des Systems beeinflußt. Ist der Regelkreis simultan und geschlossen, so kann man eine derartige Unabhängigkeit aber nicht unterstellen.

Dieser Zusammenhang läßt sich aufzeigen, wenn man im Diagramm betrachtet, was bei einer isolierten Regression passiert, wenn eine Gleichung aus dem System herausgenommen wurde, bei der also Regressor und Zufallsvariable korrelieren[87] (Seite 152).

Die Regressionsgleichung ist verzerrt: Der Strukturparameter β wird überschätzt. Das Ausmaß der Überschätzung ergibt sich aus den folgenden Überlegungen[88].

---

[87] *Christ,* C. F.: Econometric Models . . ., a.a.O., S. 460.

[88] Vgl. dazu *Christ,* C. F.: a.a.O., S. 459.

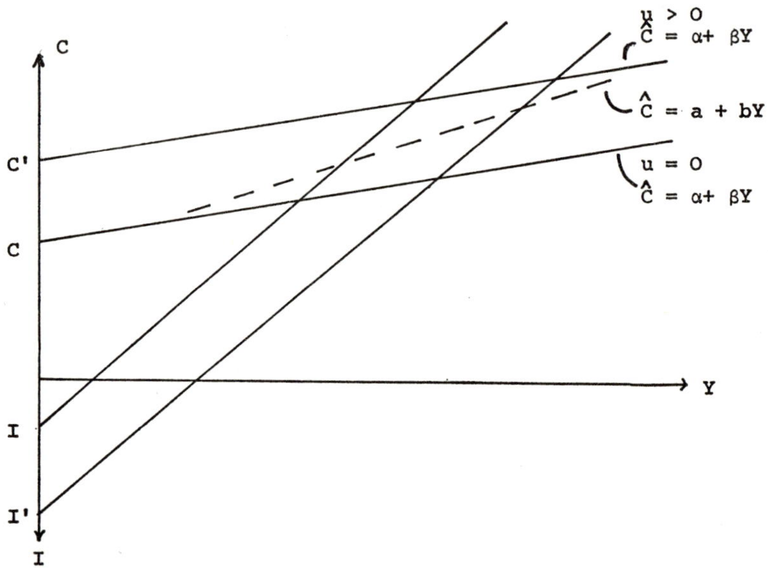

Bei der Kleinstquadratschätzung hängen die Parameter ab von dem Verhältnis Kovarianz/Varianz des Regressors.

Für

(45) $$C = \alpha + \beta Y + u$$

ergibt sich demnach ein Schätzwert b:

(46) $$b = \frac{m_{CY}}{m_{YY}} = \beta + \frac{m_{uY}}{m_{YY}} \cdot$$

Konsistenz für den Schätzwert b liegt vor, wenn:

(47) $$p \lim_{n \to \infty} m_{uY} = 0; \qquad p \lim_{n \to \infty} b = \beta .$$

(48) Ist $m_{uY} \neq 0$, so beträgt die Verzerrung $\frac{m_{uY}}{m_{YY}}$.

Man erhält $b \to \beta$, wenn $m_{YY} \to \infty$ und

$$m_{uY} \neq 0 \text{ und } \leqq k .$$

Die Verzerrung hängt somit von m_{YY} ab.

Haavelmo hat die asymptotische Verzerrung mit wachsendem Stichprobenumfang n bei der Singulärschätzung in interdependenten Systemen berechnet. Für das System

$$C = \alpha + \beta Y + u \qquad (44)$$
$$Y = C + I$$

ergäbe sich danach[89]:

$$\underset{n \to \infty}{p \lim} \, b = \beta + \frac{(1-\beta)\,\sigma_u^2}{\sigma_I^2 + \sigma_u^2}\,; \qquad (45)$$

wächst σ_i^2 $(= m_{II})$ genügend, so ergäbe sich

$$\underset{n \to \infty}{p \lim} \, b \to \beta\,. \qquad (46)$$

Der exogenen Variablen I müßte demnach ein unendlicher Wertbereich zugeordnet werden. Grafisch stellt sich das Vorgehen so dar, daß die geschätzte (oder approximierte) Gerade dadurch ihre zu hoch geschätzte Steigung verlieren würde.

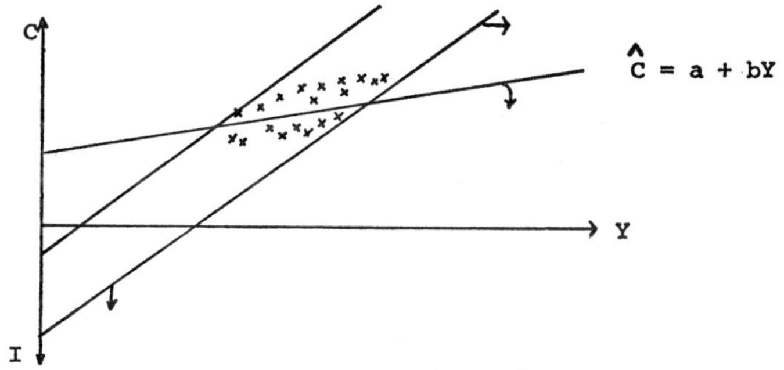

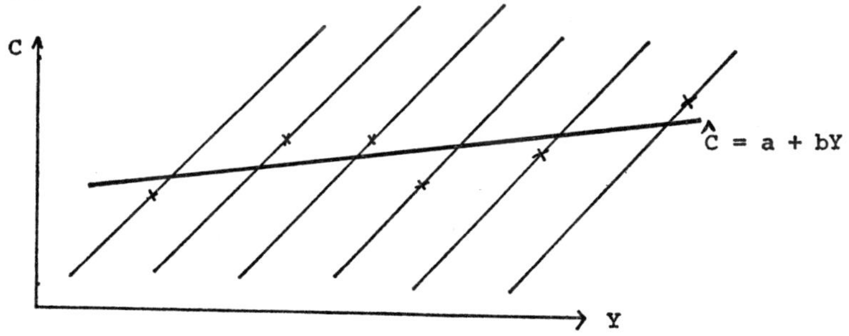

Der Werteumfang der exogenen Variablen ist bei konkreten Datenreihen aber begrenzt, die Forderung $m_{II} \to \infty$ daher nicht allein mit realen Werten zu erfüllen.

---

89 Vgl. zur genauen Entwicklung des Ausdruckes: *Christ*, C. F.: a.a.O., S. 461.

Daher wird folgender Weg vorgeschlagen[90]:

(1) Zunächst wird die reduzierte Form eines Systems geschätzt.

(2) Alsdann wird ein Computer mit diesem System programmiert, der daraufhin Stichproben der endogenen Variablen (C, Y) erzeugt. Dazu wird ein Zufallsgenerator eingesetzt und als Input werden Werte $I_{k+1} = I_k + \Delta I$ (ΔI hinreichend klein) verwendet.

Reduzierte Form:

$$C = \pi_{11} + \pi_{12} I + v_1$$

$$Y = \pi_{21} + \pi_{22} I + v_2$$

„Systemverhalten“

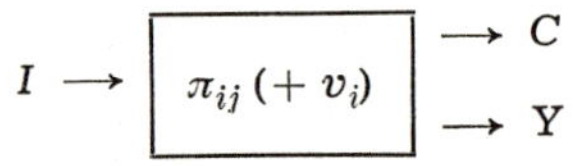

(3) Gilt für diese simulierte Stichprobe $m_{II} \rightarrow \infty$, so kann $C = \alpha + \beta Y + u$ direkt durch die Kleinstquadratmethode geschätzt werden.

Bei dem Simulationsverfahren sind die π_{ij}, die das Systemverhalten widerspiegeln, bekannt. Es gilt jetzt noch, eine Abschätzung des notwendigen Größenbereiches der exogenen Variablen I und der Varianz der Störgrößen v_i vorzunehmen.

(a) Bereich der exogenen Variablen

Für die exogene Variable geben wir einen Vektor der natürlichen Zahlen vor: $k = (1, 2, \ldots, n)$. Wie groß muß man n wählen?

Der Mittelwert ist

$$\bar{k} = \frac{1}{n} \sum_k k = \frac{1}{n} \left[\frac{(n+1)\,n}{2} \right] = \frac{n+1}{2}. \tag{47}$$

Die Varianz ist

$$\sigma_k^2 = \frac{1}{n} (k - \bar{k})^2 = \frac{1}{n} \sum_k k^2 - (\bar{k})^2 \tag{48}$$

$$= \frac{1}{n} \frac{n}{6} (n+1)(2n+1)^2 - \left(\frac{n+1}{2}\right)^2 \geqq \sigma_0^2 \, .$$

σ_0^2 sei der Wert für die Varianz der exogenen Variablen (hier also m_{II}), der hinreichend groß ist, um eine konsistente isolierte Schät-

---

[90] Dieses Verfahren ist in einer Studienarbeit am Lehrstuhl für Statistik und Ökonometrie an der Technischen Hochschule Darmstadt näher untersucht worden.

zung zu gewährleisten. Wird σ_0^2 vorgegeben, so läßt sich aus der obigen Gleichung n berechnen.

(b) Varianz der Zufallsabweichungen

Die Varianz der normalverteilten Zufallsgrößen v_i ergibt sich aus der reduzierten Form. Etwa für v_1 berechnet man aus $C = \pi_{11} + \pi_{12} I + v_1$:

(49) $$\sigma(v_1) = \frac{1}{n} \sum_i (C_i - \overline{C})^2 , \quad \text{wobei } \overline{C} = \pi_{11} + \pi_{12} I .$$

Würde man v_1 jetzt konstant lassen und den Zufallsgenerator bei der Simulation der Stichprobe darauf einstellen, so würde die prozentuale Abweichung mit wachsendem I immer kleiner werden, da $\overline{C} = \overline{C}(I)$. Somit kann man näherungsweise setzen

(50) $$\sigma(v_1) = \frac{\frac{1}{n} \sum_i (C_i - \overline{C})^2}{\overline{C}_0} \cdot \overline{C} , \quad \text{wobei } \overline{C}_0 = \frac{1}{n} \sum C_i \text{ ist.}$$

Im vorliegenden Fall gilt

$$v_1 = \frac{u}{1 - \beta} ,$$

$$v_2 = \frac{u}{1 - \beta} ,$$

also $v_1 = v_2$, so daß der Zufallsgenerator nur jeweils eine Größe zu erzeugen braucht.

Bei der hier näherungsweise eingeführten Heteroskedastie (mit wachsendem I, d. h. mit wachsendem C wächst auch v_1) ist allerdings der Entzerrungseffekt eingeschränkt, da in der „Verzerrungsgröße" $u = (1 - \beta) v_1$ mitwächst.

Im Falle exakt identifizierter Systeme erlaubt dieses Simulationsverfahren demnach die isolierte Schätzung einzelner Gleichungen aus der Strukturform des interdependenten Systems heraus. Wie sieht es nun damit bei überidentifizierten Systemen aus? Erweitern wir das Konsummodell, indem wir eine exogene Variable A für den staatlichen Konsum neben dem privaten Konsum C einführen:

(51) $$\begin{aligned} C &= \alpha + \beta Y + u \\ Y &= C + A + I \end{aligned}$$

Reduzierte Form[91]:

$$C = \frac{\alpha}{1-\beta} + \frac{\beta}{1-\beta}(I + A) = \pi_{11} + \pi_{12} I + \pi_{13} A$$

$$Y = \frac{\alpha}{1-\beta} + \frac{1}{1-\beta}(I + A) = \pi_{21} + \pi_{22} I + \pi_{23} A$$

Das Simulationsverfahren versagt hier, da für $\pi_{12} \neq \pi_{13}$ verschiedene β-Werte und damit zwei verschiedene Geraden entstehen.

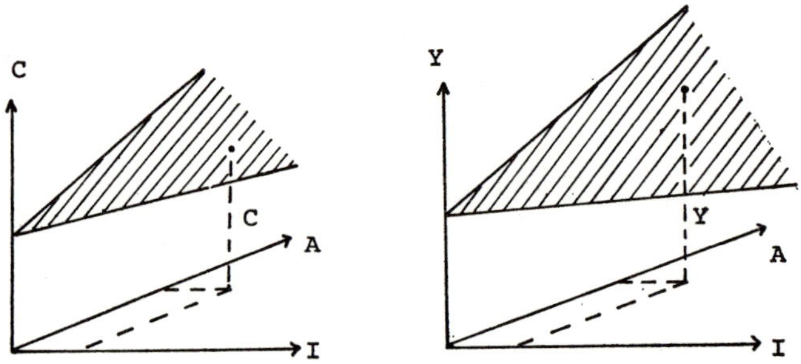

Simuliert man mit verschiedenen (A, I)-Wertepaaren entsprechende (C, Y),Werte und überträgt diese Werte in eine (C, Y)-Ebene, so liegen sie in der ganzen Ebene gleichmäßig dicht, da wegen $\hat{\pi}_{12} \neq \hat{\pi}_{13}$ und $\hat{\pi}_{22} \neq \hat{\pi}_{23}$ sich keine zweidimensionale Restriktion von der Form $C = \alpha + \beta Y$ ergibt.

Gewöhnlich geht man daher so vor, daß man die Verzerrung, welche bei der isolierten Schätzung entsteht, durch weitere Informationen, die dem System immanent sind, rückgängig zu machen versucht. Erhöht sich etwa in dem gerade identifizierten System der Konsum C um den Betrag der Zufallsvariablen u, so erhöht sich auch Y um u. Um die Gleichung $C = \alpha + \beta Y + u$ direkt zu schätzen, muß die sekundäre Wirkung von u auf Y rückgängig gemacht werden. Statt Y setzt man nun $\hat{Y}$ in die Gleichung, wobei

$$\hat{Y} = \frac{\alpha}{1-\beta} + \frac{1}{1-\beta} I \,. \tag{52}$$

$\hat{Y}$ ist von u unabhängig.

---

[91] Ohne Zufallsvariable notiert, da hier nicht die Schätzung, sondern die Identifikationsmöglichkeit interessiert.

b ist ein konsistenter Schätzwert für β[92]:

$$b = \frac{m_{C\hat{Y}}}{m_{\hat{Y}\hat{Y}}} \rightarrow \beta \ . \tag{53}$$

Da I eine exogene Variable und damit in der Strukturform unabhängig von u ist, liefert aus der reduzierten Gleichung

$$Y = \frac{\alpha}{1-\beta} + \frac{1}{1-\beta} I + \frac{1}{1-\beta} u \tag{54}$$

$\frac{m_{YI}}{m_{II}}$ einen erwartungstreuen Schätzwert für $\frac{1}{1-\beta}$.

Daraus erhält man b als Schätzwert für β:

$$b = \frac{m_{YI} - m_{II}}{m_{YI}} . \tag{55}$$

Da aber

$$Y = C + I$$

gilt (56)

$$m_{YI} = m_{CI} + m_{II}.$$

Damit wird

$$b = \frac{m_{CI}}{m_{YI}} . \tag{57}$$

Dies ist der Ausdruck für den Schätzwert von β, der sich bei der Verwendung der „Methode der Instrumentvariablen“ ergibt[93].

Aus den reduzierten Gleichungen läßt sich nun zeigen[94], daß

$$b = \frac{m_{CI}}{m_{YI}} = \frac{\beta m_{II} + m_{Iu}}{m_{II} + m_{Iu}} . \tag{58}$$

Da $m_{Iu} \rightarrow 0$, wenn $n \rightarrow \infty$, gilt:

$$\underset{n \rightarrow \infty}{p \lim}\ b = \beta . \tag{46}$$

Bei überidentifizierten Gleichungen stößt diese Methode aber an ihre Grenze, da man aus den aggregierten Parametern der reduzierten Form nicht mehr auf die Strukturparameter zurückrechnen kann[95].

---

[92] Vgl. dazu: *Johnston*, J.: Econometric Methods, S. 233 ff.

[93] Zu dieser Methode siehe Christ, C. F., a.a.O., S. 404.

[94] Vgl. *Johnston*, J.: a.a.O., S. 235.

Behält man das Prinzip bei, daß die Informationsverzerrung der Einzelgleichungen durch die „immanente" Information des Gesamtsystems korrigiert werden soll, so kann man hier ähnlich wie im Falle eines exakt identifizierten Systems vorgehen.

Die Strukturform in Matrixschreibweise sei

(15) $$y_t = B\, y_t + G\, x_t + u_t \ .$$

y_t, x_t und u_t sind Spaltenvektoren der endogenen, der exogenen und der Zufallsvariablen. Lösen wir das System nach y_t auf, so erhalten wir die reduzierte Form

(59) $$y_t = P\, x_t + e_t$$

wobei

$$P = (I - B)^{-1}\, G$$

$$e_t = (I - B)^{-1}\, u_t$$

Nun schätzt man mit Hilfe der Kleinstquadratmethode die Matrix P. Mit dem Schätzwert $\hat{P}$ wird nun berechnet

(60) $$\hat{y}_i = \hat{P}\, x_t \ .$$

$\hat{y}_t$ wird in die Strukturform eingesetzt

(61) $$y_t = B\, \hat{y}_t + G\, x_t + u_t \ .$$

Sodann werden in jeder einzelnen Gleichung die Strukturparameter wiederum mit der Kleinstquadratmethode geschätzt. Dies ist das Prinzip des zweistufigen Kleinstquadratverfahrens.

Wir vermerken zwei Eigenheiten dieses Verfahrens:

(a) Hat man eine zu schätzende Gleichung im Auge, so dienen die übrigen Gleichungen des Systems lediglich dazu herauszufinden, welche Variablen sonst noch zum System gehören. Das genügt, um die verzerrte Information der betroffenen Gleichung zu korrigieren. Die Information über die *detaillierte* Struktur der anderen Gleichungen geht jedoch verloren.

(b) Man schätzt zunächst die Parameter des reduzierten Systems. Bei der Skizzierung dieser Untersuchung über approximative Verfahren haben wir jedoch als Ziel angestrebt, die Parameter in der Strukturform direkt zu schätzen, um damit den Informationsver-

---

[95] "An *ID*-System is called just identified if the transformation from its reduced form back to the system in original form is a one-to-one transformation in the parameter space." *Wold,* H.: Construction principles ..., a.a.O., S. 125.

lust durch Aggregation der Parameter in der reduzierten Form zu vermeiden.

Überdies liegt den interdependenten Systemen, die etwa mit dem zweistufigen Kleinstquadratverfahren geschätzt werden, die „klassische“ Spezifikation der stochastischen Eigenschaften zugrunde.

Für das System

$$B\,y_t = Gx_t + u_t \tag{62}$$

gilt danach

$$E\,(u_t) \quad = \quad 0 \text{ für alle } t\,,$$

$$E\,(u_t\,u_{t+s}) = \begin{cases} 0 & \text{für } s \neq t \text{ und für alle } t\,, \\ \sigma^2 & \text{für } s = 0 \text{ und für alle } t\,, \end{cases}$$

$$E\,(u_t\,x_\tau) \quad = \quad 0 \text{ für alle } \tau \leqq t\,.$$

Die Zufallsvariablen sollen also mit allen vorherbestimmten Variablen unkorreliert sein, die im *ganzen System* auftreten. Im Falle überidentifizierter Systeme sind damit mehr Korrelationen spezifiziert, als zur Bestimmung der Koeffizienten benötigt werden[96].

Wold[97] hat eine Spezifikation interdependenter Systeme folgendermaßen vorgeschlagen (GEID-Spezifikation):

$$y_t = B\,y_t^* + G\,x_t + e_t\,, \tag{63}$$

wobei

$$y_t^* = (I - B)^{-1}\,G\,x_t\,,$$

$$e_t = (I - B)^{-1}\,u_t\,.$$

Die stochastischen Eigenschaften sind so spezifiziert, daß jede Zufallsvariable e_{it} mit jenen Komponenten der Vektoren x_t und y_t^* unkorreliert sind, welche in der i-ten Gleichung gerade vorkommen.

Auf die Gleichungen des Systems

$$y_t = B\,y_t^* + G\,x_t + e_t \tag{63}$$

könnte also nun zur Schätzung die Kleinstquadratmethode angewendet werden, da gilt

$$E\,(e, x) = 0\,,$$

$$E\,(e, y^*) = 0\,.$$

[96] Vgl. *Lyttkens,* E.: Symmetric and Asymmetric Interdependent Systems, Manuskript, University Statistical Institute Uppsala, 1968.

[97] *Wold,* H.: A fix-point theorem with econometric background, a.a.O.

Die Werte für y^* hingegen sind nicht beobachtbar. Sie müssen zusammen mit den Parameterwerten B und G gleichzeitig geschätzt werden. Diese Schätzung leistet die Fixpunkt-Methode. Das Verfahren selbst haben wir bereits dargestellt (vgl. Exkurs in Abschnitt 4.3).

Dies ist ein iteratives Verfahren, wie wir es eingangs gefordert haben. Insbesondere wird in diesem Verfahren nicht die aggregierte Parametermatrix $(I - B)^{-1} G = P$ geschätzt, sondern sogleich die Parameter der Matrizen B und G der Strukturform. Das Konsistenzkriterium besteht hier in einer Konvergenzbedingung derart, daß die Parametermatrizen B und G dann konsistente Schätzwerte enthalten sollen, wenn sich bei den Iterationen ergibt, daß $y^{*(s+1)} = y^{*(s)}$ ist bzw. nur noch um einen vorgegebenen (kleinen) Betrag abweicht.

Die Schätzwerte für B, G und y^* ergeben sich demnach aus

(64)
$$B = \lim_{s \to \infty} B^{(s)}$$
$$G = \lim_{s \to \infty} G^{(s)}$$
$$y^* = \lim_{s \to \infty} y^{*(s)}$$

Die Schätzwerte müssen also einen Grenzwert besitzen, sie müssen konvergieren.

Das FP-Verfahren stellt sich im Regelkreis folgendermaßen dar:

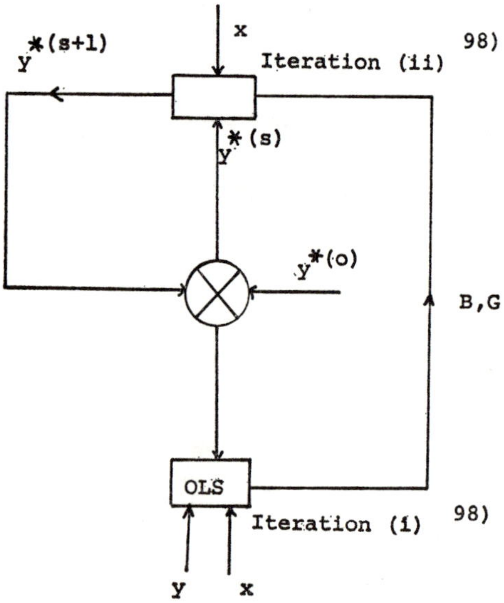

[98] Die Iterationen (i) und (ii) sind in Abschnitt 4.3 (Exkurs) beschrieben.

Diese kybernetische Analyse ökonometrischer Schätztechniken läßt sich mit den Überlegungen unter Punkt 5.3.1 verbinden. Dort wurde das Vorgehen bei einem kybernetischen Test ökonometrischer Modellstrukturen diskutiert, indem der Simulationstest von dem prediktiven Test abgehoben und mit einer Skizze erläutert wurde. Stellt man ein iteratives Schätzverfahren (FP-Methode) in gleicher Weise dar, so wird die Ähnlichkeit zwischen Simulationstest einer ökonometrischen Struktur und iterativer Schätzung deutlich[99].

Schätzung

$$y_t = B\, y_t^* + G\, x_t + e_t$$

$$y_t^* = B\, y_t^* + G\, x_t$$

$$= (I - B)^{-1}\, G\, x_t$$

Iterationsschritt s:

Gegeben ist $y_t^{*(s)}$.

Man erhält $B^{(s)}$ und $G^{(s)}$ mit OLS-Schätzung von

$$y_t = B^{(s)}\, y_t^{*(s)} + G^{(s)} x_t + e_t$$

Iterationsschritt s + 1:

Gegeben ist $B^{(s)}$, $G^{(s)}$.

Man erhält $y_t^{*(s)}$ aus

$$y_t^{*(s+1)} = B^{(s)}\, y_t^{*(s)} + G^{(s)}\, x_t$$

Die Iteration wird fortgesetzt, wenn

$$y_t^{*(s+2)} - y_t^{*(s+1)} < y_t^{*(s+1)} - y_t^{*(s)} .$$

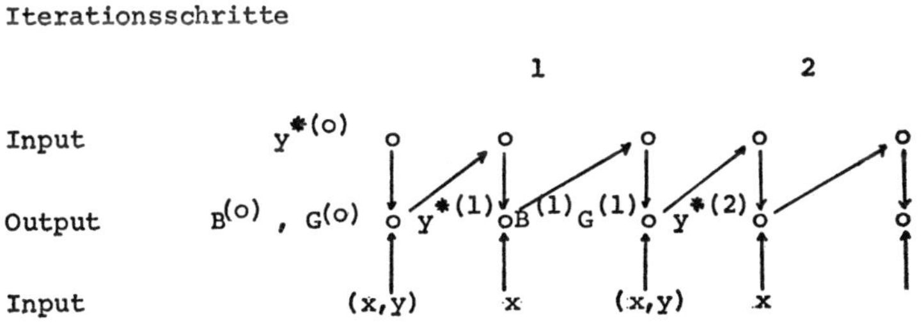

y^* wird berechnet (soll konvergieren)
x, y = konstant
B, G veränderlich (endogen)

---

[99] Goodwin schreibt über den Zusammenhang zwischen der iterativen Lösung von Gleichungssystemen und Problemen der dynamischen Wirtschafts-

Die Konvergenz der iterativen Schätzverfahren (und damit die Konsistenz der geschätzten Parameter) muß durch bestimmte Voraussetzungen sichergestellt sein. Bei dem hier gewählten Beispiel garantiert das Fixpunkt-Theorem diese Konvergenz nicht immer; die Konvergenzbedingungen werden mit Hilfe von Simulationsverfahren erforscht[100].

Bei der kybernetischen Prüfung ökonometrischer Strukturen wird diese „Konvergenz", die Stabilität der untersuchten Struktur also, durch ganz bestimmte Konstruktionsbestandteile der getesteten Modelle bewirkt. Ein wichtiger Fall, den wir näher untersucht haben: Konvergenz durch Gleichgewichtsbedingungen.

Eine weitere bedeutsame Übereinstimmung zwischen den Ergebnissen der kybernetischen Strukturuntersuchungen und der kybernetischen Analyse iterativer Schätzverfahren hat sich gezeigt: Die Simulation interdependenter Modelle in ihrer unmodifizierten statischen Form hat sich als unmöglich erwiesen. Gleicherweise scheiterte der Versuch, isolierte Approximationen von Kennlinien einzelner Relationen in geschlossenen Regelkreismodellen vorzunehmen. Wir sahen, daß dieses Resultat durchaus im Einklang mit den Ergebnissen der statistischen Schätzverfahren steht. Der gewählte Ausweg bei der Schätzung interdependenter Modelle führt über ihre reduzierte Form. Dabei geht durch die Parameteraggregation unvermeidlich Information verloren. Das Identifikationsproblem taucht auf. Unsere kybernetische Analyse hingegen zeigte iterative Verfahren, welche diese Parameteraggregation vermeiden und direkt aus der Strukturform heraus schätzen[101]. Auch hier war offensichtlich, daß für rekursive Systeme in diesem Punkte keine Schwierigkeiten liegen. Mehr noch: Die Strukturähnlichkeiten zwischen rekursiven Modellen, Simulationen und iterativen Schätzverfahren liefern gerade ein Argument für die Wahl einer rekursiven Modellform bei größeren ökonometrischen Systemen, bei denen die adäquaten simultanen Schätzverfahren in ihrer Leistungsfähigkeit überfordert werden[102].

---

theorie: "It always takes time to solve an equation by approximative methods, and if our methods for determining the successive approximations are made analogous to the structure of economic decisions, then we may regard the sequence of steps as entirely parallel to an actual process of economic dynamics in time. The convergence of the approximations to the correct answer is the same as the dynamical stability of economy", *Goodwin,* R. M.: Iteration, Automatic Computers, and Economic Dynamics, Metroeconomica, III, 1951, S. 1.

100 Vgl. dazu *Mosbaek,* E. J. and *Wold,* H.: Interdependent Systems, a.a.O.

101 Daher kann Wold sagen: "The notion of over-identification is not relevant for GEID-systems" (die einer iterativen Schätztechnik zugrunde liegen). *Wold,* H.: Nonlinear Estimation ..., a.a.O., S. 428.

102 Das liegt hauptsächlich daran, daß diese Verfahren eben über die reduzierte Form gehen müssen. Da aber dann in jeder Gleichung der reduzierten Form alle exogenen Variablen auftauchen, führt das zu unangenehmen „Mammutregressionen" (Klein). Wold meint daher, daß die Bezeichnung „reduziert" eigentlich unglücklich gewählt sei. *Wold,* H.: ebenda S. 428.

Genau so aber wie sich bei der kybernetischen Analyse der ökonometrischen Struktur auch für die zunächst unzugänglichen interdependenten Modelle ein Ansatzpunkt zur Simulationsuntersuchung ergab, zeigten sich auch Möglichkeiten für die iterative Approximation von Parameter in solchen interdependenten Modellen. Der wichtigste Fall war das Iterationsverfahren mit Hilfe der Fixpunktmethode. Interdependente Modelle können so in ihrer Strukturform geschätzt werden, die Parameteraggregation wird umgangen. Es kann gar nicht überraschen, daß dieser Modelltyp, bevor er einem solchen Verfahren unterworfen werden kann, so modifiziert werden muß, daß er grundsätzlich auch einer kausalen Deutung zugänglich ist. Das leistet die GEID-Spezifikation.

Hier liegt das wichtigste Ergebnis der kybernetischen Untersuchung von statistischen und iterativen Schätztechniken: Die Dichotomie von rekursivem und interdependentem Modelltyp wird fragwürdig bei dem Versuch, die ökonometrischen Koeffizienten in einem Regelkreis zu schätzen. Kybernetische Prinzipien weisen auf den Raum zwischen diesen beiden Modelltypen und bestätigen damit auch eine Entwicklung in der ökonometrischen Modellbildung, die sich gerade darauf ausrichtet. Zu diesen Entwicklungen zählen die blockrekursiven Systeme genau so wie die neuspezifizierten interdependenten Systeme vom GEID-Typ.

Die Diskussion „Interdependente vs. rekursive Modelle" schien für die meisten Beteiligten abgeschlossen zu sein. Die interdependenten Modelle beherrschen die Szene. Das Bemühen ging wesentlich dahin, leistungsfähige simultane Schätzverfahren zu entwickeln. In dem Maße, wie derartige Verfahren bereitgestellt wurden, schien sich das Problem um die Wahl des Modelltyps zu erledigen. Erst die neueren kybernetischen Möglichkeiten zur Prüfung und Schätzung von Strukturen haben diese Frage wieder belebt. Die Antwort, so viel ist jetzt schon klar, wird diesmal nicht wieder in einem „Entweder-Oder" liegen.

Schlußwort

Über Rekursivität und Interdependenz

Rekursivität oder Interdependenz in ökonometrischen Modellen? Wenige Lehrbücher der Ökonometrie gehen länger auf diese Frage ein, viele beantworten sie nicht explizit, trotzdem aber eindeutig[1]: Sie wird gar nicht erst gestellt, weil sie als weitgehend entschieden gilt. Die Entscheidung ist für den interdependenten Modelltyp gefallen, und wird bestärkt, weil die damit verbundenen Probleme der statistischen Schätztechnik erfolgreich behandelt werden konnten. Tatsächlich zeigt sich, daß die ökonometrischen Forschungsbemühungen sich seit dem Erscheinen der bahnbrechenden Arbeit von Haavelmo (1943) auf Entwurf und Entwicklung von Schätztechniken für interdependente Modelle konzentriert haben. Das erste Ergebnis und sicherlich eindrucksvolle Zeugnis dieser Arbeit sind die beiden Monographien No. 10 (1950) und No. 14 (1953) der Cowles Foundation.

Herman Wold, dem die ökonometrische Literatur wertvolle Beiträge zur Methodologie und Modellbildung verdankt, blieb ein einsamer Rufer mit seinem Hinweis auf die Bedeutung der Kausalstruktur in ökonometrischen Modellen und auf die Schwierigkeiten bei der Interpretation von Ergebnissen, die mit den inzwischen verfügbaren simultanen Schätzmethoden aus interdependenten Systemen abgeleitet wurden. Entgegengehalten wurde dabei zumeist das gewichtige Argument, daß rekursive Strukturen durch die Aggregation der Variablen über die Zeit, über Güter und über Entscheidungseinheiten zwangsläufig interdependenten Charakter annehmen. Wirtschaftsstatistische Daten sind nun einmal stark aggregiert. Über den großangelegten Versuch der Forscher am Social Systems Research Institute der Universität von Wisconsin, die Aggregationsproblematik

---

[1] Etwa so ausgezeichnete Lehrbücher wie die von Johnston und Malinvaud. Bei Malinvaud ist dieser Umstand allerdings durch seine Auswahl der Modelle bedingt, die man geradezu als „biased" bezeichnen kann: Er befaßt sich fast ausschließlich mit unirelationalen Modellen, d. h. mit einzelnen Gleichungen, wo unsere Problematik gar nicht erst auftritt. Ganz anders bei Christ, der sich fast ausschließlich mit multirelationalen Modellen befaßt, den unsere Frage aber aus anderen Gründen nicht sonderlich anregt. Sein Buch ist ein Ergebnis aus der Schule der Cowles Foundation. Vgl. dazu meine Rezension der Schrift von Christ in Kyklos, Fasc. 4, 1963, S. 791 ff.

durch einen simulativen Mikroansatz auf der Ebene der einzelnen Entscheidungseinheiten oder kleiner Gruppen zu vermeiden, ist man in den Reihen der kritischen Beobachter noch zu keinem gültigen Urteil gelangt.

Später freilich benötigte der interdependente Modellansatz eigentlich gar keine Argumentation mehr. Es genügt der Hinweis auf die ökonomische Theorie, die in ihrer Gleichgewichtsvariante den Modellbau dominierte und die ökonometrische Forschung mitversorgte. Diese grobe Skizze ist der Situation, wie man sie bis vor kurzem in der Ökonometrie antreffen konnte[2], auch grob angemessen.

Der Rekursivansatz von Tinbergen, der seinerzeit die ökonometrische Arbeit mit Gesamtmodellen einleitete und diese Forschungsrichtung somit gleichsam von der Gleichgewichtstheorie makroökonomischer Spielart abhob, interessiert nur als historisches Faktum — eine Fußnotenreferenz.

In der Wirtschaftstheorie hängen Modelltyp und Lösungstechnik eng zusammen. Die neuen Möglichkeiten der Lösungstechnik mit Hilfe von Elektronenrechnern schufen zunächst Unruhe in der ökonomischen Theorie. Dort hatte sich seit langer Zeit eine reibungslose Anpassung und glückliche Entsprechung von statischen Modellen und Infinitesimalkalkül einerseits, von dynamischen Modellen und den Verfahren der Differential- und Differenzengleichungsrechnung andererseits eingestellt. Die Voraussetzungen, die Beschränkungen des mathematischen Kalküls gaben die Richtlinien für den Modellbau ab. Der dort herrührende Einfluß auf die ökonometrische Forschung artikulierte sich in einer ausgeprägten Vorliebe für den interdependenten Systemtyp.

Von da her haben wir unsere Frage nach Rekursivität und Interdependenz in ökonometrischen Modellen aufgerollt. Unter kybernetischem Gesichtspunkt erwies sich eine Wiederaufnahme des Verfahrens Interdependenz vs. Rekursivität als lohnenswert. Die Vertreter eines Wissenschaftsprogramms, das die Erklärungsfunktion von Systemen höher einschätzt als deren Tendenz zur Verklärung der abgebildeten Realitätsausschnitte, waren in diesem Prozeß als Beobachter — teils als Nebenkläger — zugegen.

Was sich in der neueren ökonometrischen Forschung an einigen Stellen zeigt, die stärkere Berücksichtigung rekursiver Modelltypen aus den Notwendigkeiten der angewendeten Simulationsverfahren heraus, konnte in unserer theoretischen Analyse an manchen Punkten gestützt werden. Unter diesem Aspekt ergab vor allem die Darstellung kyber-

[2] Lehrbücher spiegeln ja mit einem gewissen time-lag den akzeptierten Wissensstand in einem Fachbereich wider.

netischer Modelle und der Bezug ökonometrischer Strukturen und Schätzverfahren auf diesen — weitgehend regeltechnischen — Ansatz Einsicht in die Nützlichkeit, ja Notwendigkeit rekursiver Elemente selbst in ursprünglich interdependenten Modellen. Die Frage nach dem Informationsgehalt verschiedener Modelltypen führte einerseits zur Prüfung ihrer Eignung, mit der Realität überhaupt konfrontiert zu werden. Eine Prüfung, die sich mit der Feststellung der statistischen Schätzbarkeit ökonometrischer Modelle nicht zufrieden gab, sondern neben dem dafür relevanten Gesichtspunkt der Identifikation zur Einbeziehung der Kausalstruktur von Modellen in ein Informationskonzept vorstieß. Der Beitrag, den andererseits die statistische Informationstheorie zu dieser Abteilung unserer Problemstellung leisten konnte, bestand in dem Nachweis der Überlegenheit rekursiver Strukturen. Die Interpretation der Modelle als Filter (Modellbildung als Codierung) in einem Prozeß der Nachrichtenübertragung begründete unser Vorgehen, ökonometrische Strukturen mit informationstheoretischen Konzepten zu untersuchen.

Die systemorientierte Analyse rekursiver und interdependenter Strukturen und ökonometrischer Schätzverfahren zeigte, daß die Trennungslinien zwischen den beiden Modelltypen nicht mehr so scharf verlaufen wie in den früheren Auseinandersetzungen. Einerseits bleibt man nicht mehr unbedingt bei dem Standpunkt „reiner Rekursivität"; die GEID-Spezifikation und das dazugehörige FP-Schätzverfahren bezieht sich auf interdependente Systeme mit quasi rekursiven Kausalstrukturen. Auf der anderen Seite haben Schwierigkeiten bei der Arbeit mit ökonometrischen Großsystemen eine Modifikation oder eine gänzliche Umwandlung streng interdependenter Systeme nahegelegt. Solche ökonometrischen Modelle (etwa vom Brookings-Typ) lassen sich einer „dritten Generation" zurechnen[3].

Der ehemals scheinbar strenge Dualismus von rekursivem und interdependentem Modelltyp in der Ökonometrie verlangte nach einer klaren Entscheidung. Man traf sie — wie wir zeigen konnten, beeindruckt durch die Attraktivität des Gleichgewichtskonzepts — zugunsten interdependenter Systeme. Unsere Untersuchung ergab: Diese Entscheidung ist problematisch. Das Ergebnis dieser kybernetischen Analyse und Bemühungen der neueren ökonometrischen Forschung und Praxis bestätigen einander.

---

[3] Das Ergebnis einer Entwicklung von der „ersten Generation" des Tinbergen-Modells über Systeme der „zweiten Generation", für die das Klein-Goldberger-Modell repräsentativ ist. Vgl. *Naylor*, Th. H., *Wertz*, K. und *Wonnacott*, Th.: Some Methods for Evaluating the Effects of Economic Policies Using Simulation Experiments, Review of the International Statistical Institute, Vol. 36, 1968, S. 184—200.

Anhang

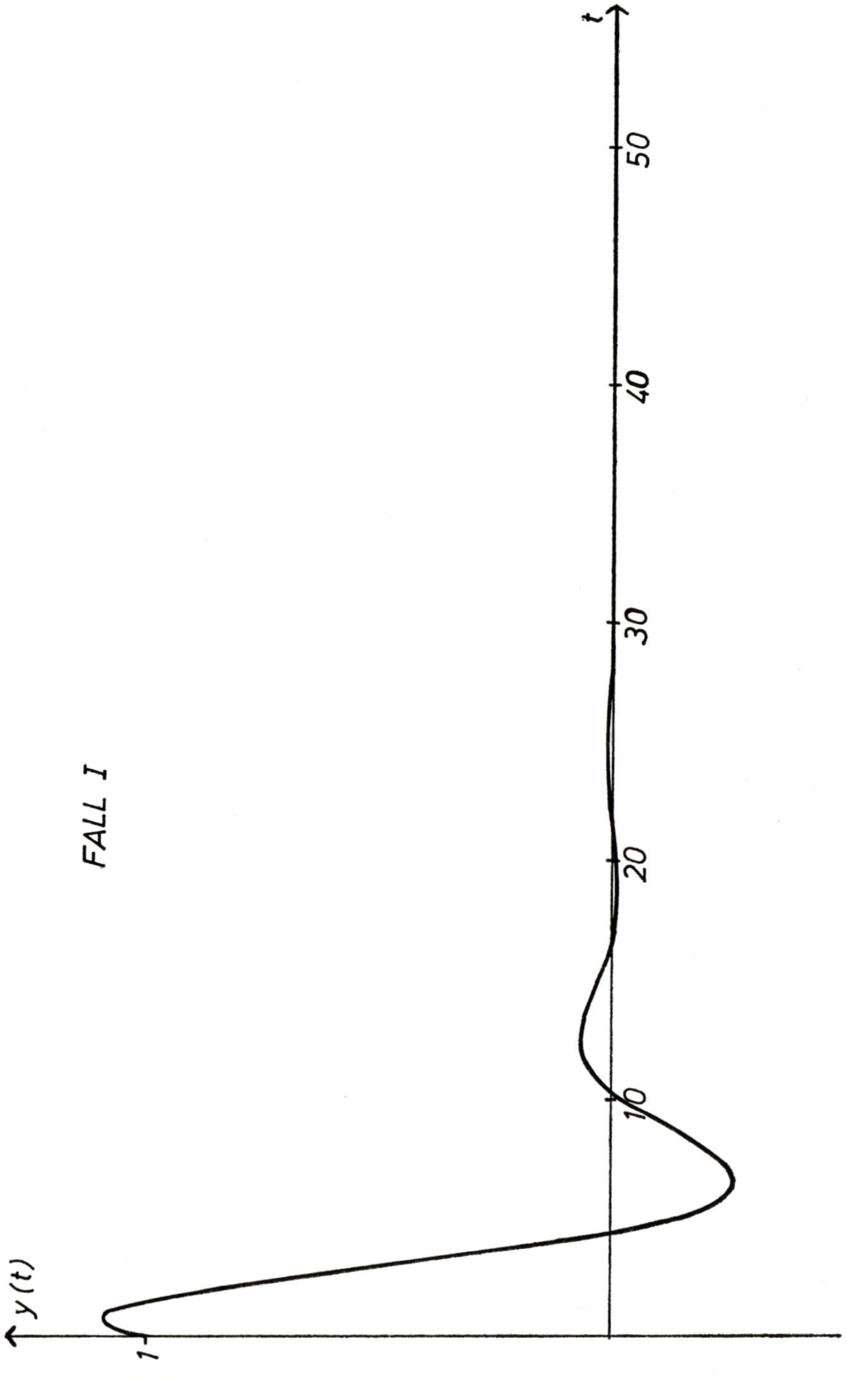
FALL I
y (t)
t
1
10
20
30
40
50

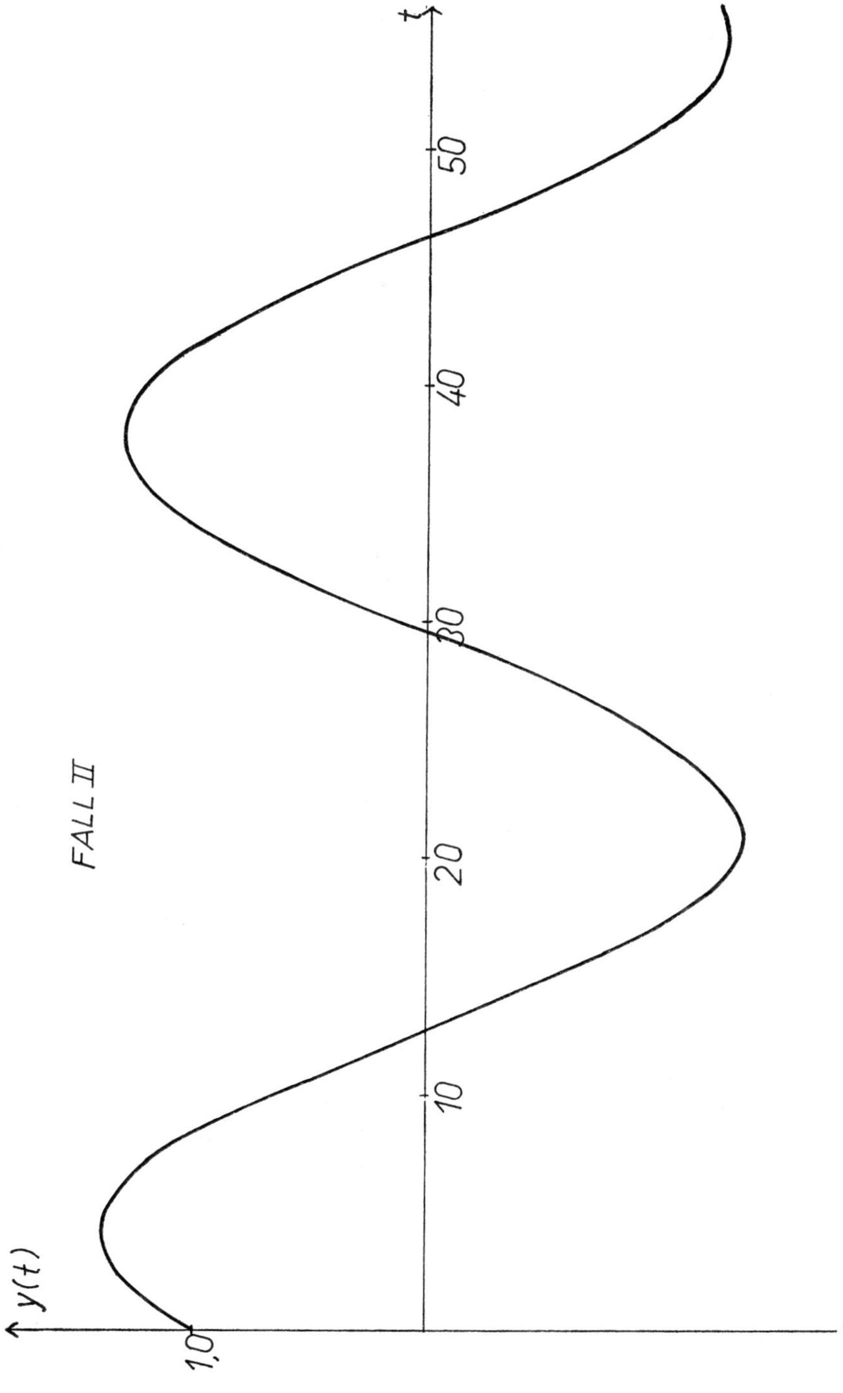
FALL II
y(t)
t
1,0
10
20
30
40
50

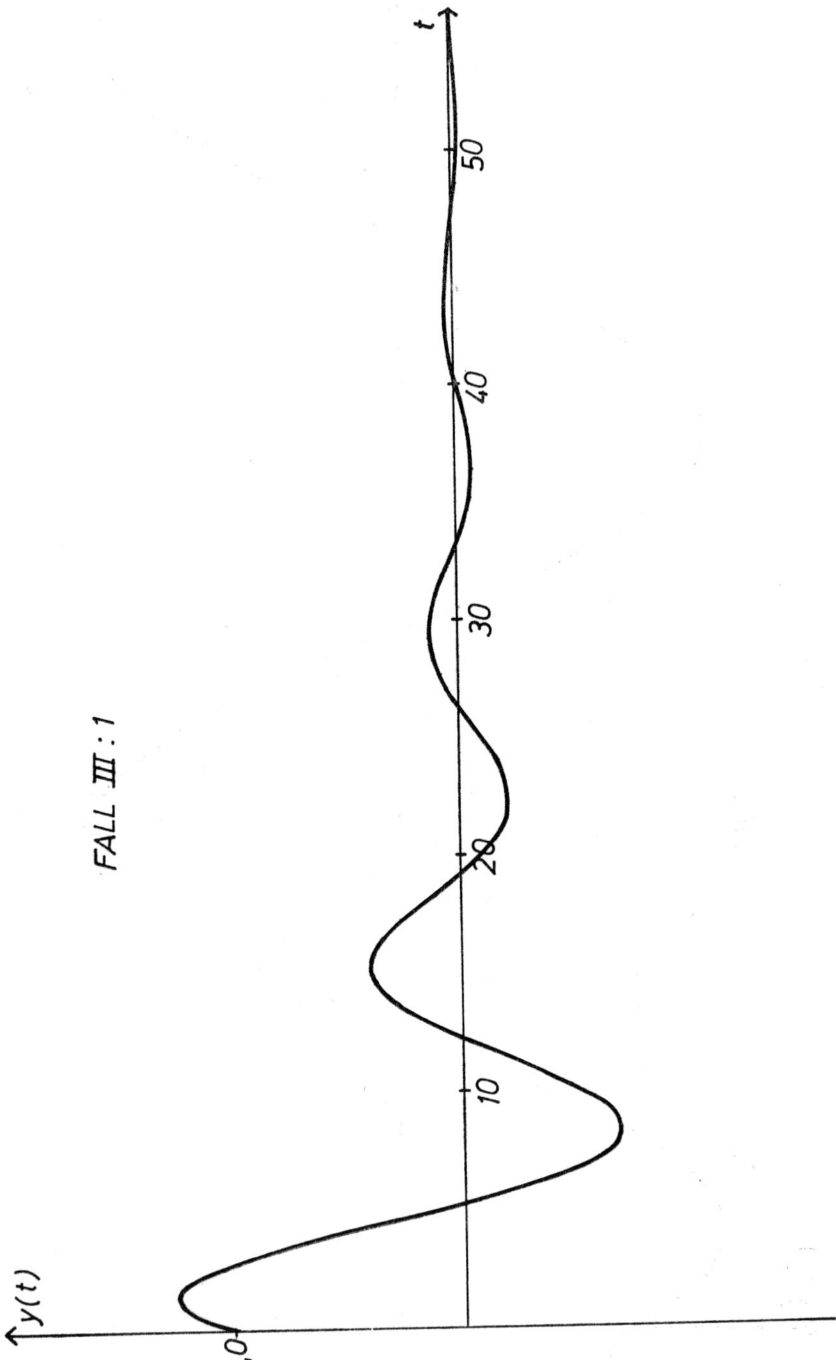
FALL III : 1
y(t)
t
1,0
10
20
30
40
50

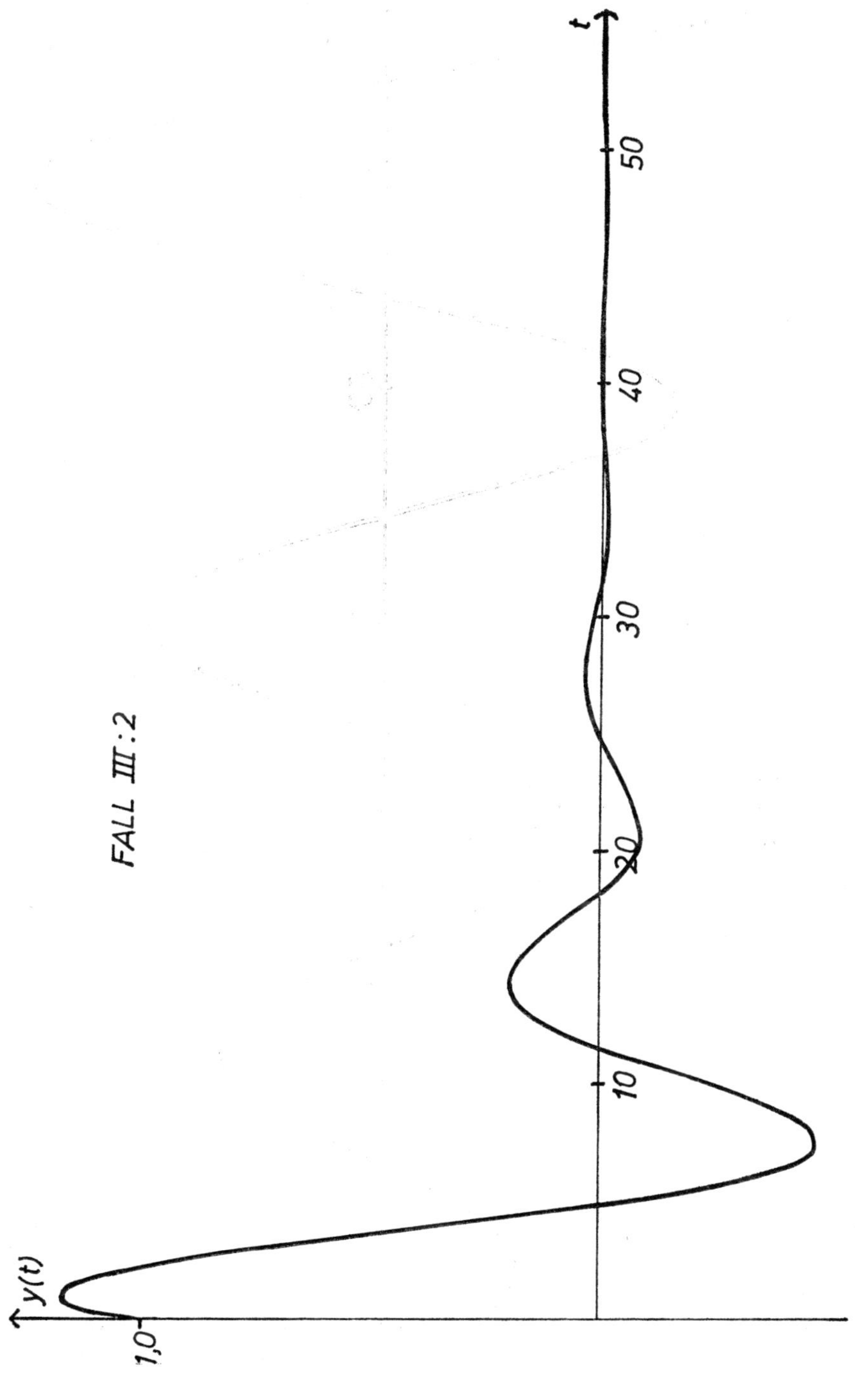
FALL III:2
y(t)
1,0
t
10
20
30
40
50

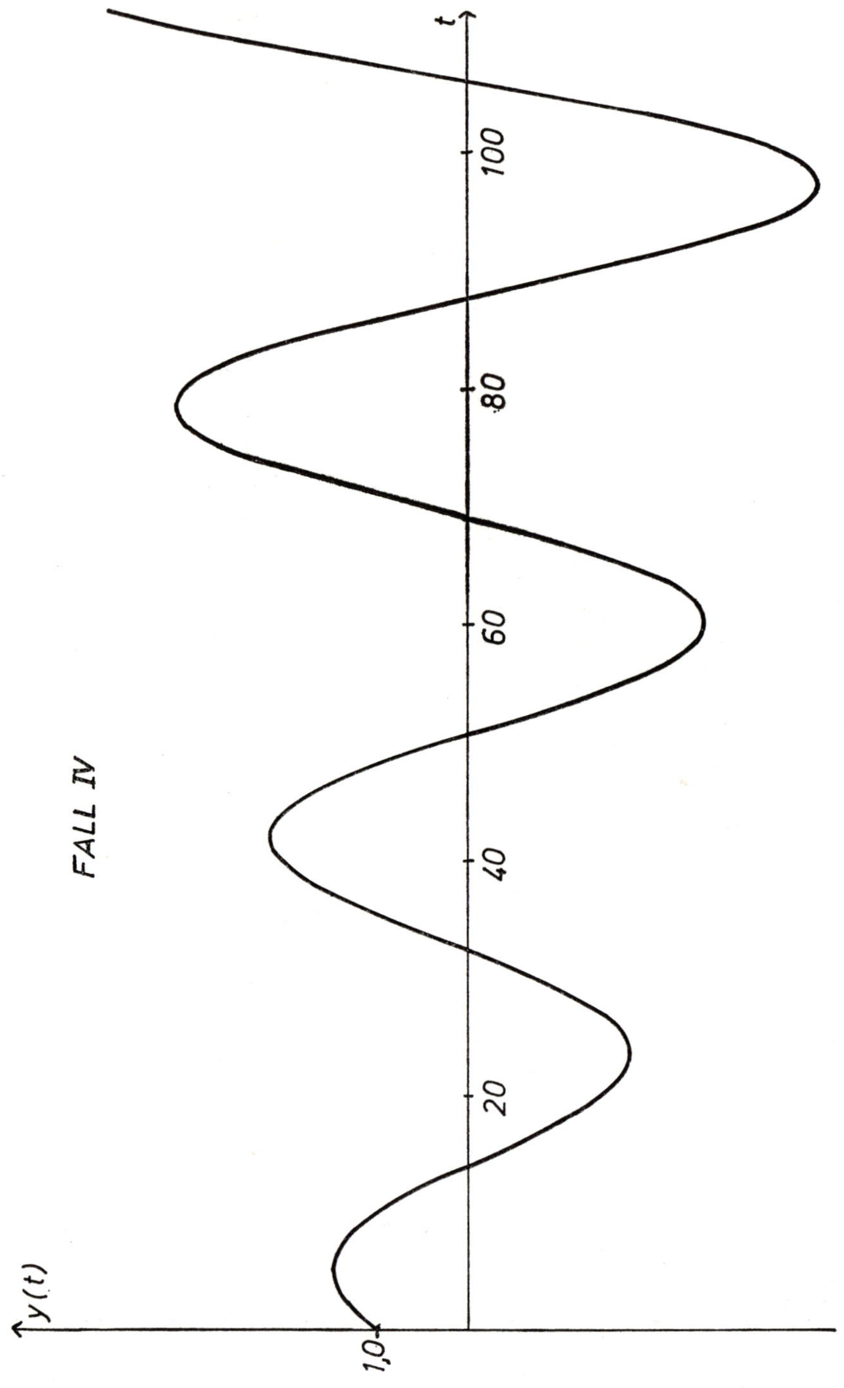
FALL IV
y(t)
t
1,0
20
40
60
80
100

Literaturverzeichnis

Selbständige Schriften

Ågren, A.: The Fractional Fixpoint Method, Licentiate thesis, University Statistical Institute, Uppsala 1967.

— The Effect of the Elimination of Identities on the Convergence Properties of the FFP-Method, Manuskript, University Statistical Institute, Uppsala, April 1969.

— A Study based on Klein's Model I, Manuskript, University Statistical Institute, Uppsala, Mai 1969.

Albert, H.: Traktat über kritische Vernunft, Tübingen 1968.

Ash, R.: Information Theory, New York 1965.

Baumol, W.: Economic Dynamics, 2. Aufl., New York 1959.

Bihn, W. R.: Die informationstheoretische Messung von Struktursystemen des internationalen Handels, Freiburg 1967.

Bljumin, I. G.: Die Krise der modernen bürgerlichen politischen Ökonomie, Berlin 1962.

Bodin, L.: Studies of Explicit and Fractional Fixpoint Estimation of Interdependent Systems, Licentiate thesis, University Statistical Institute, Uppsala 1968.

Christ, C. F.: Econometric Models and Methods, New York-London-Sydney 1966.

Conlisk, J.: The Equilibrium Covariance Matrix of Dynamic Econometric Models, University of Wisconsin, SSRI, Workshop Paper 6709, Preliminary Draft.

Duesenberry, J. S., *Fromm*, G., *Klein*, L. R. und *Kuh*, E., (Hrsg.): The Brookings Quarterly Econometric Model of the United States, Chicago-Amsterdam 1965.

Frisch, R.: Statistical Confluence Analysis by Means of Complete Regression Systems, University Institute of Economics, Oslo, Publication No. 5, 1934.

Fromm, G. und *Taubman*, P.: Policy Simulations with an Econometric Model, Amsterdam 1968.

Geyer, H. und *Oppelt*, W., (Hrsg.): Volkswirtschaftliche Regelungsvorgänge im Vergleich zu Regelungsvorgängen in der Technik, München 1967.

Gide, Ch. und *Rist*, Ch.: Geschichte der volkswirtschaftlichen Lehrmeinungen, Jena 1923.

Goldberger, A. S.: Econometric Theory, New York 1964.

Hazlitt, H.: Das Fiasko der Keynesschen Wirtschaftslehre, Frankfurt 1960.

Hoppmann, E.: Die Periodenanalyse als Theorie der volkswirtschaftlichen Dynamik, Berlin 1956.

Hutchison, T. W.: A Review of Economic Doctrines 1870—1929, Oxford 1953.

Johnston, J.: Econometric Methods, New York-London 1963.

Jonas, F.: Das Selbstverständnis der ökonomischen Theorie, Berlin 1964.

Kade, G.: Die Grundannahmen der Preistheorie, Eine Kritik an den Ausgangssätzen der mikroökonomischen Modellbildung, Berlin und Frankfurt 1962.

Keynes, J. N.: The Scope and Method of Political Economy, 1891, 4. Aufl., New York 1955.

Khinchin, I. A.: Mathematical Foundations of Information Theory, New York 1957.

Klaus, G.: Kybernetik in philosophischer Sicht, 4. Aufl., Berlin 1965.

Klein, L. R.: Economic Fluctuations in the United States 1921—1941, New York 1956.

Knies, K.: Die Statistik als selbständige Wissenschaft, Kassel 1850.

— Die politische Ökonomie vom geschichtlichen Standpunkte, Neudruck 1930, Leipzig.

Koopmans, T. C. (Hrsg.): Statistical Inference in Dynamic Economic Models, Cowles Commission Monograph, No. 10, New York 1950.

Krupp, H. J.: Econometric Analysis of Tax Incidence, Beitrag zur Konferenz über „The Use of Quantitative Analysis in Public Finance", Turin, September 1968, Manuskript.

— Theorie der personellen Einkommensverteilung. Allgemeine Grundzüge und verteilungspolitische Simulationen, Berlin 1968.

Kuhn, H.: Die Struktur quantitativer Modelle, Zur wirtschaftstheoretischen Grundlegung der Ökonometrie, Tübingen 1968.

Kullback, S.: Information Theory and Statistics, New York 1959.

Lange, O.: Wholes and Parts, Oxford usw. 1965.

Lundberg, E.: Studies in the Theory of Economic Expansion, Oxford 1955.

Lyttkens, E.: Symmetric and Asymmetric Interdependent Systems, Manuskript, University Statistical Institute Uppsala 1968.

Mackeprang, E. P.: Pristeorier, Kopenhagen 1906.

Meißner, W.: Oligopolanalyse im Rahmen eines allgemeinen Handlungsmodells, Berlin 1965.

Menger, C.: Die Irrtümer des Historismus in der deutschen Nationalökonomie, Neudruck 1966, Aalen.

— Untersuchungen über die Methode der Sozialwissenschaften und der politischen Ökonomie insbesondere, Leipzig 1883.

Mosbaek, E. J. und *Wold*, H.: Interdependent Systems, Structure and Estimation, Amsterdam 1970.

Nyblén, G.: The Problem of Summation in Economic Science, Lund 1951.

Oppelt, W.: Kleines Handbuch technischer Regelvorgänge, 4. Aufl., Weinheim 1964.

Popper, K.: Logik der Forschung, Wien 1935, Neudruck Tübingen 1967.

Reichardt, H.: Kreislaufaspekte in der Ökonomik, Tübingen 1967.

Renyi, A.: Wahrscheinlichkeitsrechnung, VEB Deutscher Verlag der Wissenschaften Berlin 1966.

Salin, E.: Politische Ökonomie. Geschichte der wirtschaftspolitischen Ideen von Platon bis zur Gegenwart, Tübingen und Zürich 1967.

Samuelson, P. A.: Foundations of Economic Analysis, Cambridge, Mass. 1963.

Schmoller, G.: Grundriß der Allgemeinen Volkswirtschaftslehre, Teil I und II, München 1919.

Schneider, E: Einführung in die Wirtschaftstheorie, II, Tübingen 1949.

Schultz, H.: The Theory and Measurement of Demand, Chicago 1938.

Schumpeter, J.: Geschichte der ökonomischen Analyse, Göttingen 1965.

Shannon, C. E. and *Weaver*, W.: The Mathematical Theory of Communication, Urbana 1964.

Stachowiak, H.: Denken und Erkennen im kybernetischen Modell, Wien-New York 1965.

Stavenhagen, G.: Geschichte der Wirtschaftstheorie, Göttingen 1964.

Theil, H.: Economics and Information Theory, Amsterdam 1967.

Tinbergen, J.: Business Cycles in the United Kingdom 1870—1914, 2. Aufl., Amsterdam 1956.

— Centralization and Decentralization of Economic Policy, Amsterdam 1954.

— Economic Policy — Principles and Design, 3. Aufl., Amsterdam 1966.

— On the Theory of Economic Policy, 4. Aufl., Amsterdam 1966.

— Statistical Testing of Business-Cycle Theories. Bd. I: A Method and Its Application to Investment Activity; Bd. II: Business Cycles in the United States of America 1919—32, Genf 1939.

Tinbergen, J. und *Polack*, J. J.: The Dynamics of Business Cycles, Chicago 1950.

Topitsch, E.: Vom Ursprung und Ende der Metaphysik, Wien 1958.

Wold, H. in Zusammenarbeit mit L. *Juréen*: Demand Analysis, A Study in Econometrics, Stockholm-New York 1952.

Aufsätze in Zeitschriften und Sammelwerken

Adam, A.: Entropie und Streuung, Metrika, Bd. 1, 1958, S. 99—110.

Adelman, I. und *Adelman*, F. L.: The Dynamic Properties of the Klein-Goldberger-Model, Econometrica, 27, 1959, S. 597—625.

Albert, H.: Erwerbsprinzip und Sozialstruktur, Zur Kritik der neoklassischen Marktsoziologie, Jahrbuch für Sozialwissenschaft, 19, 1968, S. 1—65.

Basman, R.: The Causal Interpretation of Non-Triangular Systems of Economic Relations, Econometrica, 31, 1963, S. 439—448.

Bentzel, R. und *Hansen*, B.: On Recursiveness and Interdependency in Economic Models, The Review of Economic Studies, XXII, 1954/55, S. 153—168.

Cohen, K. J. und *Cyert*, R. M.: Computer Models in Dynamic Economics. Quarterly Journal of Economics, LXXV, 1961, S. 112—127.

DIN-Blatt 19226: Regelungstechnik.

Fisher, F. M.: Dynamic Structure and Estimation in Economywide Econometric Models, in: The Econometric Approach in Development Planning, Amsterdam-Chicago 1965, S. 385—447.

Frisch, R.: Correlation and Scatter in Statistical Variables, Nordisk Statistisk Tidskrift, 1928, S. 36—102.

— Propagation Problems and Impulse Problems in Dynamic Economics, in: Economic Essays in Honor of Gustav Cassel, London 1933, S. 171—205.

Frisch, R.: Editorial, Econometrica, 1, 1933, S. 1–4.

Garner, W. R. und *McGill*, W. J.: The Relation between Information and Variance Analyses, Psychometrika, Vol. 21, 1956, S. 219–228.

Gelfand, I. M. und *Jaglom*, A. M.: Über die Berechnung der Menge an Information über eine zufällige Funktion, die in einer anderen zufälligen Funktion enthalten ist, in: Arbeiten zur Informationstheorie, Bd. II, VEB Deutscher Verlag der Wissenschaften, Berlin 1958, S. 7—56.

Goldberger, A. S., *Nagar*, A. L. und *Odeh*, H. S.: The covariance matrices of reduced form coefficients and of forecasts for a structural econometric model, Econometrica, 29, 1961, S. 556—573.

Goodwin, R. M.: Iteration, Automatic Computers, and Economic Dynamics, Metroeconomica, III, 1951, S. 1—7.

Griliches, Z.: The Brookings Quarterly Model Volume: A Review Article, Center for Mathematical Studies in Business and Economics, University of Chicago, Report 6810, Februar 1968.

Henn, R.: Die Gewinnung statischer Kennlinien aus dem Beobachtungsmaterial, in: Geyer-Oppelt, Volkswirtschaftliche Regelungsvorgänge, a.a.O., S. 86—97.

Hillinger, C.: Testing Econometric Models by Means of Time Series Analysis, in: Kuhn, H. W. und Szegö, G. P., Mathematical Systems Theory and Economics II, Lecture Notes in Operations Research and Mathematical Economics, No. 12, Berlin 1969, S. 433—440.

Holt, Ch. C.: Validation and Application of Macroeconomic Models Using Computer Simulation, in: Duesenberry-Fromm-Klein-Kuh, (Hrsg.), The Brookins Quarterly Econometric Model of the United States, Chicago-Amsterdam 1965, S. 637–652.

Kade, G., *Ipsen*, D. und *Hujer*, R.: Modellanalyse ökonomischer Systeme. Regelung, Steuerung oder Automatismus? Jahrbücher für Nationalökonomie und Statistik, 182, 1968, S. 2–35.

Kade, G., *Hujer*, R. und *Ipsen*, D.: Kybernetik und Wirtschaftsplanung, Zeitschrift für die gesamte Staatswissenschaft, 125, 1969, S. 17–55.

Keynes, J. M.: Professor Tinbergen's Method, The Economic Journal, 1939, S. 558—568.

— Comment, The Economic Journal, 1940, S. 154—156.

Klappholz, K. und *Mishan*, E. J.: Identities in Economic Models, Economica, 19, 1962, S. 117—128.

Klein, L. R.: Discussion of Professor Wold's Paper, Journal of the Royal Statistical Society, Ser. A, Vol. 119, 1956, S. 54—55.

Kolmogoroff, A. H.: Theorie der Nachrichtenübermittlung, in: Arbeiten zur Informationstheorie, Bd. I, VEB Deutscher Verlag der Wissenschaften, Berlin 1957, S. 91—116.

Lutz, Th.: Kybernetik, Struktur und Simulation, Soziale Welt, Heft 1, 1965, S. 27—45.

Marschak, J.: Identity and Stability in Economics: A Survey, Econometrica, 10, 1942, S. 61—74.

Meißner, H.: Die Entwicklung der Gleichgewichtstheorie als Ausdruck des Zerfallsprozesses der bürgerlichen politischen Ökonomie, in: Probleme der politischen Ökonomie, Deutsche Akademie der Wissenschaften, Jahrbuch des Instituts für Wirtschaftswissenschaften, Band 5, Berlin 1961.

Meißner, W.: Gleichgewichtsökonomik und mikroökonomische Entscheidungstheorie, Finanzarchiv, N. F., 26, 1967, S. 70—77.

— Die Problematik der Regressionsanalyse. Nach einer Vorlesung von H. Wold, Allgemeines Statistisches Archiv, 1968, S. 337—352.

— Rezension von Christ, Econometric Models and Methods, Kyklos, 1968, S. 791—792.

— Zur Methodologie der Simulation, Zeitschrift für die gesamte Staatswissenschaft, Band 126, 1970, S. 385—397.

Naylor, Th. H., *Wertz*, K. und *Wonnacott*, Th.: Some Methods for Evaluating the Effects of Economic Policies Using Simulation Experiments, Review of the International Statistical Institute, 36, 1968, S. 184—200.

Orcutt, G. H.: A New Regression Analyser, Journal of the Royal Statistical Society, 111, Part I, 1948, S. 54—70.

Van de Panne, C.: Variances and Stability in Linear Dynamic Models, Metroeconomica, XVIII, 1966, S. 109—116.

Pribram, K.: Prolegomena to Economic Reasoning, Quarterly Journal of Economics, 65, 1951, S. 1—37.

Robinson, J.: Marx and Keynes, in: Horowitz, D., (Hrsg.), Marx and Modern Economics, London 1968, S. 103—116.

Robinson, E. A.: Recursive Decomposition of Stochastic Processes, in: Wold, H., (Hrsg.), Econometric Model Building. Essays on the Causal Chain Approach, Amsterdam 1964, S. 111—168.

Rosenblueth, A. und *Wiener*, N.: The Role of Model in Science, Philosophy of Science, XII, No. 4, 1945, S. 316—321.

Schmidt, H.: Denkschrift zur Gründung eines Instituts für Regelungstechnik, 1941. Abgedruckt in: Grundlagenstudien aus Kybernetik und Geisteswissenschaft, Beiheft zu Band 2, Quickborn 1961.

Schumpeter, J.: Gustav v. Schmoller und die Probleme von heute, abgedruckt in: Dogmenhistorische und biographische Aufsätze, Tübingen 1964.

— John Maynard Keynes, in: Dogmenhistorische und biographische Aufsätze, Tübingen 1954.

— The Common Sense of Econometrics, Econometrica, 1, 1933, S. 5—12.

Slutsky, E.: The Summation of Random Causes as the Source of Cyclical Processes, Econometrica, 5, 1937, S. 105—146. Übersetzung des russischen Artikels von 1927.

Smithies, A.: Process Analysis and Equilibrium Analysis, Econometrica, 10, 1942, S. 26—38.

Steinbuch, K.: Kybernetik — Weg zu einer neuen Einheit der Wissenschaften, VDI-Zeitschrift, 104, 1962.

Strotz, R. und *Wold*, H.: Recursive vs Nonrecursive Systems. An Attempt at Synthesis, Econometrica, 28, 1960, S. 417—427.

Strotz, R. und *Wold*, H.: The Causal Interpretability of Structural Parameters. A Reply, Econometrica, 31, 1963, S. 449—450.

Summers, R.: A Capital Intensive Approach to the Small Sample Properties of Various Simultaneous Equation Estimators, Econometrica, 33, 1965, S. 1—41.

Sweezy, P. M.: The First Quarter Century (1963), in: Lekachman, R., (Hrsg.), Keynes' General Theory, Reports of Three Decades, New York 1964.

Theil, H. und *Boot,* J. C. G.: The Final Form of Econometric Equation Systems, Review of the International Statistical Institute, 30, 1962, S. 136—152.

Tinbergen, J.: The Significance of Keynes' Theories from the Econometric Point of View, in: Harris, S. E. (Hrsg.) The New Economics, London 1952.

— Econometric Business Cycle Research, The Review of Economic Studies, 7, 1939/40.

— On a Method of Statistical Business-Cycle Research, A Reply, The Economic Journal, 1940, S. 141—150.

Wold, H.: Dynamic Systems of the Recursive Type — Economic and Statistical Aspects, Sankhya, 11, 1951, S. 205—216.

— Causality and Econometrics, Econometrica, 22, 1954, S. 162—177.

— Causal Inference from Observational Data, Journal of the Royal Statistical Society, Ser. A, Vol. 119, 1956, S. 28—60.

— A Case Study of Interdependence versus Causal Chain Systems, Revue de l'Institut International de Statistique, 26, 1958, S. 5—25.

— Construction Principles of Simultaneous Equation Models in Econometrics, Proceedings of the 32nd Session of the International Statistical Institute, Tokyo 1960. Bulletin de l'Institut International de Statistique, 38, 1961, S. 111—138.

— Zeitreihenprognose nach dem Kettenprinzip, Metrika, 6, 1963, S. 199—221.

— A fix-point theorem with econometric background, Arkiv för Matematik, 1965, S. 209—239.

— Forecasting and Scientific Method, in: Wold, H., (Hrsg.), Forecasting on a Scientific Basis, Lissabon 1966, S. 1—66.

— On the Definition and Meaning of Causal Concepts, in: Wold, H., (Hrsg.), Model Building in the Human Sciences, Monaco 1966, S. 265—295.

— Nonlinear Estimation by Iterative Least Square Procedures, in: David, F. N., (Hrsg.), Research Papers in Statistics, Festschrift for J. Neyman, London usw. 1966, S. 411—444.

— Time Series: Cycles, Artikel in: International Encyclopedia of the Social Sciences, New York 1968.

— Ends and means of scientific method, with special regard to the social sciences. Acta Universitatis Upsaliensis, 17, 1968, S. 96—140.

Zusman, P.: An Investigation of the Dynamic Stability and Stationary States of the United States Potatoe Market, 1930—1958, Econometrica, 30, 1962, S. 522—547.

Volkswirtschaftliche Schriften

1 **Grundlagen der Preisbildung.** Von *E. Carell.* 138 S. 1952. DM 15,80

2 **Schöpferischer Wettbewerb und klassenlose Gesellschaft.** Von *H. Arndt.* 148 S. 1952. DM 18,60

3 **Sozialprodukt und Volkseinkommen.** Von *O. Kraus.* 123 S. 1952. DM 12,60

4 **Der Mensch als wirtschaftliches „Datum".** Von *H. Droege.* 72 S. 1952. DM 9,80

5 **Weltwirtschaftlicher Solidarismus.** Von *R. Fleck.* 128 S. 1952. DM 15,80

6 **Die Konkurrenz und ihre Fehlentwicklungen.** Von *B. Röper.* 243 S. 1952. DM 19,60

7 **Der organisierte Teilzahlungskredit.** Von *H. Reuschel.* 114 S. 1953. DM 14,—

8 **Kreislauf und Entwicklung der Volkswirtschaft.** Von *O. Kraus.* 112 S. 1953. DM 11,80

9 **Notenbankverfassung und Notenbankentwicklung in USA und Westdeutschland.** Von *R. P. Geisler.* 213 S. 1953. DM 22,60

10 **Der freie und der gebundene Arbeitsmarkt.** Von *Ch. E. Weber.* 180 S. 1953. DM 16,80

11 **Die volkswirtschaftliche Gesamtrechnung.** Von *W. Hofmann.* 217 S. 1954. DM 26,—

12 **Das Konkurrenzproblem im Oligopol.** Von *R. Richter.* 112 S. 1954. DM 12,—

13 **Nivellierung und Differenzierung der Arbeitseinkommen in Deutschland seit 1925.** Von *J. H. Müller.* 175 S. 1954. DM 19,60

14 **Das Akzelerationsprinzip.** Von *W. Mieth.* 118 S. 1954. DM 12,80

15 **Wohin steuert die Sowjetwirtschaft?** Von *W. Hofmann.* 141 S. 1955. DM 16,80

16 **Kapitalbeteiligung des Arbeitnehmers am arbeitgebenden Unternehmen.** Von *W. G. Schmitz.* 96 S. 1955. DM 10,60

17 **Kupfer in der Weltwirtschaft.** Von *M. H. Hess.* 122 S. 1955. DM 15,60

18 **Gewerbefreiheit als wirtschaftspolitisches Problem.** Von *E. Tuchtfeldt.* 220 S. 1955. DM 22,—

19 **Der amerikanische Arbeitsmarkt.** Von *E. Kröller.* 215 S. 1956. DM 20,60

20 **Die Periodenanalyse als Theorie der volkswirtschaftlichen Dynamik.** Von *E. Hoppmann.* 225 S. 1956. DM 26,60

21 **Wohnungsbau für Minderbemittelte.** Hrsg. von *M. Schneider.* 124 S. 1956. DM 9,60

22 **Die Arbeitsverfassung der Sowjetunion.** Von *W. Hofmann.* XIX, 542 S. 1956. Ln. DM 48,—

23 **Die finanzielle Einheit der Französischen Union.** Von *W. Vollrodt.* 185 S. 1956. DM 19,60

24 **Die deutschen und angelsächsischen Kreditbanken im Lichte ihrer Bilanzen.** Von *W. Fischöder.* 116 S. 1956. DM 13,60

25 **Lohnwertbildung und Eigentumsordnung in der modernen Marktwirtschaft.** Von *Ch. E. Weber.* 108 S. 1957. DM 9,80

26 **Die Kaufkraft der Rupie.** Von *W. O. Habermeier.* 115 S. 1957. DM 13,60

27 **Wirtschaftsintegrationen und Integrationsstatistik.** Von *F. Below.* 144 S. 1957. DM 16,60

28 **Der Unternehmungsgewinn.** Von *S. Varga.* 158 S. 1957. DM 15,60

29 **Vertikale Preisbindung und Handel.** Von *E. Hoppmann.* 64 S. 1957. DM 6,60

30 **Der Geldschöpfungskoeffizient der Kreditbanken in der Bundesrepublik.** Von *H.-J. Lierow.* 69 S. 1957. DM 8,—

31 **Die Industrialisierung der wirtschaftlich unterentwickelten afrikanischen Länder und ihre Auswirkungen auf die Weltwirtschaft.** Von *A. Muddathir.* 331 S. 1957. DM 32,—

32 **Das neutrale Geld.** Von *W. Paede.* 82 S. 1957. DM 9,80

33 **Die eisenschaffende Industrie Brasiliens.** Von *E. A. Boas.* 184 S. 1957. DM 22,60

34 **Das System der Einkommensverteilung in der sozialistischen Marktwirtschaft Jugoslawiens.** Von *I. Weitzmann.* 147 S. 1958. DM 18,—

35 **Steuerüberwälzungslehre.** Von *H. C. Recktenwald.* 2. Aufl. 219 S. 1966. Brosch. DM 28,—; Ln. DM 32,—

36 **Verkaufswerbung — ihre Technik, Psychologie und Ökonomie.** Von *G. Friedrichs.* 183 S. 1958. DM 22,20

37 **Die Kategorien des ökonomischen Denkens.** Von *Ch. E. Weber.* 120 S. 1958. DM 11,80

38 **Der Lagerzyklus.** Von *H. Schimmler.* 113 S. 1958. DM 15,—

39 **Funktionsfähige Konkurrenz.** Von *K. Kühne.* VII, 282 S. 1958. DM 32,60

40 **Das Kapital und seine Besteuerung.** Von *G. Schmidt.* 247 S. 1959. DM 28,—

41 **Die Probleme der Währungskonvertierbarkeit.** Von *K. R. Hartung.* 147 S. 1959. DM 18,60

42 **Faktorelastizität und Beschäftigungsverlauf.** Von *H. Kasten.* 84 S. 1959. DM 10,80

43 **Konkurrenz und Kooperation.** Von *H. Habisreitinger.* 110 S. 1959. DM 13,80

44 **Marktwirtschaftliche Theorie des neutralen Geldes.** Von *H. H. Lechner.* 120 S. 1959. DM 14,80

45 **Europa-Markt und Wettbewerb.** Von *W. Hofmann.* 48 S. 1959. DM 5,60

46 **Die Veränderungen der Lohnstruktur.** Von *J. Klaus.* 116 S. 1959. DM 14,40

47 **Die wirtschaftliche Problematik der Raumordnung.** Von *D. Storbeck.* 201 S. 1959. DM 22,60

48 **Der Unternehmer und die volkswirtschaftliche Entwicklung.** Von *F. Rexhausen.* 129 S. 1960. DM 16,—

49 **Über die Problematik der internationalen währungspolitischen Kooperation.** Von *H. W. Prill.* 258 S. 1960. DM 28,—

50 **Welfare Economics.** Von *J. Pahlke.* 84 S. 1960. DM 9,80

51 **Außenhandel und Außenwirtschaftspolitik des Iran.** Von *A. Adli.* 314 S. 1960. DM 39,60

52 **Die Berechtigung sittlicher Werturteile in den Sozialwissenschaften.** Von *G. Weigand.* 120 S. 1960. DM 14,80

53 **Der gerechte Lohn.** Von *W. Baldamus.* 85 S. 1960. DM 11,60

54 **Die Theorie der Standortwahl.** Von *W. Meyer.* 298 S. 1960. DM 33,60

55 **Der Neoliberalismus und die Gestaltung der Wirtschaftsverfassung in der Bundesrepublik Deutschland.** Von *R. Behlke.* 223 S. 1961. DM 28,—

56 **Produktivität und Distribution im Lichte der deutschen gewerkschaftlichen Lehrmeinungen der Weimarer Epoche (1918—1933).** Von *K. M. Wrede.* 195 S. 1960. DM 19,60

57 **Zur Problematik des Miteigentums.** Von *A. von Loesch.* 102 S. 1961. DM 12,80

58 **Die Schweizer Bankobligationen unter Ausschluß der Pfandbriefe.** Von *H. Mohr.* 120 S. 1961. DM 14,80

59 **Deflationierungsmethoden im Rahmen der volkswirtschaftlichen Gesamtrechnung.** Von *B. Friedmann.* 156 S. 1961. DM 22,60

60 **Die Rolle des Staates in den Frühstadien der Industrialisierung.** Von *U. P. Ritter.* 176 S. 1961. DM 22,60

61 **Der langfristige Lieferantenkredit im Außenhandel (Exportkredit).** Von *S. Frhr. v. Stetten.* 151 S. 1962. DM 18,60

62 **Produktionstechnik, Kapital und Fortschritt.** Von *P. Bünte.* 107 S. 1961. DM 19,60

63 **Der Geldkreislauf.** Von *C. Köhler.* 229 S. 1962. DM 26,60

64 **Der Lohn.** Von *E. Bandholz.* 208 S. 1962. DM 26,60

65 **Automation.** Von *H. Tagwerker.* 151 S. 1962. DM 18,60

66 **Die Lombardpolitik der Zentralnotenbank.** Von *H. Haase.* 237 S. 1962. DM 33,60

67 **Der Güterbegriff in der Theorie des Qualitätswettbewerbs.** Von *H. R. W. Rieger.* 96 S. 1962. DM 12,60

68 **Vertikale Preisbildung.** Von *P. Wörmer.* 388 S. 1962. DM 48,—

69 **Die Recession der Jahre 1957/58 in den Vereinigten Staaten von Amerika unter besonderer Berücksichtigung des Preisverhaltens.** Von *P. Bohley.* 190 S. 1963. DM 24,80

70 **Der Rentenbegriff in der Wirtschaftstheorie.** Von *M. Klafkowski.* 215 S. 1963. DM 26,60

71 **Der freie Wechselkurs.** Von *D. Pentzek.* 96 S. 1963. DM 12,80

72 **Die Preisbildung der öffentlichen Unternehmen.** Von *H.-D. Lösenbeck.* 121 S. 1963. DM 16,60

73 **Das Selbstverständnis der ökonomischen Theorie.** Von *F. Jonas.* 236 S. 1964. DM 28,60

74 **Wettbewerbsordnung und Eliminierungsplanung.** Von *H. Braeutigam.* 134 S. 1964 DM 16,60

75 **Theorie des Datenrahmens.** Von *K. Holzer.* 135 S. 1964. DM 18,60

76 **Fiscal Policy in Großbritannien.** Von *K. Schierloh.* 227 S. 1964. DM 33,60

77 **Die Wirkungen internationaler Präferenzsysteme auf Preise und Handelsströme.** Von *K. Poser.* 160 S. 1964. DM 22,80

78 **System und Politik der Mindestreserve.** Von *K. P. Tudyka.* 168 S. 1964. DM 24,80

79 **Die Erbschaftsteuer als Mittel der Vermögensdistribution.** Von *K. P. Kisker.* 200 S. 1964. DM 33,60

80 **Die Grundsätze der pluralistischen Wirtschaft.** Von *J. Solterer.* 112 S. 1964. DM 18,60

81 **Wissenschaftliche Agrarpolitik im Königreich Norwegen.** Von *V. Frhr. v. Malchus.* 129 S. 1964. DM 19,60

82 **Finanzpolitische Willensbildung in der Bundesrepublik Deutschland.** Von *R. Glaeser.* 234 S. 1964. DM 38,60

83 **Determinanten der internationalen Güterströme.** Von *P. Düesberg.* 180 S. 1965. DM 29,60

84 **Lohnbildung im Wechselspiel zwischen politischen und wirtschaftlichen Kräften.** Von *B. Külp.* 401 S. 1965. DM 56,—

85 **Die Interpretation der Theorie David Ricardos als geschlossenes nicht arbeitswert-axiomatisches Gleichgewichtssystem.** Von *H. Bydekarken.* 154 S. 1965. DM 29,60

86 **Organisationstheorie, Theorie der Unternehmung und Oligopol.** Von *H.-G. Krüsselberg.* 217 S. 1965. DM 29,80

87 **Neue landwirtschaftliche Unternehmenstypen in der Bundesrepublik?** Von *A. Nienaber.* 323 S. 1965. DM 48,—

88 **Die Vergrößerung der Bandbreite für Devisenkursschwankungen.** Von *G. N. Halm.* 68 S. 1965. DM 8,—

89 **Die Lehre von der optimalen Bevölkerungszahl.** Von *H. Adebahr.* 150 S. 1965. DM 22,80

90 **Finanzierungsprobleme in den Entwicklungsländern.** Von *T. Scharf.* 126 S. 1965. DM 18,60

91 **Grundlagen und Formen der Preisdifferenzierung im Lichte der Marktformenlehre und der Verhaltenstheorie.** Von *L. M. Schmid.* 158 S. 1965. DM 24,80

92 **Absatztheorie der Einsatzprodukte.** Von *G. v. Beckerath.* 110 S. 1965. DM 19,60

93 **Der Sozial-ökonomische Rat der niederländischen Wirtschaft.** Von *M. Estor.* 208 S. 1965. DM 33,60

94 **Die Bedeutung staatlicher Entwicklungsplanung für die wirtschaftliche Entwicklung unterentwickelter Länder.** Von *W. E. Behrens.* 165 S. 1966. DM 26,60

95 **Aufbau und Verfassung der britischen und amerikanischen Gewerkschaften.** Von *A. Villiger.* 208 S. 1966. DM 36,—

96 **Zur Problematik des flexiblen Wechselkurses der Währung eines relativ preisstabilen Landes.** Von *R. Meimberg.* 44 S. 1966. DM 6,60

97 **Die demokratischen Grundlagen der funktionalen Finanzwirtschaften.** Von *J. Ufer.* 105 S. 1966. DM 15,80

98 **Gesellschaftsschädigungen und Wohlfahrtsökonomik.** Von *K. H. Steinhöfler.* 122 S. 1966. DM 22,60

99 **Externe Effekte der Produktion und ihre Bedeutung für die Wirtschaftspolitik.** Von *K. Heinemann.* 149 S. 1966. DM 28,—

100 **Die eisenschaffende Industrie Latein-Amerikas.** Von *E. A. Boas.* 174 S. 1966. DM 28,—

101 **Strukturwandlungen der westdeutschen Automobilindustrie.** Von *K. W. Busch.* 208 S. 1966. DM 33,60

102 **Zölle und Lohnquote.** Von *R. Peffekoven.* 238 S. 1966. DM 38,60

103 **Die Verteilungstheorie von Kenneth E. Boulding.** Von *W. Kerber.* 178 S. 1966. DM 29,60

104 **Der Einfluß des technischen Fortschritts auf die Preise landwirtschaftlich genutzten Bodens in Industrieländern.** Von *H. Griesbach.* 126 S. 1966. DM 29,60

105 **Wichtige Erscheinungsformen der Lohnquote.** Von *P. Klemmer.* 134 S. 1967. DM 19,80

106 **Zur Theorie der Außenwirtschaft.** Von *M. Klafkowski.* 325 S. 1967. DM 58,60

107 **Die Kreditplafondierung, eine geld- und kreditpolitische Notwendigkeit.** Von *K. Klein.* 246 S. 1967. DM 39,80

108 **Der französische Trésor.** Von *H. Zuber.* 210 S. 1967. DM 38,60

109 **Monetäre Voraussetzungen der gesamtwirtschaftlichen Nachfrage.** Von *E.-A. Gramann.* 124 S. 1967. DM 22,60

110 **Das wirtschaftspolitische Instrumentarium.** Von *R. Krüger.* 141 S. 1967. DM 24,—

111 **Volkswirtschaftliche Theorie des technischen Fortschritts.** Von *R. Eder.* 150 S. 1967. DM 24,60

112 **Die Industrialisierung Indiens unter dem Druck der steigenden Auslandsverschuldung.** Von *H. Breuer.* 162 S. 1967. DM 29,60

113 **Steigender Steuerdruck bei sinkendem Geldwert.** Von *A. Tautscher.* 73 S. 1967. DM 12,60

114 **Entwicklung der Wirtschaft.** Von *H. Stephenson.* 122 S. 1967. DM 19,80

115 **Bürgschaften und Garantien als Mittel der Wirtschaftspolitik.** Von *E.-A. Conrad.* 191 S. 1967. DM 29,60